就业？创业？

从美国教改的迷失看世界教育的趋势

WORLD CLASS LEARNERS

EDUCATING CREATIVE AND ENTREPRENEURIAL STUDENTS

赵　勇/著
周珊珊　王艺璇/译
王安琳/校

教育科学出版社
·北京·

读者精彩评论

这是教育改革领域里写得最好的一本书！

如果你想阅读一本关于一个国家的教育应该走向何方的书，那么一定要选择赵勇撰写的《就业？创业？从美国教改的迷失看世界教育的趋势》。这位出生于中国的学者告诉我们，我们对自己的优势视而不见却去模仿其他缺乏创新的国家的经验。创造力应该是教育的首要核心标准，然而这在"共同核心标准"中甚至未被提及。将某些考试测评机构奉为教育的救世主，必将导致浪费数十亿美元把我们的孩子训练成实验室里的小白鼠。赶快读这本书，否则就太晚了！

——巴里·莱恩

如果可以，我愿意给这本书打十星！

赵勇有力地指出现行教育模式的弊端。现行教育模式旨在培养雇员，而非创业者。根据统计数据显示，像个人生产力等指标自1980年以来已经翻了一番，世界不再需要更多的雇员，而是需要更多可以开创个人事业、敢于创新的领军型人才。能指出现行教育体制的问题已经很好，但作者做得更好的是提出了解决方案。现行的标准化考试模式和一体化的课程设置不仅摧毁了那些课堂上“非尖子生”的自信，也减少了教育的多样化。赵勇提出的“产品导向型”学习模式并非是全新的概念，过去被称作“工学结合”，但是他提出的标准却大不相同。作者还给出了实践该模式的成功案例，比如加利福尼亚州圣地亚哥的高科技高中。当我读完这本书时，心中已然明了应该将孩子送往哪种学校，但可惜的是，在我的周围，这类学校还不存在。

——D. 威廉姆斯

出人意料的好书！

该书写得出乎意料的好：虽然此书的观点不是全新的和最具争议的，但作者却给出了21世纪关于教育体制更为深远的思考和预测。任何与教育相关和关心教育的人士都“必须”阅读此书（实际上每个人都应该阅读）！

——克里斯廷·吉夫特尔

我喜欢这位作者！

我曾在两次会议中见到赵勇，一次是在巴西的坎皮纳斯，另一次是在阿根廷的布宜诺斯艾利斯，我渴望聆听更多他的深刻洞见。

每个想要富有成效和客观地利用孩子们成长时间的人都应该阅读此书！

——玛丽

清晰、无可厚非的论证！

我原以为这又是一本喋喋不休地劝说美国教育者应该如何向中国学习的书，但恰恰相反，赵勇在书中漂亮地阐述了与之截然相反的观点，并给出了完全合理的解释。他对美国和其他国家的教育差异的研究和理解非常深刻。我从书中受益匪浅，现在当我给学生布置创意性任务和要求他们进行解决问题和批判性思考时，更加有自信了。如果学生有自己的想法，我更愿意仔细聆听并鼓励他们的创业精神。我高度推荐此书。

——朱莉·埃德蒙

一本好书！

这本书写得很好。作者以严谨的事实、数据和实例来支持其论点。我无法将自己对该书每个部分的想法和观点在书评中表达出来，但我可以告诉你，这是每一个涉足教育的人或者关心未来的人都必读的一本书。如果我们不开始重新思考教学模式以及学校教育模式，我们将被远远地抛在后面。让完全没有一线教学经验的人来设计一套全国课程不是出路。教师需要主动提升自己并敢于挑战学生。正如泰戈尔所说："不要用你所学的知识去束缚孩子，因为他生在不同的时代。"

——A. 莫勒

一本必读书！

这是政策制定者、商业领导者、学生和家长都必读的一本书。

赵勇撰写了教育领域最为优秀的书籍之一，帮助社会各个阶层重新思考全球化时代背景下教育的目的。这是写给所有关心美国教育现状的人们的一本书，它帮助我们质疑和反对盲目地屈从于标准化的学习模式。

——约翰 M. 古尔德

如果你关心我们的，或者你的子孙，你一定要读这本书！

如果你相信《不让一个孩子掉队法案》、“力争上游”，或者新颁布的“共同核心标准”（美国已斥资500万美元调查该标准在全国的开展情况）是教育改革的答案，那么你应该读读这本书。

如果你是一名教师，管理者或者教育学教授，你应该读这本书；如果你想知道如今正在进行的改革是如何让教育专业人士在我们的民主体制中促使经济和政治民主的失败，以及在彻底摧毁孩子们的梦想过程中是如何推波助澜的，你应该阅读此书。

该书激励了我。我脑中唯一的问题是我如何能找到时间去获得必备的技能和资源，以便在我们偏远的小社区内，为500名学生在基础教育阶段（常规教育和另类教育）开展此种教育模式。如你有任何想法，请联系我。

——房 · 莱夫

《专家精彩评论》

我们许多研究“创新”的人，一直想方设法把那些性格不羁的、富有创造力的创业者圈入一个“有用的框架”内来教和学。赵勇博士的《就业？创业？从美国教改的迷失看世界教育的趋势》一书把全球创业教育导入21世纪的课堂，为全球创业教育找到了归宿；为我们理解实用技能、创造力与技术之间的关系，以及培养青年迎接创新型世界做出了具有时代意义的重要贡献。

——Rob Salkowitz（《世界青年的崛起：青年、技术及创业精神如何彻底改变世界》作者）

在这本重要的书中，赵勇教授有力地论述了“争拿高分”对我们社会的危害。“争拿高分”与需要培养年轻人创造力和创业精神背道而驰。如果我们对赵勇的警示不以为然，那么我们很有可能退回到标准统一的工业化模式。赵勇提醒我们：现代社会最需要的是思考的自由、创造的自由以及敢于反对官僚主义规定的自由。

——Diane Ravitch（美国联邦教育部顾问、纽约大学教育学教授）

赵勇博士的新书《就业？创业？从美国教改的迷失看世界教育的趋势》促使我们专注于创业和创新，他已成为21世纪教育领域最有影响力的声音之一。赵勇不是一位教育的“改良者”，只试图在旧的教育模式下改进方法；他是一位真正的教育“革新者”，努力为21世纪的学生指明什么是最有意义的教育。

——**Ken Kay**（美国**21**世纪教育领导者协会首席执行官、**21**世纪技能合作协会创始人兼总裁）

赵勇教授的新书《就业？创业？从美国教改的迷失看世界教育的趋势》独运匠心、视野宽阔、引人深思、富于幽默。他本人就是创新型创业者的典型代表。他融会多学科知识，基于深刻洞见和研究提出新的观念。他在中国长大，成年后到美国发展的经历让他清晰地看到东西方学校教育的优势和劣势。书中论及有些本意良好的政策，最后却有意料不到的"副作用"。所有的政策决策者，从教学秘书到学校董事会成员，都应该读一读此书。教师和家长也会从他如何教育孩子成为有创意和独立思考的人的观点中受益。

——**Milton Chen**（乔治·卢卡斯教育基金会前执行总裁）

赵勇教授勇于挑战时下流行的"标准化"教育政策和做法，倡导实施更具个性而又全面的教育方法，发掘和发展每个孩子的才能，为他们在未来全球化社会中更有质量地生活做好准备。该书勾勒出了在学校里应该怎样教和怎样学的全新的全球化创业教育框架，同时也急切呼吁为了孩子们和国家的福祉，世界各地的教育决策者要采取行动，将"教育标准化"转为"教育全球化"。赵勇深刻且引人深思的观点一定会为教育者带来启发；他提出的全球化创业教育模式也一定会激发、引导和促进他们的实践。

美国小学校长协会赞赏赵勇的观点，敦促教育者借鉴其新的全球创业教育模式，以令人振奋而又具操作性的计划，培养学生的才能和独特性。

——**Gail Connelly**（美国小学校长协会秘书长）

赵勇教授专注研讨创业培养和开放式学习，因为这样才能培养出创造性地解决问题的人才，这样的人才最有可能在充满竞争的商业世界中获得成功。尽管我们对考试成绩的狂热为这条道路设置了很多障碍，但是赵勇告诉了我们教育者和学生如何在这条道路上取得成功。

——Anthony Cody（作家，《教育周报》对话栏目）

如果我们想让美国继续保持全球化的、创新的、充满创业和革新精神的国家地位，赵勇教授对我们的教育能够和应该走向何方提出了高瞻远瞩的独特见解。每个层面的政策决策者都应该读一读此书，并据此采取行动。因为这的确决定着我们的未来。

——Tom Watkins（美国前密歇根州教育厅厅长）

赵勇教授提供了我所见到的最具说服力的一些实例，说明许多国家（主要是西方国家）的教育改革都走上了一条错误的道路。对考试的不懈专注，缩小课程范围，以及对过时的教育模式的盲目坚持，既使学生难以学到更多知识，又使社会和经济发展变缓。该书让我们欣喜地看到世界上还有一些不那么因循守旧的学校。我们所面临的挑战是要给予学校富有创业精神的创新自主权，增强抗压能力以抵抗来自集权化统一控制的更多压力。

——Brian Caldwell（墨尔本大学教授、澳大利亚教育改革机构首席顾问）

我很少能够读到撰写得如此精彩而又引人入胜的书籍，它既对当今的教育实践提出了研究性批判，又对未来提出了切实可行的方针。《就业？创业？从美国教改的迷失看世界教育的趋势》就是这样的一本书。此外，它还对教师培养提出了富有深刻洞察力的建议，书中的观点应该成为讨论我们这个领域的重要基石。恰如赵勇指出的那样，世界变化如此迅速，所有高校都面临教育的多元化，我们必须适应这种变化，并做出相应的调整，否则我们将没有资格教育我们的下一代。所有对教育感兴趣的人士都应该阅读此书，尤其是那些想为未来教育职业做好准备的人。

——Rick Ginsberg（堪萨斯大学教育学院院长）

《就业？创业？从美国教改的迷失看世界教育的趋势》一书对教师培养提出了明确的警示：培养教师对学校教育的目的进行“另类”思考的能力。如果我们忽视做此改变的契机，那么我们的未来将是迷茫的。

——Mark Girod（西俄勒冈大学师范系主任）

赵勇教授详尽地描述了人口变迁、经济全球化和技术革新三股力量推动当今世界产生了日新月异的变化，而此种变化对学校教育的提升提出了更为严苛的要求。他指出对考试成绩的过分关注从基础上溶蚀了经济和社会发展以及环境保护最需要的创造力和创新性。

——Dennis Shirley（波士顿大学林奇教育学院教育学教授）

在这本引人深思的书中，赵勇教授认为，创造力和创业精神才是改进教育模式推动社会进步的目标，而非考试成绩。他认为旨在提高考试分数的政策扼杀了创造力和创业能力的发展。这是对全球教育改革对话一个新的重要贡献，他在奋力地呐喊：系统地创造各种机会培养学生的创造力，才是以孩子为中心的教育的根基！

——Fernando M. Reimers（哈佛大学教育学院
国际教育福特基金会教授）

Preface by translator

译者序

“中国和美国，谁会是下一个 APPLE 或者 GOOGLE 的发明者？在两国新一轮的教改中，中国想要的正是美国目前拥有却急于摈弃的教育模式，而美国孜孜以求的却是中国已经拥有而现在急于改变的教育模式。如果中国的教改成功，它将成为一个强大的拥有创新型经济的国家，那么则很有可能在未来拥有重大的发明成就，比如下一个 GOOGLE。如果美国的教改成功，它则很可能失去其创新能力，那么美国将不会是下一个 APPLE 或者 GOOGLE 的发明者。”这段话来自本书作者赵勇教授 2010 年的一篇题为《谁会发明下一个 APPLE 或者 GOOGLE?》的文章。美国一直以来都被大家公认为是“创业者的摇篮”，这得益于美国拥有一个权力相对分散、标准化程度较低、评价方式多元化、尊重个性、允许例外的教育体制。而近年来，美国涌现出一大批患有“成绩饥渴症”的教育改革者，从《不让一个孩子掉队法案》，到“力争上游”计划，再到“各州共同核心标准”，无一不在推崇集中式的管理和标准化的教育模式。《就业？创业？从美国教改的迷失看世界教育的趋势》则是对美国教育改革者们敲响的一记警钟：如果美国在“争拿高分”的教改之路上越走越远，则越有可能失去现有的教育优势，退回到工业化时代下标准划一的教育范式。

对美国教改的反思和追问又能为我们带来怎样的启示呢？本书作者认为，21 世纪是天生我材必有用的时代，随着全球化进程的不断加深和科学技术的迅猛发展，我们已经生活在一个崭新而瞬息万变的世界中，我们现在为孩子们规划的“为就业做准备”的必修知识，可能在孩子毕业以后已经不再适用了。根据人力资源和社会保障部的报道，“今年我国高校毕业生数量增加到创新高的699万人，堪称史上最难就业季……未来五年高校毕业生数量还将保持在年均700万左右的高位。根据测算，20～59岁就业年龄组人口将在2020年达到8.31亿峰值。未来一个时期，我国仍将面对巨大的就业增长压力”。当我们在反思大学生就业难的深层次原因时，是否应该回到教育的目的以及未来社会究竟需要怎样的人才这一命题中来？本书不是一本指导大学生如何创业并取得最大利润的“实用手册”，而是从教育的目的出发来探讨我们应该如何为孩子提供适合21世纪的真正有意义、有用的教育。作者在书中提出全球创业教育的新思路，并呼吁将教育的标准化转为教育的全球化。

正如书中指出，“最理想的教育是以人为本，是支持，而不是支配孩子们的热情、好奇心和天分才能；是鼓励孩子们的创造性，承认孩子的个体差异，实现教育的多元化”。虽然中美教育体制的差异一直是教育者们热衷探讨的话题，但是赵勇教授指出，“中美教育只有量的差异，而没有质的差异”，全世界传统的教育范式走的都是一个路子，都是培养具有专业技能的标准雇员，而不是具有创新能力的创业者。只不过在执行传统教育范式上，中国做得比美国更好。美国由于多元和移民文化，很难在全国范围内执行统一的国家标准，从而也在客观上促进了其教育的多元化。

然而，即使在美国这样一个“创新大国”里，创新型创业人才也只是教育的副产品，是“意外的惊喜”。要培养出21世纪所需要的真正人才，我们不能依赖于教育的偶然和副作用。

本书从历史的纵向和全球教育的横向考察，深度剖析了教育与社会发展的呼应关系，预测未来社会的人才需求，总结提出了三位一体的全球创业教育框架建议。作者以实证的方式展示构成该框架的三块基石，即以夏山学校为代表的“另类”学校敢于对学生“纵之顺之，毁其盆，悉埋于地，解其棕缚”，赋予孩子学习的真正自由，培养学生的自主学习能力和领导力；高科技高中的办学模式则是“培养学生面向社会，制作出对现实世界真实可用的产品”，这是新型教育框架的第二块基石；第三则是以英国查韦尔中学和美国牛津社区学校为代表的“拆掉学校的墙，以全球为校园”的教育模式来培养学生的全球化能力。同时，该书也对“创业精神到底能不能教和怎样教”这一命题做了深入的探讨，作者在书中力劝将培养创新型创业人才放到教育这一“缓慢而优雅”的过程中，而非考试成绩等可以量化的指标上。本书虽然是对美国教改的“东学之路”提出的警示和建议，但也希望能给中国的读者带来些许收获与思考。

本书还赋予了创业者（Entrepreneurs）和创业（Entrepreneurship）这两个概念新的阐释，因而，在翻译时译者非常谨慎，将 Entrepreneur 译为了“创业者”，以避免该词给读者造成传统“企业家”的印象。该书的信息量很大，从开篇的前言至卷终，作者从历史、经济、心理、教育等多角度探讨了 21 世纪社会对人才素质的需求及其对应的教育模式、策略和方法，参阅引用了来自数百位学者和机构的数据和论著。对于所引的资料，译者尽量尊重已有的翻译，但在中文译名之后，都附上了书的英文原名，以便于有兴趣的读者查找原文。对由于教育体制和文化差异而导致国内读者可能不太熟悉的概念，译者也尽量做出注解。对于书中的统计数据，如全球创业观察报告中 PISA 原始分数与创业活动、创业素质相关性的比较分析，译者均参阅了近年来数个国家的全球创业观察报告，并尊重其约定俗成的术语翻译。

本书的译本得以顺利完成，我还要特别感谢北京师范大学的王安琳老师，BCC 国际教育集团的姚旭阳先生和北京君诺鼎金咨询有限公司的熊琳琅女士，他们都非常仔细地阅读了我的译稿并提出了很多中肯而宝贵的意见。

在此，借用贾辉丰老师的一句话，“翻译，不是作品以另一种文字在绝对意义上的完成，或许应当说，它是开始，指向一种可能。如果能引起读者的兴趣，进而在有条件时，去读原著，那就是译者莫大的幸事了”。译者敬奉翻译界前辈“信、达、雅”的教诲，也尽量遵循这一原则，但由于知识程度有限，在翻译中难免出现错误和纰漏，请各界读者不吝赐教。

周珊珊

2013 年 8 月 1 日

目录 Contents

致谢 *Acknowledgments*

本书的主题是关于创造力和创业精神。如同所有其他著述一样，本书也是创造力和创业精神的产物。这本书的最终完成得益于很多人的创造力和创业精神，他们一直激发和鼓励我的创造力，支持和帮助我完成本书的创作，并激励我创作出更好的作品。拥有这些朋友、同事和家人，我感到无比幸运，感谢他们对我的帮助与支持！

在这些人中，我首先要感谢我的父母。虽然他们生活在中国一个资源极其匮乏的小乡村，以种地为生，但他们却坚持选择送我去上学而不是在家种地。更重要的是，他们并不像那些典型的中国“虎爸虎妈”，没有为我规划我的命运；也没有强迫我做他们认为正确的事情。他们包容了我疯狂的梦想、不合常理的行为和作为一个农村孩子那不合时宜的追求。不管我今天拥有什么样的创造力和创业精神，都应归功于我这没有读过书的父母双亲。

罗伯·萨尔科维茨的书使我萌生“将学生当作创业者”的想法。之后，与罗伯在西雅图的一次会面让我决定开始创作此书。当我为世界各地的教育者们做报告的时候，这种想法则更为强烈。所以，我必须感谢这些教育者，让我有机会分享自己的观点，并一路给予我非常宝贵的反馈。尤其是总部设在英国的国际教育创新联盟组织了很多活动，让我得以与不同国家的教育者们进一步探讨我的观点。我非常感谢迈克·布利斯——我在俄勒冈大学的系主任，他给予我发展创造力和创业精神的自由空间。我同样感谢为俄勒冈大学校长讲席教授（Presidential Chair）① 做出贡献的匿名捐助者，他们帮助我开展了很多创造性的活动，其中包括 Oba② 网络平台的建立。

与全世界许多杰出思想家们的交流让我受益匪浅，其中包括澳大利亚亚洲教育基金会的凯西·柯比；波士顿大学的安迪·哈格里夫斯和丹尼斯·雪利；密歇根州立大学的肯·弗兰克；澳大利亚教育创新协会的布莱恩·考德威尔；英国学校联盟的休·威廉姆森；英国伯明翰市莱恩斯戴尔斯学校的萨·德克斯特·赫特；全球教育领导力项目的托尼·麦基和他的同事们；亚利桑那州立大学的大卫·伯利纳；斯顿霍尔大学的克里斯·廷肯；密歇根州立大学的肯·德金；以及北京君诺鼎金咨询有限公司的姚旭阳先生。

圣地亚哥高科技高中的创建者拉里·罗森斯托克、牛津社区学校总监威廉·斯基林、查韦尔中学的朱莉·斯图尔特-汤普森和她的女儿维里蒂，以及罗斯福小学的校长斯蒂夫·莫尔斯，都慷慨地给予我向他们的学校和项目学习的机会。他们还阅读了本书的全部或者部分初稿，并提出了富有深刻洞见的反馈意见。

雪城大学的雷静在本书的数据分析方面给我很多及时而有效的帮

① 作者赵勇为俄勒冈大学校长讲席教授。美国大学有接受捐赠的历史，捐赠人会给学校一大笔钱，用于投资，每年的收益用于支持各种活动。其中部分直接捐赠给教授位置，国内称之为“教席”。该位置可用捐赠人的名字进行命名，也可用捐赠机构进行命名，有的则是匿名捐赠，学校可以自己取名。赵勇教授属于后者，为了表示重要性，俄勒冈大学将其命名为校长讲席教授。——译者注

② Oba 网络平台是作者在美国俄勒冈大学建立的在线学习平台和网络社区，其功能包括在线课程管理、社交网络、文件管理、视频编辑和储存以及虚拟课堂和会议场所等。更为重要的是，Oba 平台能使教师和学生在全球范围内进行合作，并销售其教育产品。——译者注

助，尤其是关于国际学生评估项目和全球创业观察的数据分析。韦伯斯特大学的邱蔚和印第安纳波利斯大学的张高明阅读了书稿的所有章节，并提出了宝贵的建议。我非常感谢他们的帮助。

还有许多人为本书的创作提供了帮助与便利。密歇根州立大学的丽莎·佩恩帮我很好地安排了出访行程，使我不用花时间去担心出访安排。在俄勒冈大学，我的同事布莱恩·弗兰纳里和康尼·曼利以他们非常优秀的专业素质帮我打理好办公室事务，使得我能在全世界访问，了解世界不同地区的教育。

本书的编辑，柯文（Corwin）出版社的阿尼斯·伯维科夫斯和他的同事给我提供了及时而宝贵的建议，从而大大提高了本书的质量。五位匿名读者富有见地的评论为本书的最终定稿润色不少。

本书的完成离不开我家人的支持。我妻子陈曦，是我所有作品的第一读者，她总是对我提出最为严厉也最充满鼓励的建议。我的儿子，赵也尘和他芝加哥大学的朋友们是我创意和灵感的源泉，也尘阅读和编辑了部分书稿。当然，我必须感谢我的女儿赵依晨，她总是为我带来青少年最流行的资讯，并对我撰写的有关孩子如何学习的文章提出不同的见解，她提醒我年纪太大了，不够真正了解Lady Gaga①。最为重要的是，她总是为我带来许多欢乐。

赵勇

尤金，俄勒冈大学

2012年4月

① Lady Gaga，美国著名流行乐女歌手，原名史蒂芬妮。Gaga是其早期艺名，后来演变为Lady Gaga，意为“狂热小姐”。——译者注

前言

Introduction

创造，人之天性

本书缘起于我在《世界青年的崛起：青年、技术及创业精神如何彻底改变世界》（*Young World Rising: How Youth, Technology, and Entrepreneurship Are Changing the World from the Bottom Up*）一书中读到的故事，作者罗布·萨尔科维茨（Rob Salkowitz）在书中描述了发展中国家一些青年创业者的成长经历。（Salkowitz，2010）该书开篇讲述了印度少年企业家苏哈斯·戈皮纳斯（Suhas Gopinath）14 岁就在美国创办了一家网络公司的故事。戈皮纳斯出生于 1986 年，13 岁时，他就利用自己在班加罗尔网吧里学习到的网络知识为别人制作网站。之后，戈皮纳斯决定创办自己的"环球集团公司"，为全世界的客户提供解决方案。由于年龄太小，未达到印度法律规定的注册公司的年龄，他只能选择在美国加利福尼亚州注册。十多年后，"环球集团公司"已成为一家拥有数百万美元资产、业务遍及全球十几个国家的跨国企业。戈皮纳斯也成了世界上最年轻的首席执行官，获得了包括世界经济论坛、欧洲议会和国际人类价值协会等在内的多个世界组织的嘉奖。

这个故事让我开始深思，在如今这个大学毕业生都很难找到一份称心如意的工作，甚至根本就找不到工作的时代，为什么苏哈斯·戈皮纳斯，一个来自印度——世界上最贫穷的国家之一、其家庭也无任何从商经历的少年，竟能做到不仅为自己，也为他人创造出称心的工作？为什么那些比他受过更好的教育、拥有更多资源的发达国家的大学毕业生，却不能为自己创造一份工作呢？

青年需要创业精神

青年人就业难已经成为当今全球社会面临的一项巨大挑战。2011年，全世界有近7500万年龄在15至24岁的年轻人未就业。根据联合国2012年《世界青年报告》，全球大部分（约87%）生活在发展中国家的年轻人未充分就业，或从事环境恶劣的非正式工作。然而，即使在发达国家，情况也不容乐观。经济合作与发展组织（OECD）的34个成员国里，包括了世界上最富有、最发达的国家，但是“在2010年第四季度，有2230万年轻人消极待业，他们既没有工作，也没有接受教育或参加培训”（United Nation，2011）。

世界需要像戈皮纳斯这样的创业者来解决日益严重的就业问题。很多国际组织都发表报告，强调创业精神的重要性，并呼吁各国培养发展创业精神。（Schoof，2006；World Economic Forum，2011）例如，世界经济论坛就将创业精神教育确定为“全球教育计划”的核心（World Economic Forum，2009，2011），因为“改革和创业精神为解决21世纪全球面临的巨大挑战提供了方法，它促进了可持续发展，提供就业机会，恢复经济增长和提高人类福祉”（World Economic Forum，2009，p. 7）。世界经济论坛的另一报告也提出，“创业者是推动经济及社会发展的重要动力；快速增长的创业型企业是提高创新力、就业率以及生产力发展的重要来源”（World Economic Forum，2012）。

为提高人们对创业精神重要性的认识，并鼓励创业者，英国前首相戈登·布朗和美国尤因·马里恩·考夫曼基金会的总裁兼首席执行官卡尔·施拉姆于2008年共同创办了每年一度的“全球创业周”活动。直至今天，“全球创业周”已有115个国家参与，成为“那些能够创办新企业，并将新理念付诸实践，从而推动经济增长，扩大人类福祉的全世界改革家和创业者们最大的盛会”（Global Entrepreneurship Week，2012）。美国总统奥巴马在2009年关于全球创业周的总统公告中给予创业者们高度评价并指出：“纵观美国历史，创业者已然成为全国乃至全世界创新活动的中坚力量……他们创造了大量的工作岗位，为美国提供了数以百万计的工作机会。”（Obama，2009）欧洲创业精神教育圆桌会议的一份报告也指出：

> 欧洲正面临着提高综合竞争力、发展经济以及可持续发展等方面的巨大挑战……欧洲必须在培养创新精神、发展创业技能上加大投资，以促进经济的可持续发展、创造就业机会、实现经济复苏和增进人类福祉。（European Roundtable on Entrepreneurship Education，2010）

创业概念的新内涵

传统创业概念的核心是创建新企业并从中获取利润，戈皮纳斯的创业显然属于这一类型，而当代创业概念的内涵已远远超出这一范畴。世界经济论坛将创业定义为：

> 一个促进创造、革新和发展的过程。创业者不拘一格，创业也不仅仅是指新企业的创办，充满革新精神的冒险，或是新工作岗位的创设。创业是将想法付诸行动的能力，因而是首要核心能力，使年轻人无论做什么都更有创造力和自信心。（World Economic Forum，2009，p. 9）

创业者不再仅仅指那些创办企业并努力使利润最大化的企业家，还包括社会型创业者，他们能及时发现社会问题，并且运用创业的原则去推动社会的变革（Martin & Osberg，2007）；还包括内部创业者，他们能从组织内部为企业带来重大的革新（Swearingen，2008）；他们还可能是政策型创业者，能够从政策层面上为公共机构和政府部门的内部带来改进与革新（Harris & Kinney，2004）。

考夫曼基金会创业活动研究室高级研究员、乔治·梅森大学副教授菲利普·奥斯瓦尔德（Philip Auerswald）认为，随着创业者定义的不断扩展，很多人相信创业者们具有比政府机构或国际组织更强的能力来解决当前人类面临的各种复杂问题，也更有能力为人类带来福祉。在奥斯瓦尔德2012年所著的《即将到来的繁荣：创业者如何改变全球经济》（*The Coming Prosperity：How Entrepreneurs Are Transforming the Global Economy*）一书中，他谈道，“事实上，绝大多数有关人类面临威胁的论断，在21世纪蕴藏的巨大机会面前都显得不值一提”（Auerswald，2012b，pp. 133 – 136）。这些机会将会更多地被创业者而非政府所利用，来改变整个人类社会：

> 如果人们觉得相信创业者有能力改变世界是盲目的，那么，相信政府机构、国际组织或跨国公司可以解决21世纪的复杂挑战则更为幼稚。在世界上很多急需变革的地方，政府一方面在解决问题，但同时它们又是问题的一部分。在这种环境下，通过政府组织进行革新都难免遇到巨大的障碍。例如，联合国和世界银行，其使命是在第二次世界大战以后，帮助解决全球争端及挑战，但一直以来它们的表现都很不尽如人意，时至今日，它们的作用远不如创业者们的工作更为实际有效。（Auerswald，2012b，pp. 136 – 139）

缺失的思维链

世界需要创业者，需要像亨利·福特、托马斯·爱迪生、史蒂夫·乔布斯、理查德·布兰森和马克·扎克伯格这样伟大的创业者，他们令人钦佩、羡慕、关注和追捧，但是，为什么这些人却难以多得呢？

美国阿斯彭研究所青年创业战略小组的一项报告指出，“缺失的思维链”是“创业思维，即一种审慎而渴求成功的心理态度：敢为天下先+机智的冒险+合作+时机的把握”。很难想象一个没有创业思维的人去从事创业活动。再者，根据阿斯彭研究所对创业思维的定义，现有的商业机构和组织也同样需要具有这种思维的人才。但令人感到沮丧和讽刺的是，一方面世界上有这么多年轻人失业，而另一方面，企业领导们却常常抱怨找不到合适的人才（Auerswald，2012b；Zhao，2009）。万宝盛华集团（Manpower Group），在全世界80多个国家设有分支机构的一家全球咨询公司，也指出当下“具有足够能力的雇员越来越少”（Manpower Group，2012）。

为什么我们的社会，尤其是年轻一代缺少“创业思维”呢？

学校没有教授如何创业似乎是个合乎逻辑的解释。的确，世界上大多数学校都没有将“创业教育”纳入正式的课程范围。即使在美国，一个被公认为是创业者摇篮的国家，也“没有一个健全的体系，能够为学生提供接受创业教育的机会”（Aspen Youth Entrepreneurship Strategy Group，2008，p. 19）。因此，阿斯彭研究所青年创业战略小组在2008年的青年创业教育《决策者行动指南》中指出，“虽然美国的一些社区开展了青年创业教育，但大多数美国年轻人都没有或者很少有机会接受此类培训”（Aspen Youth Entrepreneurship Strategy Group，2008）。据美国科技政策研究所开展的一项“创业教育实施调查”显示，尽管美国有18个州通过立法来支持在中小学（K12）[①] 开展创业教育，但实际上仅仅是要求这些学校传授一些简单的创业概念而已。“没有一个项目经过严格的测评，虽然这些项目或概念已经建立起来，但效果仍然不明确。”（Peña，Transue，& Riggieri，2010，p. 9）

创业不是“教”出来的

综上所述，将创业教育纳入学校的正式课程，在学校进行创业教育似乎是顺理成章了。“首要步骤是，要让各州和各个学区将创业教育正式纳入课程体系”（Aspen Youth Entrepreneurship Strategy Group，2008，p. 19）；其次，进行相应的教师职业培训，寻找社区合作伙伴和采取准确有效的评估；同时，还需要由政府来主导制定并采纳创业教育的系列标准，提供专项资金支持教师的专业发展，以便他们能够胜任创业课程的教学。阿斯彭研究所建议“各州应该采取的首要改革措施是，将创业教育纳入正式的州教育标准，并在全州范围内实施”（Aspen Youth Entrepreneurship Strategy Group，2008，p. 22），美国科技政策研究所也建议，联邦政府应该“担负制定创业教育课程标准和课程指南的角色”，并且“建立全国的评估和认证体系”（Peña et al.，2010，pp. 24－25）。

然而，这些看似可以培养更多创业人才的“合理”措施可能未必奏效。很显然，戈皮纳斯在创建自己的公司以前，并没有在学校学习过任何正式的创业课程。甚至相反，无论是按他母亲的要求，还是按照传统教育的标准来看，他都算不上是一个好学生——他考试不及格，为了开创自己的事业经常逃课。显而易见，并不是学校教育造就了他在商业上的成功；也不是家庭作业和考试赋予了他为社会创造价值和

① “K12”中的“K”代表Kindergarten（幼儿园），“12”代表12年级（相当于我国的高三）。“K12”是指从幼儿园到12年级的教育，因此也被国际上用做对基础教育阶段的通称。——译者注

为他人创造就业机会的能力。同样，史蒂夫·乔布斯在创办苹果公司之前也没有接受正式的创业教育，比尔·盖茨在创办微软之前同样没有。这些成功的创业者的共同点或许是：尽管他们都曾经上过学，但他们的成功却不是源于他们接受的学校教育。如果他们错误地执行那些标准化的、所谓的必修创业课程，反而可能会损害他们的创业能力。

此外，“目前没有确切的研究可以清晰、准确地反映创业教育的影响和益处”（Peña et al.，2010，p. 15）。事实上，将创业教育列入学校的正式课程或许是弊大于利，接踵而至的课程标准、教学指导、测评和衡定等都与培养创业思维背道而驰。

奥斯瓦尔德认为，主要的问题在于“通过把学生推向遍布全国的各种就业指导办公室，我们的教育体系将学生们推向了一条他们父辈走过的道路，而不是鼓励学生根据现实情况去规划新的职业道路”（Auerswald，2012a）。来自俄亥俄州代顿市的汤姆在写给《今日美国》（*USA Today*）小型企业和创业专栏作家斯蒂夫·斯特劳斯（Steve Strauss）的一封信中说道：“我们的教育体系旨在培养‘好的雇员’而不是‘优秀的创业者’。”（Strauss，2006）斯特劳斯非常赞同汤姆的观点，并补充道：“我们现有的教育体系建立于工业革命时期，那时，社会需要将农村孩子培养成为能够适应流水生产线和大型工厂作业的城市工人，结果导致我们把教育的重点放在了死记硬背和可以进行有效测评的学习成绩上。”（Strauss，2006）

从广义上说，创业并不是少数人的专利，21 世纪每个人都需要具备创业精神。今天的创业者应该是“黑领工人”，“黑领工人”这一词汇由奥斯瓦尔德自创发明，其灵感来源于史蒂夫·乔布斯经常穿的那件标志性的黑色圆领套衫。（Auerswald，2012b）一位并不认同所有人都需要成为创业者的教师曾向我提出质疑，其实奥斯瓦尔德恰巧对这样的质疑作过回应：

> 从现实情况来看，一个完整的经济形态不可能只由创业者

> 来组成。如果人人都当创业者，那么谁来做普通的工作呢？那些不能成为创业者的普通大众又在哪儿呢？我们可以用一个设问来回答这些质疑：以一个15世纪的农民的视角来看，当今的社会现实有可能发生吗？正如在20世纪的经济体制下，先前的农民被迫转变成为蓝领工人，他们发现自己具备适应20世纪工业经济发展的潜力，与此相同，现在的“蓝领工人”（工业经济时代的所有普通劳动者）也有能力将自己转变为“黑领工人”，以适应21世纪经济发展的需求。（Auerswald，2012a）

“创业是将想法付诸行动的能力，因而是首要核心能力，使年轻人无论做什么都更有创造力和自信心。”（World Economic Forum，2011，p. 5）哈佛大学教育研究生院“提高领导力职业教育”项目联合主任托尼·华格纳（Tony Wagner）在其撰写的《全球成就鸿沟：为什么全球最好的学校也不教学生必需的新的生存技能——对此我们还能做什么》（*The Global Achievement Gap：Why Even Our Best Schools Don't Teach the New Survival Skills Our Children Need—And What We Can Do About It*）一书中，讨论了21世纪所需的新型生存技能，而创业技能和创业思维与新型生存技能非常相似。新型生存技能包括：积极有效的沟通能力、好奇心、批判性思维等。这些技能“已经不再只是社会精英人士必须掌握的，而是我们每个人都需要具备的重要生存技能”（Wagner，2008，p. 23）。然而，即使是最好的学校也没有教学生这些技能。

那么，我们还能做什么，应该做什么？我们可以从戈皮纳斯以及像他一样的创业者身上学到什么？像戈皮纳斯这样的创业者是天生的，还是后天培养的？这些创业精英们的出现只是意外的惊喜吗？我们可以找到培养更多创业人才的方法吗？

创业是人类的天性

◆ 创业精神和创造力的丢失

借用美国杜克大学工程学教授、多产作家亨利·波卓斯基（Henry Petroski）的一句名言——“设计是人类的天性（To engineer is human）”，我提出“创业是人类的天性”（To enterprise is human）和“创新是人类的天性”（To create is human）的概念。波卓斯基在他的著作《设计，人类的天性：失败在成功设计中的作用》（*To Engineer Is Human：The Role of Failure in Successful Design*）中写道：“为培养学生更好地适应日益技术化的社会，教育学家们正想方设法地将现代技术融入传统的学术课程中去……但我相信，并将在本书中证明，其实设计的理念早已融入我们的骨髓，是人类天性和经验的一部分。”（Petroski，1992，p. 7）

从根本上讲，创业精神是创造性地解决问题的强烈愿望，正如设计理念一样，创业精神的基础——创造力、好奇心、想象力、冒险精神和团结协作能力也“早已融入人类骨髓，是人类天性和经验的一部分”。人类天生就有创造与革新、梦想与憧憬、挑战和改变现状的欲望与潜能。人类天生具有与他人交往，沟通和协作的愿望。数千年来，蜜蜂建造的蜂房和蜂巢千篇一律，但是人类的建筑设计却无时无刻不在改变，这是因为“人类的品位、资源和愿望都不会一成不变”（Petroski，1992，p. 2）。事实上，人类喜欢改变。

但是，人类的创造力会由于自身经历的不同而遭到抑制或得到发展：有些经验会帮助我们提高创造力，而有些经验却会扼杀我们的创造力；有些经验会鼓励我们去冒险，而有些经验却使我们畏缩不前；有些经验强化了我们质疑和提问的欲望，而有些经验则使我们逐渐变得顺从；有些经验会激励我们挑战现状，而有些经验却教会我们按部就班、循规蹈矩。人类的适应性很强，我们的天性也具有可塑性，因此，我们的经历对于我们变成什么样的人起着不可估量的作用。

除了家庭以外，学校是孩子们最主要的生存环境，也是他们获取经验的主要地方。由于对创造力的定义和衡量标准不尽相同，加之每个学校提供给孩子们的经历也不相同，所以还没有确切的研究数据表明学校经历对提高或降低学生的创造力和创业能力有多大程度的影响（Claxton，Pannells & Rhoads，2005）。但是乔治·兰德（George Land）和贝斯·贾曼（Beth Jarman）所做的一个非常著名的长期研究发现：随着孩子年龄的增长，创造力却在不断降低。在1992年出版的《突破与超越：把握未来——今天》（*Breakpoint and Beyond*：*Mastering the Future—Today*）一书中，兰德和贾曼描述了自20世纪60年代开始的一项关于创造力的长期研究。兰德针对人们的发散性思维进行了八次测试，旨在测量一个人运用多种方案来解决问题的能力。美国国家宇航局曾用这些测试来衡量雇员的创造潜能。这组测试，首测对象是1600名3至5岁的儿童，兰德发现98%的儿童的得分达到“创新天才”的水平。但是5年以后，对同样一组孩子进行测试，只有32%的孩子达到这个水平；再过5年，这一比例迅速下降到10%。图0.1表明随着儿童年龄的增长，其创造性急剧下降的趋势。到1992年为止，有超过20万成年人参加同样的测试，只有2%的成年人达到创新天才的水平。哈佛大学心理学家霍华德·加德纳也注意到，当孩子进入学校以后，其艺术创造力也会下降。（Gardner，1982）托尼·华格纳还观察到“孩子们在学校的时间越长，他们的好奇心就越弱”（Wagner，2008，p. 23）。

虽然所有的学校教育都在不同程度上抑制了创造力和创业精神的发展（Zhao，2009），但其中一些学校则更甚，这也或多或少地说明了创业活动在全球不同国家和地区分布不均衡的问题，有些国家和地区会涌现出更多的创业人才和创新人才。全球创业观察（GEM）[①] 的年度调查追踪了全世界50多个国家的创业活动情况，发现创业能力和创业活动在具有相同经济条件的各个国家和地区也呈现出显著的不同（Bosma, Wennekers & Amorós, 2012；Kelley, Bosma & Amorós, 2010）。人均专利数量是衡量一个国家创新能力和拥有创新人才的重要指标，我们发现各个国家和地区在这一指标上也存在巨大的差异（WIPO, 2007）。

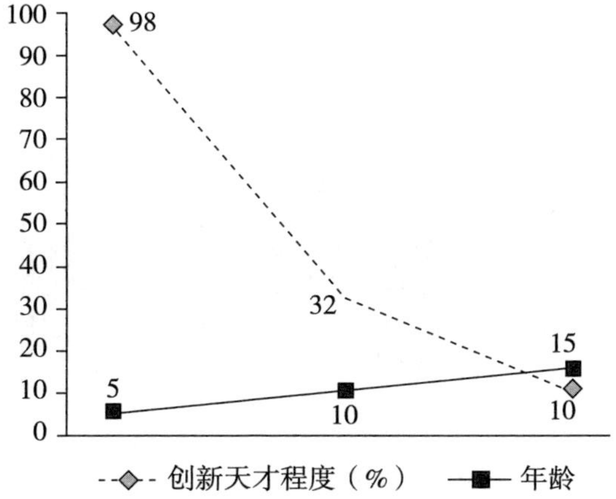

图 0.1 创造力随年龄增长呈下降趋势

资料来源：Land & Jarman, 1992。

但耐人寻味的是，那些创业能力总体水平较低的国家却是国际学术考试中的佼佼者。例如，在国际学生评估项目（PISA）[②] 和国际数学与科学评测趋势（TIMSS）[③] 考试中取得高分的国家和地区，像新加坡、

① 全球创业观察（Global Entrepreneurship Monitor）是指按年度评估创业活动率的国际性研究项目，是在全球范围内对国与国之间的创业活动进行最全面比较的研究项目。全球创业观察通过参与企业创办的人口比例来测评创业活动或整体创业活动率。——译者注

② PISA（Program for International Student Assessment），“国际学生评估项目”的缩写，是一项由经济合作与发展组织统筹的学生能力国际评估计划。主要对接近完成基础教育的15岁左右的学生进行评估，测试学生们能否掌握参与社会竞争所需要的知识与技能。——译者注

③ TIMSS是由国际教育成就评价协会（IEA）发起和组织的国际教育评价研究和评测活动。分别于1995年、1999年和2003年进行了三次测试。2003年TIMSS成为国际数学和科学评测趋势（The Trends in International Mathematics and Science Study）的缩写，从而使三次测试有了统一的名称。——译者注

日本、韩国和中国台湾，在2011年《全球创业观察报告》中显示的创业自信指数就大大低于澳大利亚、英国和美国。相关性分析显示，数学、阅读和科学考试成绩与创业能力的各个方面都呈显著的负相关。图0.2显示出既参加2009年PISA考试，也参加了2011年全球创业观察的23个国家和地区，在数学成绩和创业能力方面的排名。这23个国家和地区均为经济发达国家（地区），根据GEM的研究结果，均可归为“创新驱动型经济体”。

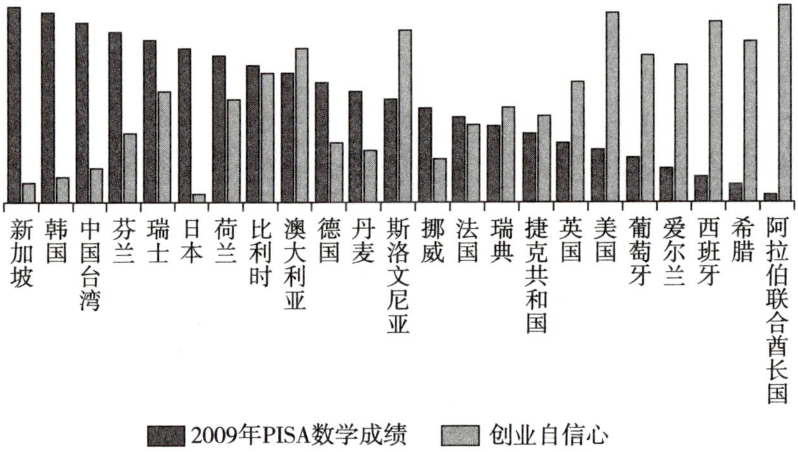

图0.2　PISA数学成绩与创业自信心排名

资料来源：Bosma，Wennekers & Amorós，2012；OECD，2010。

考试成绩与创业能力呈负相关的现象，并不是意味着考试高分导致了创造力低下，或者创造能力缺失就能考出高分。但是，这种现象说明了善于制造高分的教育体系通常会导致学生创业活动减少和创业能力低下；同时，也说明了制造高分的教育机制或许会导致创业精神的缺失。这种可能性由于其他证据的支持变得更加可信，这些证据包括教学政策、课程设置、教学实践及学生活动等方面的差异。例如，在过去的二三十年，美国年轻人的创造力大幅下滑，而这一时期恰恰是美国旨在提高学生成绩的教育改革浪潮高涨的时期。

创造力降低：美国教育改革与《不让一个孩子掉队法案》

2010年7月，美国《新闻周刊》刊登了一篇题为“创造力危机”的文章，该文谈论到美国人创造力下降的问题。文章引用了威廉·玛丽学院教育心理学教授金庆熙（Kyung Hee Kim）的研究结果，金教授在一项目前应用非常广泛的创造力测验，即“托兰斯创造思维测验”①中，分析了成人和儿童的表现。结果显示，近20年来，创造力的各项指标都呈明显的下降趋势。从1990年至1998年，流畅性测试（用于测试人们得出多种解决方案的能力）得分下降了7%；从1990年至1998年，独创性测试（检测人们产生独到新奇想法的能力）得分下降了3.74%，虽然这项得分在1998年至2008年基本保持稳定，但金教授却认为：“独创性测验得分实际上已经大幅下降了，只不过由于运用过时的分数评定系统，这种下降的趋势被掩盖罢了”；创造性思维向度（测试人们是否具有创造性的人格特征）得分从1990年到1998年下降了3.16%，从1990年到2008年下降了5.75%；精确性测验（考察人们得出想法及精确表达的能力，也包含细致思考与反思性思维及动机）得分从1984年至2008年，下降了36.8%；标题抽象性（综合和组织思路，具有准确挑选重要信息的能力）在1998年以前一直处于上升趋势，但从1998年至2008年，下降了7.41%；抗过早封闭性（好奇心和开放的心态）从1998年到2008年下降了1.84%。（Britannica Editors，2010a）

谈到创造力下降的原因，金教授提出了社会、家庭和学校等方面的因素。例如，金教授向大英百科全书的编辑谈道：“当代家长的教育方式通常是为孩子设计一条中规中矩的生活道路，过分地保护孩子并安

---

① 托兰斯创造思维测验（Torrance Tests of Creative Thinking）是由美国明尼苏达大学的托兰斯（Torrance）等人于1966年编制而成，是目前应用最广泛的创造力测验，适用于各年龄阶段的人。主要考察流畅性、灵活性、独创性、精确性这几个变量。——译者注

排他们的一切，从而剥夺了孩子认识自我的机会。”当然学校也难辞其咎，“虽然教师们声称重视孩子的创造性，但事实并非如此，大部分教师并不喜欢也不鼓励课堂上有过多富有创造性的行为和特点，因为这会给教师们的课堂教学和管理带来不便”（Britannica Editors，2010b）。然后，金教授还谈到了《不让一个孩子掉队法案》（*No Child Left Behind*）① 对创造力的影响。“《不让一个孩子掉队法案》抑制了发展个性、创造性和创新性思维以及个人潜能的所有机会”，因为：

> 学校为应付考试（《不让一个孩子掉队法案》规定的考试，作者注）而进行的教学阻碍了学生创造力的发展，扼杀了学生的创造性。标准化考试迫使学校将教学重点放在死记硬背上面，而不是培养学生的批判性和创新性思维，削弱了学生们与生俱来的好奇心，使他们不能享受学习本身带来的乐趣。再者，《不让一个孩子掉队法案》也扼杀了教师的创造性，由于教师面临完成教学任务并让每一个学生都能顺利通过考试的巨大压力，他们培养孩子们想象力和好奇心的时间因此被占用，这类意愿也被迫打消了……《不让一个孩子掉队法案》发起的标准化考试也导致了很多其他课程和活动被取消，包括培养学生的“天赋计划”②、选修课、艺术课程、外语、基础科学，甚至还减少了学生们的课间休息时间，这样一来，孩子们的想象力，批判性思维和创新思维就更缺少发展的空间，也使得那

① 《不让一个孩子掉队法案》（NCLB）由乔治·布什总统于2001年提出，旨在缩小或者消灭各州、劣势群体和非劣势群体学生间学业成绩差距，但NCLB主要依靠单一的测试手段来给学生和学校评级，比如年度适当进步计划（AYP），给公立学校教师和学生带来了巨大的压力，对鼓励学生个性，培养创造性带来了消极影响。参见：http：//en. wikipedia. org/wiki/No_ Child_ Left_ Behind_ Act——译者注

② 美国各州为在创造性、领导才能、视觉与表演等艺术方面表现出杰出才能的孩子，提供特殊的指导，但是并不强制实行，它并不像我们国人所理解的拔高班、奥数班等从学术角度往更深更专的方向培养孩子，而是以培养孩子独立思维的能力、拓宽知识面，往更宽更广的方向培养孩子各方面的兴趣爱好为目的的一个学习计划。参见：http：//blog. sina. com. cn/s/blog_ 5bebbe790100pmtz. html——译者注

> 些具有潜在创新天赋的孩子在学校很难发挥他们的创造才能……而那些克服困难，努力保留和发展创造力的学生最终也会遭受到很多的负面影响……研究表明，具有创新资质的高中生比普通学生的辍学率高得多。

教育的未来

总体上讲，由于办学目的是培养优秀的雇员，因此，目前的学校教育是削弱而不是促进创造力及创业精神的发展。传统意义上的好雇员所应该具备的素质，与当今优秀创业者的素质截然不同。目前，世界上大多数学校都面临日益增长的培养优秀雇员的压力，所以它们都致力于完成标准的课程计划，遵循确定的教学步骤，开展标准化考试，鼓励死记硬背以及训练学生变得顺从。因为大多数学校相信，只要遵循以上步骤，就能培养出优秀的雇员。

然而，提高考试分数或许有改进学生学业成绩的可能，但也会扼杀他们的创业能力，这对未来教育的发展方向有着极其重要的影响。世界各国的政策制定者、政府及商界领导、教育家、家长以及普通大众都达成了一个共识，即我们应该为所有孩子提供优质教育，以培养孩子适应未来的世界——一个由科技推动、不断快速改变的全球化世界。另外，人们至少在概念上都同意，一个可以适应未来世界的人才应该具备创造力、创业精神和全球竞争力。还有一个共识是，大多数国家的现行教育体制都难以满足未来教育的需求，我们必须进行教育改革。

尽管人们在以上方面达成了共识，但是涉及切实影响孩子的教育政策和教育实践时，却产生了严重的分歧。在教育体制层面，一派是以大多数西方发达国家为代表的，比如美国、英国、澳大利亚、新西兰等，它们拥有一个权力相对分散，标准化程度较低的教育体制，但是目前这些国家出现了一大批由政府和商界领导支持和拥护的所谓“教育改革家”，他们竭尽全力地拥护标准化，并极其热衷于考试。尽管这些国家从总体上讲，经济发展良好，并拥有更多的创业和创新活动，但它们却始终不能在各项国际考试中拔得头筹。近年来，这些国家开始推崇统一课程标准，缩小课程范围，用考试成绩给教师和学生施加压力的教育模式，减少了教育方式的多样性。美国联邦政府的《不让一个孩子掉队法案》和“力争上游”（Race to the Top）[①] 计划以及最近的“各州共同核心课程标准”（Common Core State Standards Initiative）就是这些国家推崇这种教育模式的最好例证。

与之形成鲜明对比的是大多数东亚国家和地区的教育体制，这些国家和地区包括中国、韩国、新加坡、日本和香港，它们具有统一的课程和丰富的考试经验，并且拥有中央集权式管理和标准化教育的悠久历史。经过几十年的发展，这些国家已经成为新生的经济强国，并且在一系列的国际化考试中，学生的分数一直高居榜首。但是，这些国家数十年来一直努力对现有的教育模式实施不同路径的改革，包括减少教育的中央集权和标准化、更少地强调考试分数的重要性、拓宽课程设置、给予学校和教师更多的自主权、给予学生更多的选择权。

哪个阵营会最终取得胜利目前还不得而知，但现有的事实至少可以证明：严格的标准化课程，制度化的教学方法，周密计划的教学活动，严格监管、频繁实施追求高分的标准化考试等，即便可以让学生获得考试高分，但却很难培养出具有创新能力和创业才干的人才。我不太确定最终的赢家是谁，因为我不知道后者改革传统教育体制和测评系统的步伐能走多远、走多快。但是我非常欣赏他们的动机和决心。我同样不知道，西方教育改革者们还要看到多少创造力受到破坏的证据，他们才肯罢休，并重新思考我们究竟需要怎样的教育。

我撰写此书的目的之一在于表达我对中国、韩国、新加坡、香港以

---

① 美国总统奥巴马推进的教育改革项目“力争上游”耗资 43.5 亿美元，创造了联邦教育改革投入的新纪录。此项计划用来支持改进学生学业成就、促进学校持续发展以及增强学校系统活力，但是效果差强人意。只有遵循联邦政府的命令、锐意“改革”的州才有希望在力争上游基金中分得一杯羹。——译者注

及其他一些国家和地区所进行的教育改革的欣赏和支持，他们看到了标准化和统一考试给教育带来的危害。本书的另一个目的在于，劝告那些仍然执着于标准化和考试系统的教育改革者们，标准化这条道路别人已经走过，根据他们的经验，这条路并不是通向光明未来的康庄大道！

为培养全球化的，具有创新性及创业精神的人才，教育首先不能伤害任何渴求创新的孩子，或者通过强制要求他们学习外界认为对他们有用的知识和技能等方式，来压抑他们的好奇心和想象力，或打击他们与众不同的愿望，从而剥夺他们探索和表达自己的机会。换言之，我们至少应该允许像苏哈斯·戈皮纳斯这样的人才存在，而不是去惩罚他们，或以帮助他们成功的名义将其关在教室里。当然，在全球化的背景下，最理想的教育是可以增强人类的好奇心和创造力，鼓励冒险，并能够培养学生的创业精神。

本书讨论的正是为什么这是最理想的教育以及如何建立最理想的教育体制。

本书构架

本书一共有十章：

第一章介绍一些政府和国际组织努力推进学习标准化和教育同质化的举措，并分析这些举措的意图、效果及为什么这些努力既不能弥补过去的教育失误，更会对教育的未来造成伤害。

第二章讨论“大众创业精神”，阐释为什么每个人都需要并且能够成为全球化的、具有创新意识和创业精神的人才。本章引用大量数据信息说明了全球人口的剧增、财富的集聚、科技的发展以及经济的全球化，已经创造了一个全新的世界，它要求并支持每个人都成为创业者或是具有创业精神的员工。

第三章列举创业能力和创业精神的基本要素，运用关于创业精神、经济学、认知心理学及进化心理学等方面的研究成果以及更多的实例，来论证“创业者究竟是天生的，还是源于后天的培养，抑或兼而有之”。

第四章将创业活动与教育相结合。本章开头分析了像中国、新加坡等大家公认的善于取得考试高分的“教育巨人”，却是培养创业精神和创新意识教育方面的“矮子”。之后对考试成绩差距与创业能力差距进行了深入的比较研究，通过分析各项国际考试分数与创业能力呈负相关的实例，进一步说明获得考试的高分往往是以牺牲创新意识和创业精神为代价的。

第五章以中、美两国教育体制作为案例分析，进一步阐释一味追求高分的教育体制是如何扼杀学生的创造力和创业精神的。通过对教育政策和教育实践的微观分析，本章证明，美国教育体制的“缺点”恰好造就了像史蒂夫·乔布斯、Lady Gaga 这样的创新人才。然而，让中国上海的学生在历次 PISA 考试中名列前茅的教育体制，却恰恰导致了其创新人才和创业人才的缺失。但是，美国出现更多的创新人才也纯属偶然，只是因为美国没有像中国或其他国家一样完美地执行传统的教育模式。

第六章讨论的是为了将美国教育体制下出现的“令人欣喜的偶然”转变成为“必然”，就必须进行教育模式的改革。本章对现存的两种教育范式作了对比：以就业为导向的教育模式和以学生为中心的教育模式。虽然“以学生为中心”的教育模式已经存在了很长的时间，并积累了大量的实例来说明其成功可行，但至今仍未被广泛接受。本章讨论为什么我们需要教育范式的变革，以及实现这种变革的障碍。

第七至九章共同阐释了新型教育模式的构成元素：学什么（what）、怎么学（how）、在哪儿学（where）。第七章以英国夏山学校（Summerhill School）作为案例，介绍由学生自己来决定学习内容的自主学习原则。本章通过大量的实例，来证明为什么要倾听学生的意见，为什么要让学生实施自我管理以及为什么要让学生追随自己的兴趣，这种模式不仅仅符合道德的选择，也是合理的教育方式。

第八章以美国圣地亚哥高科技高中为例，表明让学生参与创作真实可用的作品，是培养创造力和创业精神行之有效的方法。本章还探讨了“基于项目的学习法”的不同模式及其体现方式，并提出了“以作品为导向的学习法”（Product-oriented Learning）这一新概念，将其作为培养我们所需创新人才的有效途径。本章还对如何实施“以作品为导向的学习法”提出了具体的建议。

第九章以英国查韦尔中学（Cherwell School）和美国牛津社区学校（Oxford Community Schools）作为案例，分析学生“为什么”以及“怎样才能”成为全球化创业者，学校“为什么”以及“怎样才能”成为培养创业人才的“全球化企业”。本章讨论创业者需要具备的全球化能力的组成要素，以及学校成为“全球化企业”的不同方式，这样的学校不仅能为学生提供丰富的全球化体验，也能更好地利用全球资源为自己的学生及世界上其他地区的学生提供更好的教育。

第十章综合前几章论述的三种原则，提出了三位一体的新型教育模式，本章还列出了那些有志于培养具有创新意识和创业能力的全球化人才的学校的综合特征，以供读者参考。

参考文献

Aspen Youth Entrepreneurship Strategy Group. (2008). *Youth Entrepreneurship Education in America: A Policy Maker's Action Guide.* Washington DC: The Aspen Institute.

Auerswald, P. (2012a, March 11). Bliss is on the way: Black-collar workers and the case for economic optimism. Good. Retrieved April 5, 2012, from http://m.good.is/post/bliss-is-on-the-way-the-case-for-economic-optimism

Auerswald, P. (2012b). *The coming prosperity: How entrepreneurs are transforming the global economy*. New York, NY: Oxford University Press.

Bosma, N., Wennekers, S., & Amorós, J. E. (2012). *Global entrepreneurship monitor: 2011 extended report: Entrepreneurs and entrepreneurial employees across the globe*. London, England: Global Entrepreneurship Research Association.

Britannica Editors. (2010a, April 20). The decline of creativity in the United States: 5 questions for educational psychologist Kyung Hee Kim. Retrieved from http://www.britannica.com/blogs/2010/10/the-decline-of-creativity-in-the-united-states-5-questions-for-educational-psychologist-kyung-hee-kim/

Britannica Editors. (2010b, April 20). Explaining the decline of creativity in American children: A reply to readers. Retrieved from http://www.britannica.com/blogs/2010/12/explaining-the-decline-of-creativity-in-american-children-a-reply-to-readers/

Claxton, A. F., Pannells, T. C., & Rhoads, P A. (2005). Developmental trends in the creativity of school-age children. *Creativity Research Journal*, 17 (4), 327-335.

European Roundtable on Entrepreneurship Education. (2010). Manifesto. *Global Education Initiative*. Retrieved April 5, 2012, from http://www3.weforum.org/docs/WEF_ GEI_ European Roundtable_ Manifesto_ 2010. pdf

Gardner, H. (1982). *Art, mind, and brain: A cognitive approach to creativity*. New York, NY: Basic Books.

Global Entrepreneurship Week. (2012). About. *Global Entrepreneurship Week*. Retrieved April 4, 2012, from http://www.unleashingideas.org/about

Harris, M., & Kinney, R. (Eds.). (2004). *Innovation and entrepreneurship in state and local government*. Lanham, MA: Lexington Books.

Kelley, D. J., Bosma, N., & Amorós, J. E. (2010). Global entrepreneurship monitor. London, England: Global Entrepreneurship Research Association.

Land, G. T., & Jarman, B. (1992). *Breakpoint and beyond: Mastering the Future—Today*. New York, NY: Harper Business.

Manpower Group. (2012). *How to navigate the human age: Increasing demand for better skills assessment and match for better results*. Milwaukee, WI: Author.

Martin, R. L., & Osberg, S. (2007). Social entrepreneurship: The case for definition. *Stanford Social Innovation Review*, 2007, 29-39.

Obama, B. (2009, November 19). Presidential proclamation—National Entrepreneurship Week. Retrieved April 5, 2012, from http://www.whitehouse.gov/the-press-office/presidential-proclamation-national-entrepreneurship-week

Organisation of Economic Co-operation and Development (OECD). (2010). OECD Programme for International Student Assessment (PISA). Retrieved January 10, 2010, from http://www.pisa.oecd.org/pages/0, 2987, en_32252351_32235731_1_1_1_1_1, 00.html

Peña, V., Transue, M., & Riggieri, A. (2010). *A survey of entrepreneurship education initiatives.* Washington, DC: Institute for Defense Analyses, Science and Technology Policy Institute.

Petroski, H. (1992). *To engineer is human: The role of failure in successful design.* New York, NY: Vintage Books.

Salkowitz, R. (2010). *Young world rising: How youth, technology, and entrepreneurship are changing the world from the bottom up.* Hoboken, NJ: Wiley.

Schoof, U. (2006). *Stimulating youth entrepreneurship: Barriers and incentives to enterprise startups by young people.* Geneva, Switzerland: International Labor Organization.

Strauss, S. (2006, June 26). Education for entrepreneurs. *USA Today.* Retrieved April 8, 2012, from http://www.usatoday.com/money/smallbusiness/columnist/strauss/2006-06-26-education_x.htm

Swearingen, J. (2008, April 10). Great intrapreneurs in business history. Retrieved January 14, 2012, from http://www.cbsnews.com/8301-505125_162-51196888/great-intrapreneurs-in-business-history/

United Nations. (2011, November 24). The world youth report. Retrieved April 8, 2012, from http://www.unworldyouthreport.org/index.php?option=corn_k2&view=itemlist&layout=category&task=category&id=1&Itemid=67

Wagner, T. (2008). *The global achievement gap: Why even our best schools don't teach the new survival skills our children need—and what we can do about it.* New York, NY: Basic Books.

World Economic Forum. (2009). *Educating the next wave of entrepreneurs: Unlocking entrepreneurial capabilities to meet the global challenges of the 21st century.* Geneva, Switzerland: Author.

World Economic Forum. (2011). *Unlocking entrepreneur capabilities to meet the global challenges of the 21st century: Final report on the entrepreneurship education work stream.* Geneva, Switzerland: Author.

World Economic Forum. (2012). Global entrepreneurship. World Economic Forum. Retrieved April 5, 2012, from http://www.weforum.org/issues/global-entrepreneurship

World Intellectual Property Organizatio (WIPO). (2007). *WIPO patent report: Statistics on worldwide patent activity (2007 edition)*. Geneva, Switzerland: World Intellectual Property Organization.

Zhao, Y. (2009). *Catching up or leading the way: American education in the age of globalization*. Alexandria, VA: ASCD.

1 错误的赌注：统一的课程和标准对教育何益之有？

The Wrong Bet: Why Common Curriculum and Standards Won't Help

※　教育就是忘记了在学校所学的一切之后剩下的东西。

——阿尔伯特·爱因斯坦(Albert Einstein)

※　书中自有黄金屋，书中自有颜如玉。

——宋真宗赵恒

2010年6月2日，是美国教育史上具有重要象征意义的一天。因为从这天开始，美国从理论上也从实际上结束了没有全国统一课程的历史。在这一天，由全美州长协会和各州教育厅长协会正式推出了国家统一课程和各州共同核心课程标准。新闻发布会在位于亚特兰大郊区的苏瓦尼桃岭中学（Suwanee Peachtree Ridge High School）举行。我们无从知晓为什么选择这样一所财政状况良好、设施完善、广受欢迎的新建城郊中学作为新闻发布会的地点，而且与会人员都经过精心挑选，并且代表着支持统一核心课程标准的各方人士，包括：政界领导人佐治亚州州长索尼·普度（Sonny Perdue），特拉华州州长杰克·马克尔（Jack Markell）；州级教育主管西弗吉尼亚首席教育厅长史蒂夫·潘因（Steve Paine）和佛罗里达州教育专员埃里克·史密斯博士（Eric J. Smith）；美国教师联合会主席兰迪·温加滕（Randi Weingarten）；作为教师工会代表的是美国教育协会副主席莉莉·埃斯克尔森（Lily Eskelsen）；作为教师代表的是威斯康星州年度教师莉亚·卢克（Leah Luke）；地方教育领导有巴尔的摩市公立学校首席执行官安德烈斯·阿朗索（Andres Alonso）；家长代表有国家家长教师协会会长拜伦·贾瑞特（Byron Garrett）；商界代表是埃森哲咨询公司主管史蒂夫·罗莱德（Steve Rohleder）。（National Governors Association Center for Best Practices & Council of Chief State School Officers，2010）

精心挑选与会人员反映了共同核心标准的倡议者具有敏锐的政治头脑。为了避免民众怀疑联邦政府干涉各州教育主权的政治阻力，共同核心标准的制定者们在制定全国课程标准的过程中，小心翼翼地避免称它为“全国标准”或者“全国课程”，也拒绝使用联邦政府的资金，而是不断强调各州在实施共同核心标准过程中的作用。新闻发布会披露了这一消息：“在统一课程研制的长达一年的时间里，有48个州、两个属地和华盛顿特区的州长和各州教育厅长主导并参与了这一工作。”（National Governors Association Center for Best Practices & Council of Chief State School Officers，2010）该项目从一开始就声称是由各州主导，并广泛听取利益相关者的需求，而发布会现场的与会者本身也体现了这一广泛性。本着这一精神，共同核心标准新建的网站也收集了来自美国各行各业代表的支持视频和言论。

但是，避免在名称中提到“国家”二字这一雕虫小技，并不能掩盖形成全美统一国家课程的目的，也不能否定联邦政府在协助其成为美国统一课程方面的参与。事实上，美国45个州和华盛顿特区已经采用了这些标准并倾注大量资源辅助共同标准的实施，这一事实明确无误地说明，美国已经开始走上了统一国家课程的道路。耗资近50亿美元的联邦政府“力争上游”计划毫无疑问是吸引更多的州来采用共同核心标准的诱饵，因为采用“共同标准”是参与这一计划的前提（U. S. Department of Education，2009）。为了强化这一目的，美国教育部要求，即使某个州想要放弃《不让一个孩子掉队法案》的那些不切实际的做法，那么“该州必须在阅读/语文和数学学科上采用‘大学录取与职业录用标准’”。（The White House，2011）

“各州共同核心课程标准”不只是学术标准，它很快就会渗透到课程和评估中。在“力争上游”计划的1.3亿美元的支持下，全美除五个州以外，其他所有的州组成了两大联合会，来为共同核心标准设计统一的评估标准。这项统一的评估标准一旦形成，毫无疑问将推动全国的学校开设核心课程。在得到1580万美元的追加资金后，两大统一考试联盟已经宣布将为共同核心课程提供教学资源、教学材料以及教师专业发展等帮助。（Gewertz，2011）

从各大媒体对这一事件的报道情况来看，2012年6月2日该标准的发布并非是一个重大的新闻事件，但是它却将美国大部分学校送上了一条使用几乎覆盖全美国的统一课程的道路。正如全美州长协会最佳实践中心和各州教育厅长协会在当天的新闻发布会上宣称的那样：这“标志着‘各州共同核心课程标准’开发完成，预示着各州开始采用和实施新的课程标准。”（National Governors Association Center for Best Practices & Council of Chief State School Officers，2010）尽管没有人确切知道这样做要花费多少经费，但有一点可以确定，花费在这条道路上的代价将是昂贵的。雷切尔·谢菲尔德（Rachel Sheffield）指出："根据各州的评估范围，全国花费预计可达 300 亿美元"（Sheffield，2011）。波士顿的智囊团先锋研究院（Pioneer Institute）预测：在全美范围内，如果各州都参与实施共同核心标准，7 年的花费将会达到 158 亿美元。"而这只是对实施新标准所需基本支出的'比较保守的估算'。"（Accountability Works，2012，p. 1）

美国有大约 15000 个学区，50 个州拥有宪法赋予的独立教育管理体制，为什么在这样一个具有教育体制高度分权传统的国家，在经济衰退时期，却要投入大量的资金来制定国家统一的课程呢？更重要的是，为什么在一个长期重视地方自治教育并努力限制联邦政府管辖范围的国家，制定国家统一课程的工作却得到了如此多的支持呢？

共同核心标准计划的使命宣言回答了以上问题，即保证美国"在经济全球化的竞争中取得成功"：

> "各州共同核心课程标准"对于希望学生掌握的课程内容提出了一致、清晰的规定，因此，教师和家长也知道学生需要学什么、怎么去帮助他们。设计的标准应该是高质量的，并与现实世界息息相关，能够涵盖那些确保今天年轻的一代在学业和职业生涯中取得成功的必备知识和技能。美国的学生应该为未来作好充分的准备，这样才能使我们的国家在经济全球化的竞争中立于不败之地。（Common Core State Standards Initiative，2011b）

该标准声称通过解决长期困扰美国教育的三大难题来实现所有的学生在经济全球化背景下为上大学和职业发展作好准备，这三大难题是：教育公平、教育质量和效率（Common Core，2009；Goertz，2010；Mathis，2010）。"我们需要统一的标准，确保所有学生，无论他们住在哪里，都要为能够成功接受高等教育和成为合格的劳动者作好准备。统一标准将确保每个学校、每个州的学生们都能够得到始终如一的高质量教育。”（Common Core State Standards Initiative，2011a）我们需要有统一标准，是因为标准“提供了更多机会来分享各州内部和各州之间的教学经验和优质的教学实践，从而使我们的教育能够为满足学生能力发展提供机会”（Common Core State Standards Initiative，2011a）。此外，还可以使不同地区学校的考试成绩具有可比性，这样就能够保证学校和教师对学生的学习负有更多的责任（Tienken & Zhao，2010；Zhao，2009）。更重要的是，“共同核心课程标准”宣称与国际标准接轨，体现了对学生的最高期望。“共同核心课程标准是基于美国国内最好且最高的州立标准发展而来的，标准以事实为基础，融合了大学及职业的双重要求，包括了丰富的内容和技能，并参考了世界上在课程标准方面表现顶尖的国家的经验和做法。”（Common Core State Standards Initiative，2011a）

全国教育的同质化

◆ 提高学生学习成绩的统一处方？

“各州共同核心标准”的使命代表了全世界愈演愈烈的“教育同质化”发展趋势。这种同质化教育通过增加国家对学生学习内容的控制来实现，而这种控制则是由以下三个相互关联的措施来实施的：（1）确定核心课程；（2）开发统一的课程标准；（3）采用高风险考试，来强化核心课程标准的实施。

中央政府控制学生的学习内容的趋势，在传统的集权化的教育体制中和传统的分权教育体制中都有体现。大致来说，世界上存在两种类型的教育体制：第一种是集权化的教育体制，在这一体制下，通过全国或州的统一课程以及统一评估项目，规定并强行推出学生所学的内容，中国、新加坡和韩国就是这类教育体制的典型代表，且世界上大多数国家的教育体制均属于这一类。第二种类型是国家没有强行规定学生的学习内容，大部分课程是由地方教育行政部门来决定的。这个“地方”可以是“州”或“省”，在有些情况下，“地方”的定义更为具体，一些基层的教育政策往往是由社区甚至学校来决定的。美国、加拿大和澳大利亚的传统教育体制就是第二种类型的主要代表。

虽然一些具有传统的中央集权的教育体制已经在尝试削减国家统一的课程，但这一比例仍然很小，并且能否成功也还不确定（Zhao，2009）。相比之下，那些在教育体制方面有分权传统的国家却在大力推进国家的统一课程，且发展势头强劲。结果是本来为数不多的分权化教育体制的国家，现在的数量更是锐减。

澳大利亚就是一个生动的例子。2010 年 12 月 9 日，随着教育部部长宣布实施全国统一课程，澳大利亚迎来了教育史上的一个转折点。澳大利亚的国家课程包括从起始年级到十年级的英语、数学、科学、历史这些学科的规定课程（McGaw，2010）。为了拓宽课程范围，使之涵盖其他的学科，“澳大利亚统一课程大纲罗列出了所有学生应该学习的内容，以及随着学生年级的增高，他们应该具备的相应学术素养”。根据“澳大利亚国家课程评估和权威报告”，澳大利亚统一课程的理论依据与美国相似：为所有学生提供“平等、高效、优质”的教育，以使他们“在全球经济竞争中获得成功”，该报告还指出：

1. 学校和课程制定机构可以协同合作，确保为所有学校提供高质量的教学材料。
2. 学校可将更多的注意力放在培养澳大利亚年轻人具备必要的技能、知识和能力，以使他们在全球一体化的进程中能够有效地参与社会竞争并取得成功，在未来的信息时代茁壮成长。
3. 统一课程为全国流动性日益增长的教师和学生提供了教与

> 学的一致性。（Australian Curriculum Assessment and Reporting Authority，2010）

那些在全国统一课程标准方面具有更多灵活性的国家，也在努力细化每个年级学生所学的内容，例如，新西兰虽有一个更具灵活性的统一课程框架，但在2010年也发布了国家标准。国家标准“明确规定了学生从一年级到八年级在阅读、写作和数学课程上应该达到的水平”（Ministry of Education［NZ］，2011）。标准详细地描述了学生应该知道什么，在学校的不同阶段能够做什么，这些规定基于以下原因：

> 国家标准是一个工具，帮助老师和学校了解学生在每个年龄段所应达到的学业水平，知道如何依据这些标准去衡量每一位学生的成绩。这样可以改进教与学，促进学生更好地学习并在所有的课程领域都得到提高（Ministry of Education［NZ］，2010）。

另外一个例子是英国。目前英国正在对1988年颁布的国家课程进行审查和修订（Department for Education，2011；Oates，2010）。根据英国国家教育部秘书长迈克·高夫（Michael Gove）的说法，英国的国家课程需要更加细化和调整重点。在由剑桥评估委员会蒂姆·奥茨（Tim Oats）撰写的《国家课程评估报告》的序言中，高夫写道：“其他国家开发了连贯的国家课程，这有助于稳固地积累知识和概念，而我们的全国课程却偏移了最初的重点，这很令人难过。”他补充说：“关键是首先要明确每个年龄段的学生应该掌握的重要概念和知识。”

针对英国国家课程的这一轮审查设立了多重标准，但最重要的是“国际比较性”和“有效性”，如下所述：

- 要确保我们的“国家课程纲要”可以与那些优质教育的国家和地区的最成功的国际课程相媲美，同时也显示了我们在孩子们应该怎样学习和应该学什么这方面拥有最优秀的集体智慧。

- 对小学生的课程设定应有严格的要求，这一要求应该与世界其他优质教育的国家和地区对学生的要求保持一致。
- 要让家长知道他们的孩子在各学龄阶段应该学习什么，因而知道应如何支持孩子的学习。（Department for Education，2011）

简而言之，如果上述这些努力最终获得了成功，那么，英国的国家课程则不仅规定了学生应该学什么，还规定了他们应该在什么时候学。通过向学生和学校强制推行高风险标准化测评制度、统一课程和标准实质上是迫使教师按规定教学。（Booher-Jennings，2006）在追求效率、平等、全国统一的同时，这些统一课程和标准在本质上同化了孩子们的学习，对全国学生提供同样的“教育套餐”。

全球教育的同质化：国际基准（International Benchmarking）

使孩子学习同质化的尝试已经超越国界，并日益全球化。英国的目标是确保全国课程“可以与那些执行全国统一课程标准中最成功的国际课程相媲美”，这一目标是制定各种国家课程和标准的共同主题。“国际标准”，就是“在标准、课程、专业发展和评估等方面都要向那些优质教育的国家看齐”（Education Commission of the States [ECS]，2008，p. 5），这已经成为全世界教育改革者的流行语。美国“各州共同核心课程标准”、澳大利亚“统一课程”以及英国“国家课程大纲”等，都是在试图努力建立一个与“世界一流教育”相匹配的国家课程标准和课程体系。

在美国，全国州级教育政策决策者宣称，国际标准的使用将使“为强化标准、提高教学质量、改善低绩效学校所做的努力”更为有效（National Governors Association，Council of Chief State School Officers，& Achieve，Inc.，2008，p. 6）。由全美州长协会、各州教育厅长协会和成就公司（Achieve，Inc.）联合发布的一份报告，呼吁各州领导采取五项行动来保证为美国全体学生提供世界级的优质教育。首推的行动就是“通过采用共同核心的国际标准，全面提高各州 K-12 年级中数学和语文学科的课程标准要求，确保每位学生具备全球化竞争中所需的知识和技能”（National Governors Association，Council of Chief State School Officers，& Achieve，Inc.，2008，p. 24）。关于澳大利亚的全国课程，澳大利亚全国课程开发管理委员会主席巴里·麦克高（Barry McGaw）强调，“澳大利亚的课程是参照那些执行全国统一课程比较成功的国家的课程体系来制定的，以保证我们对学生的要求不低于那些国家”（McGaw，2010）。

实际上，国际标准为所有学生带来的是全球同质化的学习体验。当不同国家的教学内容和标准都一致时，所有学生将在同样的时间学着相同的内容；当教师专业发展和教学法都一致时，所有的教师都会被要求用同样的方法教授同样的课程内容；当全球都在使用同一个国际评估标准时，各国就有更多理由向孩子们传授同样的知识内容。

推动教育的全球同质化有一个堂而皇之的理由，即全球化的竞争，正如美国国家教育和经济中心在 2007 年的研究报告《艰难时期抑或艰难选择》（*Tough Choices or Tough Times*）中指出的那样：

> 世界上最好的雇主都愿意在世界的各个角落寻找那些最有能力、最具创新意识、最具有改革思想的人，并愿意付给他们优厚的酬劳。这不仅仅只是针对顶级职业和经理人而言，而是针对所有的劳动者。而那些生产最重要的新型产品并提供新服务的国家，将在国际市场上获得高额利润，这使得他们有能力支付自己雇员的高工资。（The New Commission on the Skills of the American Workforce，2007）

一些国际测评项目通过公布不同国家的相关排名，也为全球化新时代下的全球同质化运动推波助澜。国际教育成就评价协会（International Association for the Evaluation of Educational Achievement，简称IEA）半个世纪以来，一直进行国际比较研究：对数学和科学作定期测试，对读写能力和其他学科作不定期的测试。而新近由经合组织（OECD）创建的国际学生评估项目（PISA）更为声势夺人。国际教育成就评价协会的国际数学和科学评测趋势（TIMSS）和经合组织的PISA都引起了世界各国和地区的教育官员、研究者和媒体的高度关注。因为很多人认为TIMSS和PISA的测评结果能够反映国家教育质量和全球竞争力，TIMSS和PISA现在已被视为优质教育的度量衡。人们不自觉地将这些评估测试中每个国家的排名与该国的教育质量挂钩，由此来推测在未来全球经济中这个国家的综合竞争力。经合组织最近的一项报告也毫不隐讳地指出PISA成绩和经济增长的关系：

> 最现实的目标是，如果在未来二十年，所有经合组织成员国的PISA平均成绩提高25分……那么将意味着2010年出生的这一代人，在他们一生的时间中，所有经合组织国家的GDP总值将增长115万亿美元。如果所有经合组织成员国的成绩都能提高到在PISA测试中表现最好的芬兰的平均成绩，那么累计的经济增长将达到260万亿美元。（Hanushek & Woessmann，2010，p. 6）

由此看来，各国挖空心思来提高学生的PISA成绩就不足为奇了。当然，提高PISA成绩最好的办法就是让本国的课程和标准同PISA考试中表现最好的那些国家看齐。

像PISA和TIMSS这样的国际测评常被用来作为同质化课程的主要激励因素。英国南安普顿大学的杰弗里·豪森（Geoffrey Howson）教授通过研究十年前英国的国家课程，指出：“可能由于英国的学生在第二次国际数学评测（Second International Math Studies）[①] 以及 20 世纪 80 年代进行的类似的小型测试中表现欠佳，促进了英国国家课程改革的快速推进。”（Howson，2001，p. 261）高产教育作家、美国纽约城市大学教授乔尔·斯普林（Joel Spring）对 PISA 在推动国家课程标准实施中所扮演的角色作了类似的评论：

> 经合组织通过测评项目 PISA 在全球教育标准化的过程中扮演了重要角色。由于 PISA 已经成为国际标准，它完全有可能决定数学、阅读和科学这些受测科目的课程内容。（Spring，2008，p. 62）

此外，其他国际项目也在确立统一课程和标准中起着推波助澜的作用。那些在 TIMSS 和 PISA 考试中名列前茅的国家被认为拥有优质的教育体系，值得其他国家效仿。（Common Core，2009；National Research Council，1999）最近由美国国家教育与经济中心发布的题为《站在巨人的肩膀上：美国教育改革议程》（*Standing on the Shoulders of Giants：An American Agenda for Education Reform*）的报告中，号召美国向加拿大（安大略省）、中国（上海）、芬兰、日本和新加坡学习，因为它们都是世界教育的巨人，至少从 PISA 考试的成绩来看是如此（Tucker，2011）。由于新加坡、韩国和日本等国在 TIMSS 考试中的杰出表现，它们也被列为世界优质教育的范例。特别是新加坡的数学课程，很多国家在向其看齐。

确立国际基准将不可避免地导致全球所有学生学习经历的同质化。如果一切按照那些提倡者的计划进行，全球的学生们将按照同样的方法和同样的步骤，学习相同的内容，这在全球多元教育体制背景下未免有些过分，但却是众多国家政府和决策者们追逐的目标。不管各国

---

① 成立于 1959 年的 IEA 曾经在 20 世纪 60 年代初组织了有十多个国家参加的第一次国际数学评测和第一次国际科学评测。70 年代末、80 年代初，IEA 又组织了第二次国际数学评测和第二次国际科学评测。——译者注

的决策者能在何种程度上使自己国家的教育成功地达到那些在PISA或TIMSS考试中名列前茅的国家的水平，许多国家的政府都在孜孜不倦朝着这个目标努力，即有一天自己国家的学生能够共享具有国际水准的教学内容，适应国际水平的标准和考核，接受国际标准的教学方法。按照那些倡导者的说法，这就是“世界级的教育”，这能够培养他们国家的学生“在全球经济中取得成功”。

下赌注

◆ 核心学科

然而，这些由政府或那些善意的决策者们为圈定学生应该学习什么内容所作出的尝试，是有代价的，而且代价不菲。制定标准、开发课程都需要经费，辩论什么年龄段应该学习什么内容也需要花费政治和社会资本。标准和课程内容一旦开发成功，如何让学校和教师接受并实施也要耗费资金和精力。为了确保学校和教师按照标准教，学生按照标准学，家长都按照标准提供帮助，还得开发评估办法和其他保障机制，这些都需要花钱。同样付出的还有机会成本，当所有精力和资源都被倾注在开发和推行共同课程和标准上时，就无从去追求其他东西了。

但是，我们最应该关心的并不是金钱、精力、政治和社会成本，尽管这些成本如此之高以至于很难让我们忽视。最重要的是，我们应该关注孩子们的未来，让每个孩子用他们生命的十二年来学习同样的东西，这相当于在用他们的未来下注，为那些无辜的孩子和父母们许下了一个虚幻的承诺：如果孩子掌握了这些规定的课程内容，那么他们将拥有光明的前程，他们将能为上大学和职业生涯作好准备，他们将会在全球经济中取得成功。但是如果这一赌注下错了，承诺破灭了怎么办？这个代价是我们难以承受也是不能挽回的。

赌注的风险如此之高，那么，这一赌注押得好不好呢？

在对这一赌注提出质疑之前，我们先来准确描述一下那些倡议者们下的究竟是什么样的赌注，也就是说，国际水准的课程和标准到底依次包含了什么内容。大部分国家把赌注押在数学、读写/阅读和科学科目上。在美国，“共同核心课程标准”倡议，将数学和英语语言学科放在核心位置，所有的学生都要学习，科学课也正在计划中。在英国，“作为核心学科的英语、数学和科学将保留在国家课程里”（Department for Education，2011），也就是说，这三门学科将毫无疑问地成为新的国家课程的核心科目，在审查和制定新的国家核心课程时，这三门课程不在讨论的学科范围内。澳大利亚的国家课程宣称要涵盖不同科目，但目前仅包括英语、数学、科学和历史，“今后会加入地理、语言、艺术、经济、商业、市政学和公民学、健康和体育、信息通信技术、设计和技术”（Australian Curriculum Assessment and Reporting Authority，2010）。

尽管很多国家的国家课程在书面上都涵盖了广泛的科目，但是只有那些考试结果关乎师生切身利益的学科才能成为核心科目。例如，新加坡的小学课程是由语言、数学、科学、社会学、艺术和手工以及音乐组成的（Ministry of Education，2011）。最重要的还是语言（英语和母语）、数学和科学，因为这些科目是“小学毕业考试”（Primary School Leaving Exam，PSLE）的必考科目，它们决定着孩子可以进入什么样的中学，继而决定孩子会拥有什么样的未来。（Singapore Examinations and Assessment Board，2011）韩国也是如此，尽管学生有很多科目可以选择，但是所有学生都必须学习的，而且在韩国大学学术能力测试这类高风险测试中最重要的科目是韩语、数学和英语（作为外语），其他十多项社会科学和自然科学方面的科目仅仅是选修课。（Korea Institute for Curriculum and Evaluation，2011）中国也是一样，虽然国家统一课程包含很多科目，但是决定个人命运的高考，却只将语文、英语和数学作为所有学生必须参加的核心考试科目，同时学生还可根据需要选择其他科目。

像PISA和TIMSS这些广受欢迎的国际评估测试，进一步确立了数学、读写/阅读和科学的核心学科的位置。PISA测试15岁的孩子在数学、科学和阅读方面的能力；TIMSS测试的是学生的数学和科学水平。提供TIMSS考试的机构——国际教育成就评价协会（IEA），也正在实施“国际阅读素养进展研究”（Progress in International Reading Literacy Study，PIRLS）。

平心而论，提倡国际标准的都是善意的聪明人，他们意识到孩子们的教育不能只有核心课程，但是他们却没有看到这样一个事实：那些对学生和学校承载着最大利害关系的学科，被给予了最多的关注和最多的资源，而其他科目都被边缘化了，甚至变得可有可无。同时，还有人提出，核心课程只对孩子们需要掌握的最基本的知识和技能作了规定，这只是一个底线，而不是上限。然而不幸的是，不同的地位和重要性会导致区别对待，底线常常会变成上限，基本要求却变成了最终目标，这就是所谓的“缩减课程”（curriculum narrowing）。

缩减课程有两种不同的水平层次。第一种是，当最大的筹码被押在有限的几个科目上时，这些科目会得到高于其他科目的优先权，结果，学生的大部分时间和精力从其他科目转移到这些最受各国关注的科目或者核心课程上，以保证把这些课程学好。有大量证据证明，美国的《不让一个孩子掉队法案》已经造成了孩子们学习数学和阅读以外的课程的时间大幅度减少（McMurrer，2007，2008）。尽管从学术上看《不让一个孩子掉队法案》并没有强行推进全国统一课程或标准的实施，但它却迫使各州使用数学和阅读科目的统一评估标准，以控制学校的教学行为。因此，为了保证学生在统一评估中有良好的表现，学校增加了数学和阅读的教学时间，减少了其他科目，如艺术、音乐、社会科学、自然科学的教学时间，甚至是午饭和休息的时间（McMurrer，2007，2008）。美国教育政策中心2007年所做的一项研究发现，《不让一个孩子掉队法案》实施五年后，60%以上的学区报告说，增加了数学和英语语言文学的教学时间，44%的学区报告说，他们减少了诸如社会科学、自然科学、艺术、音乐、体育，午餐和休息时间以及其他课程和活动的时间，这一变化非同小可：它意味着总共只有32%的教学时间花在了这些科目上（McMurrer，2007）。表1.1显示了美国教育政策中心的研究结果：自从《不让一个孩子掉队法案》实施以来，对于那些法案不要求考核的课程，教学时间明显减少。表1.1还表明，尽管各个学区都减少了非考查科目的教学时间，但那些原本就有困难达到法案要求的学区，对非考查科目教学时间的减少就更为明显。

表1.1 NCLB法案实施后（2001—2006）各小学非法案规定考查科目教学时间的减少趋势

科目	各学区教学时间减少百分比		每周平均减少分钟数	
	不含“未达标学校”的学区	含有“未达标学校”的学区*	不含“未达标学校”的学区	含有“未达标学校”的学区*
社会科学	31%	51%	70	90
自然科学	23%	43%	67	94
艺术&音乐	12%	30%	55	61
体育	7%	14%	32	57
午餐	6%	4%	**	**
休息	19%	22%	47	60

资料来源：McMurrer，2007。

*根据《不让一个孩子掉队法案》，至少有一个学校被认定为“未达标学校”，需要进行提高，采取改进措施或者整体改造的学区。

**因样本数据太小，没有在报告中体现。

另一项由美国基础教育委员会进行的研究也在2004年，即《不让一个孩子掉队法案》实施仅两年之后，通过对校长进行调查访问，得到类似的结果。这项研究发现，75%的校长说他们增加了数学和英语的教学时间，25%的校长说他们减少了艺术课的时间，33%的校长预测未来这些教学时间还会减少（Zastrow & Janc，2004）。

第二种水平的“课程缩减”出现在“受到重视”的学科。为考试而教、为考试而学，教和学可能只是围绕那些要考试的内容进行，只关注那些最可能被考到的考点，这是全世界通用的做法。中国的教育已被贴上了“应试教育”的标签，韩国教育也是如此。（Zhao，2009）美国教育政策中心的一项研究发现，《不让一个孩子掉队法案》已迫使大部分学区将阅读和数学的课程内容缩减到考试要求的范围（McMurrer，2007）。该研究还发现，84%的学区“在一定程度”或“在很大程度”上改变了基础阅读的课程设置，以便将更多的重点放在考点上：79%的初中，76%的高中都是这么做的。数学也有类似情况：81%的学区对小学和初中的数学课程做了改动，以强调考试的内容和技巧，这一比例在高中数学课程中为78%。

课堂教学变成了只为考试作准备。研究发现，自《不让一个孩子掉队法案》实施以来，死板的课程目标和为州级考试作准备的机械的应试教学，大大剥夺了课程的多样性、教育的探究性和灵活性。“教师们不得不将所教的知识与考试的内容相结合，并且担心学区的课程大纲是否与州级考试内容、语言和形式都一致。”（Valli & Buese，2007，p. 531）这样的结果导致教学质量下降，实施多样化课程的环境恶化。复杂的认知教育变得以单一应付考试的基本技能为导向，最终使学生的认知敏捷度下降。美国教育政策中心的另一项研究考察了联邦政府和州政府的问责政策对课程和教学的影响。该研究发现，在罗德岛、伊利诺伊州和华盛顿州，课堂教学的重点只是备考，教师把教学内容主要集中在他们认为最可能考到的内容上（Srikantaiah & Kober，2009）。

这样一来，那些规定的核心课程真正成了核心，而且在很多情况下，成了学生、老师和学校唯一真正关心的东西。内容广泛的课程只停留在纸面上。英国的国家课程试验就是其中的一个例子。英国在20世纪90年代早期，用国家课程代替了原来大部分由地方控制的课程，国家规定的课程虽然不只包含数学和读写，还涵盖了其他许多学科，但只有数学、读写和科学被列为核心课程并通过考试来强化其重要性。根据最近大量媒体报道的一份题为《剑桥小学教育调查》（*Cambridge Primary Review*）的报告，国家课程实质上剥夺了英国公立学校学生接受真正教育的机会，这份报告总结了国家课程的弊病，其中有：

- 孩子们应享有广泛、均衡、丰富课程的权利被剥夺了，艺术、人类学甚至科学课都被边缘化了。
- 考试致使理解和探究式的学习变回了只重视死记硬背的学习，并使教学成为只注重知识的传授而不是广义上对知识的探求。
- 使用有限的课程替代全部课程，由于考试的压力导致学科内部和学科之间失去了广泛性和平衡性，这在小学高年级尤为明显。
- “基本科目”的高标准只能通过削减大部分其他课程来实现，这是一个连续的、存在明显错误的假设。

显然，通过标准考试来规定一个共同课程并强制实行，导致教育过程与课程内容密切相关。无论对核心课程如何定义，事实上它们已经取代了全部课程。那么底线，即最基本的知识也就变成了上限，这或许是教育改革者们想要看到的和希望拥有的局面。

◆ 对赌注的质疑

然而，世界上诸多国家的政府为成千上万孩子们而下的赌注，却几乎不可能为全球化的时代培养出成功的未来新一代。即使在最乐观的情况下，所有改革者的愿望都能奇迹般地实现，也不会培养出具有国际竞争力的公民。按照这样的方式，最好的结果充其量是造成资源和机会的无谓浪费，最坏的结果将会造成无法挽回的损失。这是因为我们的孩子们将面临的是被全球化和飞速发展的科技完全改变了的社会，而开发并实施国家甚至国际统一的课程是在努力修复一个已经过时的教育范式。

这一教育范式是在这样的环境中演变发展而来的：由于当时的世界受地理距离的限制，大部分的国家处于封闭状态，社会变化的速度也比现在慢得多。在全球化浪潮来临和科技大发展之前，人类社会的经济形态大多是区域性的，发展缓慢。在这些经济体中，大部分人从事着满足当地需求且雷同的工作。在很多情况下，工作岗位以及从事该工作所需的知识技能变化得也非常缓慢，这使得预测和规定以职业为导向的统一课程成为可能。此外，工人所需的知识和技能都是基础性的，只要提出要求或强迫实行，大多数人都能掌握这些知识和技能，只有相当少的一部分人，从事需要有创造力、独创性和高认知能力的工作。

因此，现代大众教育的主导范式是培养劳动者，这些劳动者是具有同样的技能、可以满足当地经济需求、并能与当地社会相协调的、具有同等价值观的普通公民。这一教育范式的主要功能是通过统一课程及体验，来减少人们的多样性，以培养出熟练的技工。这一教育范式也是为了传承当地社会的文化价值传统，其出发点是甄选出一个社会希望传承下来的最重要的知识和技能，以实现文化的延续，并有利于后代的经济繁荣。因而，规划出了实用课程。

但是今天的世界与以往相比截然不同。首先，除了少数的例外（如朝鲜），地理距离和政治界线已经不能再分割全世界的经济活动了。事实上，全世界所有的经济活动都相互联系、相互依存。因此，工作的机会不再孤立地存在于某一特定的地方，工作可以外包到很远的地方或者由个人远程完成。在这样一个工作可以并已经在全球流动的世界中，每个人都有可能追求任何自己想要的工作。是否能够得到这个工作取决于两个因素：资质和薪金。在其他条件都相同并且具备相同的资质的情况下，谁要的薪水更低，谁就可以获得这个工作。

当今，在一个拥有超过 70 亿人口的地球上，每个人都面临着激烈的竞争。但是，由于世界各国经济发展的不平衡，劳动力价格存在巨大差异。根据美国劳工数据统计局 2011 年公布的数据，2010 年，制造业每小时的工资从菲律宾的 1.9 美元到挪威的 57.53 美元不等。（Bureau of Labor Statistics，2011）如果一个挪威人做着和菲律宾人完全相同的工作，那么很有可能他会很快丢掉工作。如果挪威人想保住饭碗，最好做那些菲律宾人做不了的工作。

这里就出现了全球学习同质化的第一个问题：如果要求所有的孩子都掌握同样的知识和技能，那么成本低的将会比成本高的更具竞争力。发展中国家有很多贫穷饥饿的工人愿意做一些发达国家工人需要的工作。因此，如果发达国家想具备全球竞争力，就必须以优取胜，也就是说，它们必须具有那些囊中羞涩的发展中国家难以低成本获取的技能，而这绝非是在几个学科取得的好成绩或者所谓的“基本能力”，因为发展中国家也可以做到这些。

第二个问题，科技的进步和工作的全球流动，导致旧工业消失，旧职业正在迅速地被新职业所取代。例如，根据考夫曼基金会的一份报告，从 1977 年到 2005 年，现有的公司每年平均减少 100 多万份工作；同时，每年平均有 300 万份工作由新公司创造出来（Kane，2010）。因此，我们无法确切地预测未来我们的孩子们会从事什么样的工作。正如 PISA 国际学生评估分析部主管安德烈亚·施莱克尔（Andrea Schleicher）最近所说：“学校必须未雨绸缪，让孩子学会应对那些还未出现的工作、还未发明的技术和未来将会出现的问题。”（Schleicher，2010）这里就出现了关于标准化知识和技能的第二个问题，如果我们还不知道未来会有什么职业，就去为今天的学生硬性规定他们应该学习什么样的知识和技能，这是几乎不可能的。

第三个问题，那些只需要基本技能和知识的工作正在越来越趋于自动化，或是被转移到拥有大量具备基础知识和技能的廉价劳动力的地方。这样一来，正如畅销书作者丹尼尔·平克（Daniel Pink）所观察到的那样：那些在传统上被忽略的才智将会受到更多重视，他称这些才智为“右脑思维引导”才能，包括设计（design）、讲故事（story）、协调（symphony）、同情心（empathy）、娱乐（play）和探究意义（meaning）等（Pink，2005），而这些才能的发展恰好与许多政府标准化的核心课程，以及像 PISA 和 TIMSS 等国际评估项目规定的核心课程不一致，因为这些核心课程强调的都是左脑认知能力。这也是为所有的学校统一知识和技能带来的第三个问题，因为这些规定的课程内容不一定是所需要的知识。

第四个问题，我们的孩子们将会生活在“地球村”里，而不像以前那样限制在一个地方内。鉴于全球经济相互联系、相互依赖，气候变化和愈发容易的跨国人口流动带来全球挑战的增加，一个人的出生地将不再决定他或她今后会在哪里生活或为谁工作、和谁工作。因此，要生活在这样一个“地球村”，需要作好准备，使自己具备和那些出生和成长在完全不同的环境中的人交往的知识和能力。但是，大多数国家的核心课程却没有包括那些生活在“地球村”的未来一代所必须具备的基本素养，这些基本素养包括与来自不同文化背景的人的交流与合作。过于重视地方价值观和地方社会的需求，带来了第四个问题，即国家核心课程和全球化课程把课程只限制在算术和读写等很窄的范围内。

最后，全球化和科技进步带来巨大挑战的同时，也带来了巨大的机遇。例如，为某些产品和服务扩展了大量的潜在客户群。过去，一个社区的总人口非常有限，没有几个人对商业动脑筋，所以商业技能没有太大的价值。而在全球化的今天，潜在客户可能有 70 亿人，即使是一小部分，数量也十分庞大。此外，有些产品可能在当地只具有很少的价值，而在其他地区，其价值可能会很高。今天的全球化和科技发展，几乎可以使产品和服务能到达世界的每一个角落。然而，传统的教育范式，却强迫学生学习同样的课程内容，这实际上排斥了那些除了标准化知识和技能以外的才能。那些具有其他才能但在标准化学科中表现不好的学生，常常被要求花更多的时间在核心课程上，他们或是被留级，或是被剥夺以其他方式发展才能的机会。

总之，传统的教育范式以前可能起过作用，但是在这个变化了的世界它已经不再适用。开发全国或者国际统一课程的努力，实质上是在修缮一个过时的教育范式，其结果恰好与新时代所需的知识和技能截然相反，这是对孩子们的未来所下的错误的赌注。

参考文献

Accountability Works. (2012). *National cost of aligning states and localities to the Common Core Standards: A Pioneer Institute and American Principles Project white paper*. Boston, MA: Pioneer Institute.

Alexander, R. J. (2009). *Towards a new primary curriculum: A report from the Cambridge Primary Review. Part 2: The future*. Cambridge, England: University of Cambridge Faculty of Education.

Australian Curriculum Assessment and Reporting Authority. (2010). A curriculum for all young Australians. Retrieved December 2, 2011, from http://www.acara.edu.au/verve/_resources/Information_Sheet_A_curriculum_for_all_young_Australians.pdf

Booher-Jennings, J. (2006). Rationing education in an era of accountability. *Phi Delta Kappan*, 87 (10), 756 - 761.

Bureau of Labor Statistics. (2011, December 21). International comparisons of hourly compensation costs in manufacturing, 2010. Retrieved January 2, 2012, from http://www.bls.gov/news.release/pdf/ichcc.pdf

Common Core. (2009). *Why we are behind: What top nations teach their students but we don't*. Washington, DC: Common Core State Standards Initiative.

Common Core State Standards Initiative. (2011a). Common Core State Standards Initiative. Retrieved November 24, 2011. from http://www.corestandards.org/

Common Core State Standards Initiative. (2011b). Mission statement. Retrieved May 20, 2011, from http://www.corestandards.org/

Department for Education. (2011, November 16). Review of the National Curriculum in England. Retrieved December 2, 2011, from http://www.education.gov.uk/

schools/teachingandlearning/curriculum/b0073043/remit-for-review-of-the-national-curriculum-in-england

Education Commission of the States (ECS). (2008). *From competing to leading: An international benchmarking blueprint.* Denver, CO: Author.

Gewertz, C. (2011, February 21). Common-assessment consortia expand plans: Extra federal funds will go toward curricula, teacher training. *Education Week.* Retrieved from http://www.edweek.org/ew/articles/2011/02/11/21consortia.h30.html

Goertz, M. E. (2010). National standards: Lessons from the past, directions for the future. In B. Reys, R. Reys, & R. Rubenstein (Ed.), *Mathematics curriculum: Issues, trends, and future direction, 72nd yearbook* (pp. 51 - 64). Washington, DC: NCTM.

Hanushek, E. A., & Woessmann, L. (2010). *The high cost of low educational performance: The long-run economic impact of improving PISA outcomes.* Paris, France: OECD.

Howson, G. (2001). What can we learn from international comparisons? In L. Haggarty (Ed.), *Teaching mathematics in secondary schools: A reader* (pp. 259 - 272). London, England: Routledge.

Kane, T. (2010). *The importance of startups in job creation and job destruction.* Kansas City, MO: Kauffman Foundation.

Korea Institute for Curriculum and Evaluation. (2011). College Scholastic Ability Test. Retrieved December 2, 2011, from http://www.kice.re.kr/en/resources/abillityTest.jsp

Mathis, W. J. (2010). *The "Common Core" Standards Initiative: An effective reform tool?* East Lansing, MI: The Great Lakes Center for Education Research & Practice.

McGaw. B. (2010, December 9). A historic moment: The first Australian curriculum endorsed. Retrieved December 12, 2010, from http://www.acara.edu.au/default.asp

McMurrer, J. (2007). *Choices, changes, and challenges: Curriculum and instruction in the NCLB era.* Washington, DC: Center on Education Policy.

McMurrer, J. (2008). *Instructional time in elementary schools: A closer look at changes for specific subjects.* Washington, DC: Center on Education Policy.

Ministry of Education. (2011). What will primary education be like for my child? Retrieved December 2, 2011, from http://www.primaryeducation.sg/

Ministry of Education (NZ). (2010). National standards: Key information—questions and answers. Retrieved December 2, 2011. from http://nzcurriculum.tki.org.nz/National-Standards/Key-information/Questions-and-answers

Ministry of Education (NZ). (2011). National standards. Retrieved December 1, 2011, from http://nzcurriculum.tki.org.nz/NationalStandards

National Governors Association, Council of Chief State School Officers, & Achieve Inc. (2008). *Benchmarking for success: Ensuring U.S. students receive a world-class education.* Washington, DC: National Governors Association.

National Governors Association Center for Best Practices (NGA Center) & Council of Chief State School Officers. (2010, June 2). National Governors Association and state education chiefs launch common state academic standards. Retrieved November 20, 2011, from http://www.corestandards.org/articles/8-national-govemors-association-and-state-education-chiefs-launch-common-state-academic-standards

National Research Council. (1999). *Global perspectives for local action: Using TIMSS to improve U.S. mathematics and science education.* Washington, DC: National Academy Press.

The New Commission on the Skills of the American Workforce. (2007). *Tough choices or tough times.* Washington, DC: National Center on Education and the Economy.

Oates, T. (2010). *Could do better: Using international Comparisons to refine the National Curriculum in England.* Cambridge, UK: Cambridge Assessment.

Pink, D. H. (2005). *A whole new mind: Moving from the Information Age to the Conceptual Age.* New York, NY: Riverhead Books.

Schleicher, A. (2010). The case for 21st-century learning. Retrieved January 2, 2012, from http://www.oecd.org/document/2/0, 37 46, en_ 2649_ 201185_ 46846594_ 1_ 1_ 1_ 1, 00.html

Sheffield, R. (2011, November 28). Implementing Common Core could cost states $30 billion. Retrieved December 2, 2011, from http://news.heartland.org/newspaper-article/2011/11/28/implementing-common-core-could-cost-states – 30-billion

Singapore Examinations and Assessment Board. (2011). Primary school leaving examination. Retrieved December 2, 2011, from http://www.sealo.gov.sg/psle/psle.html

Spring, J. (2008). *Globalization of education: An introduction.* London, England: Routledge.

Srikantaiah, D., & Kober, N. (2009). *How state and federal accountability policies have influenced curriculum and instruction in three states: Common findings from Rhode Island, Illinois, and Washington.* Washington, DC: Center on Education Policy.

Tienken, C. H., & Zhao, Y. (2010). Common Core national curriculum standards: More questions... and answers. *AASA Journal of Scholarship and Practice*, 6 (4), 3 – 14.

Tucker, M. S. (2011). *Standing on the shoulders of giants: An American agenda for education reform.* Washington, DC: National Center on Education and the Economy.

U. S. Department of Education. (2009). *Race to the Top Fund.* Retrieved from http://www2.ed.gov/programs/racetothetop/Lndex.html

Valli, L., & Buese, D. (2007). The changing roles of teachers in an era of high-stakes accountability. *American Educational Research Journal*, 44 (3), 519 – 558.

The White House. (2011, September 23). Obama Administration sets high bar for flexibility from No Child Left Behind in order to advance equity and support reform. Retrieved November 20, 2011, from http://www.ed.gov/news/press-releases/obama-administration-sets-high-bar-flexibility-no-child-left-behind-order-advance

Zastrow, C. V., & Janc, H. (2004). *Academic atrophy: The condition of the liberal arts in America's public schools.* Washington, DC: Council for Basic Education.

Zhao, Y. (2009). Comments on the Common Core standards initiative. *AASA Journal of Scholarship and Practice*, 6 (3), 46 – 54.

2 变化的世界：对创业者的需求

The Changed World: The Need for Entrepreneurs

※ 所有的改变，即使是最令人期待的，也有令人惆怅的一面；我们抛下的一切仍如影随形；只有终结此生，我们才得以进入下一个轮回。

——阿纳托尔·法朗士（**Anatole France**）

※ 每个人都想改变这个世界，却没有人想到要改变自己。

——列夫·托尔斯泰（**Leo Tolstoy**）

“烧掉你的简历，创造一份工作”是连续创业者[①]斯科特·格伯（Scott Gerber）向他的同龄人，全世界年轻一代所作的呼吁。（Martin，2011；Wilson，2011）《纽约时报》的一篇文章介绍了他的情况：2005年，“斯科特·格伯从纽约大学毕业后，拿着电影学学位和数千美元的学生贷款，搬回纽约斯坦顿岛与父母同住。之后，他又申请到更多的贷款开了一家新媒体科技公司，由于没有清晰的市场定位，公司于2006年破产了”（Seligson，2010）。尽管遭受到破产的打击，他的母亲也不断唠叨着要他找一份“真正”的工作——在办公室里为老板打工，他还是选择开创了自己的事业，其中的一些最终获得了成功。他“并不是一个百万富翁，但是他还清了贷款，而且再也不必和父母住在一起了”（Seligson，2010）。

如果格伯没有积极地与他人分享自己的故事，并鼓励他人走同样的道路，那么，作为一个年轻的成功创业家的故事也可能就到此为止了。他写了一本书，书名叫《永远不要找一份“真正的”工作：如何炒掉你的老板，创业且立于不败》（*Never Get a Real Job: How to Dump Your Boss, Build a Business, and Not Go Broke*）。（Gerber，2011）他在博客和网站上分享自己的故事，还成立了青年创业家协会——一个旨在实现“将就业主导型社会转向自主创业型社会”的非营利组织（Seligson，2010）。

当格伯被问及是什么激发了他写作这本书的欲望时，他说：“如今蔓延全球的青年就业问题比以往任何时候都要严峻，当我们的父辈从大学毕业时，只有几百万的大学生，而现在有上千万，再加上通过网络学习的学生，所有这些人都在竞争工作岗位。如今世界上平均每一个工作岗位就会收到75～1000份求职简历，当你申请一份工作时，被雇佣的机会只有不到1%。”（Wilson，2011）

---

① 连续创业者（Serial entrepreneur）是指不断创建新企业的创业者，美国Clemson大学教授韦恩·斯图尔特（Wayne Stewart）认为，“连续创业者更愿意冒险，更具成就导向，更倾向于创新”，比如，史蒂夫．乔布斯就是连续创业者中的佼佼者。——译者注

不去找工作！格伯是对的。

不去找工作

◆ 年轻人失业的严峻形势

《纽约时报》专栏作家凯瑟琳·拉姆佩尔（Catherine Rampbell）最近写道："每个人的故事都很类似，化学专业的毕业生在酒吧做服务员，古典文学专业的毕业生在做电话接线员，而意大利语专业的毕业生在沃尔玛当清洁工。"（Rampbell，2011）她所描述的是当今美国大学毕业生所面临的惨淡的就业景象。

事实上，这些学生还是幸运的，他们至少有工作可做，很多他们的同龄人都没有当酒吧服务员、电话接线员和清洁工的机会，有上百万拥有大学学位的美国年轻人没有工作或只有兼职工作。美国罗格斯大学约翰－黑尔德里希人力发展中心 2011 年公布的一项研究结果表明，从 2006 年到 2010 年，美国只有 53% 的大学毕业生拥有全职工作（Godofsky，Zukin，& Horn，2011）。

年轻人失业的严峻形势不仅在美国而且在全世界都达到了危急程度。2011 年 7 月，美国失业的年轻人有 400 多万，这意味着 16～24 岁的美国年轻人中有 18% 以上处于失业状态。（Bureau of Labor Statistics，2011a）2011 年，英国有超过 100 万年轻人没有工作。（Allen，2011）欧洲其他国家的情况则更糟，西班牙和希腊的年轻人失业率将近 50%，即使在爱尔兰，2011 年，25 岁以下的年轻人有 30% 以上没有工作。（Salmon，2011）经合组织的成员国，也是全球最富有的 34 个国家中，2010 年的平均失业率高于 16%，预期在 2011 年将增长到 18%。（OECD，2010）

2008 年的经济危机无疑加剧了很多国家的失业情况，但即使在此之前，世界人口的数量也已远远多于工作岗位的数量。2004 年，全世界符合工作条件的年轻人中，有一半即8000万人没有工作。（Schoof，2006）随着全球人口的增长，年轻的求职者数量也在增长。预计2015年，全世界将有6.6亿在职或者求职的年轻人。（Schoof，2006）

造成大量年轻人失业的具体原因可能在不同的国家和地区有所不同，但总体上是由于科技进步提高了生产率，全球经济的一体化导致全球工作再分配、人口迅速增长以及人类平均寿命延长和工作年龄延长等因素造成的。而更有趣的是，造成失业的这些因素可能成为帮助创造工作岗位的潜在因素。

◆ 生产力的提高

过去这些年来，人类的生产能力变得越来越强，可以在相同的时间创造出比以往更多的价值。已故的国际经合组织经济学家安格斯·麦迪逊（Angus Maddison）在2001年出版的畅销书《世界经济千年史》（*The World Economy*：*A Millennial Perspective*）中，描述了人类经济生产率和社会福利的惊人进步（Maddison，2001）。世界人均GDP，即人均国民生产总值，在公元1000年时大约为400美元，与公元元年相当，这说明人类的生产力在耶稣诞生后的第一个千年里并没有很大的增长。但是从公元1000年到公元2000年的第二个千年，人类生产力的增长令人震惊。1998年，世界人均GDP上升到将近6000美元，增长了14倍，大部分的增长发生在1820年至今的近200年中。根据美国中央情报局的《世界实况》（*World Factbook*）披露，2012年，全球人均GDP高达11200美元，几乎是1998年的两倍（Central Intelligence Agency［CIA］，2011）。

全球生产力增长的步调并非一致，有些国家和地区，如欧盟、美国和日本要比其他国家和地区的增长速度快得多。1999年，美国的人均GDP为33900美元，2010年为47200美元；1999年，英国的人均GDP为21800美元，2010年为34800美元。但是，在非洲以及亚洲的一些国家，人均GDP仍然低于10000美元，例如，乌干达的人均GDP在

2010 年为 1900 美元，乍得的人均 GDP 在 2010 年为 1600 美元。还有一些国家，像中国、印度和巴西，近年来经济增长迅猛，中国的人均 GDP 在过去的十年间从 1999 年的 3800 美元增长到 2009 年的 6700 美元（CIA，2011）。

生产力的增长提高了生活水平，改善了健康状况，延长了平均寿命，并给予人类更多的休闲时间，这些都是有利的一面。但与此同时，生产力的提高也意味着劳动力的过剩，生产同样数量的产品和提供同样的服务已经不像以前那样需要那么多的劳动力了。密歇根大学弗林特分校经济学教授马克·佩里（Mark Perry）指出，“尽管从 2000 年到 2010 年美国制造业的工作岗位减少了 32.5%，但美国制造业的实际产量却增长了 5% 以上，这显示了生产力的巨大提高，也预示着工作岗位的数量会大幅度减少”。他在 2010 年的一篇博客中写道：“自 1993 年以来的 17 年里，制造业工人的生产力翻了一番，但这也造成了 1100 万个工作岗位的流失。”（Perry，2010）

更重要的是，随着科技的进步，生产组织更加有效以及更高效能源的出现，将有更多人从现有的工作中解脱出来。因此，在现存的组织框架中将有更多的人失业，除非他们能找到其他更有价值的工作。

◆ 人口增多，工龄延长

生活水平的提高使得人类健康状况得以改善，寿命得以延长。安格斯·麦迪逊（Angus Maddison）估计，1820 年，人类的平均寿命只有 26 岁，1900 年是 31 岁，1950 年增长到了 49 岁。20 世纪末，人类平均寿命延长到 66 岁，这只是全球人口的平均寿命。在当今发达国家，人口的平均寿命已经达到 77 岁，而一个世纪以前仅仅是 46 岁（Maddison，2001），这意味着现代人比他们先辈的工作年限更长。

世界人口也在迅猛增长，1800 年世界人口达到了第一个 10 亿，130 年之后又增加了 10 亿，而达到第三个 10 亿是在 1959 年，只花了不到 30 年的时间，仅仅 15 年后，1974 年世界人口达到了 40 亿，13

年以后的1987年，达到50亿。而现在，全世界拥有70多亿人口。(United Nations Population Fund，2011)

生产力的提高减少了生产同样数量的产品所需的工人数量，人类寿命的延长也导致了工作时间的延长，过去十年所增长的十亿人口将很快加入劳动大军。根据联合国人口基金会2011年发布的报告，70亿人口中，几乎有一半是24岁或以下的年龄，有12亿人是10~19岁，难怪全世界对工作机会如此渴求。

◆ 工作的全球再分配

失业问题看起来可能只局限于一个社区、国家或者地区，但是在世界趋于全球化的今天（Friedman，2005），情况就并非如此了。尽管地理和政治界限仍然将人们限制在他们的出生地或自己的祖国，但是这些界限已经变得很容易跨越，而且它们绝对不能再起到工作岗位壁垒的作用。由于科技的进步和政治壁垒的消失，跨越地理距离所需的时间和精力都大大缩减了。过去需要几年时间，付出大量努力和耗费大量资源才能做到的事情，今天变得轻而易举，例如，和一个远在2000英里以外的人谈话。过去不可能做到的事情现在只要少许努力就可以实现。仅仅40年前，在中国销售可口可乐是不太可能的；而仅在30年前，对于大多数人来说，跨越大西洋的视频会议或者只是美洲大陆内的视频会议都是一件耗资昂贵且不太可能实现的事情。

此外，在过去的几十年，数字技术已经逐渐成熟而且无处不在。数字革命（Negroponte，1995）几乎已经改变了我们社会的每一个部分，从银行到交通，从工作到娱乐，从交流到教育，从政治到社交，等等。数字技术使我们摆脱了这世界某些物理特性的束缚，因此，对很多人类活动来说，物理位置和物理距离的存在已经变得无关紧要了。例如，我们不需要去银行就可以进行转账，我们不用聚集在一起就可以交换想法，不用去校园就可以上课……

因此，过去某地的一份工作通常只希望由出生在当地的人来做，而现在却可以通过各种方式由来自世界各地的人去做。首先，可以将工作进行外包或是转移到另外一个地方去完成；再者，可以通过网络进行远程工作；最后，履职者也可以从其他地方迁到此地来，所有这些情况都已经发生了而且还将继续。正像美国杜克大学的全球化、管理和竞争力研究中心负责人兼社会学教授加里·杰里菲（Gary Gereffi）所说的那样，这是“全球工作大转移”（Gereffi，2005）。

这一转移首先是通过海外生产或者外包的方式进行。为了减少成本和实现利益的最大化，各公司纷纷将部分或者全部生产转移到劳动力成本相对低廉的地方进行，或者直接雇佣海外公司生产那些过去只在国内生产的产品。自20世纪60年代起，像制鞋、制衣、玩具和廉价电子产品等低端制造业的工作已经从发达国家转移到了发展中国家和地区；接下来转移的可能就是常规性的服务工作，像基础计算机编程、信用卡加工、机票预订以及其他类似工作都会转移到海外。20世纪90年代，随着高速互联网的普及，通信和信息技术的发展，我们看到新一波的工作被转移到海外，而这次还包括了很多知识密集型的工作。（Gereffi，2005）

这些工作转移导致自20世纪60年代以来，上百万个工作岗位从发达国家转向贫穷的发展中国家。具体有多少工作被外包到海外，我们不得而知，而对此的争论也是非常激烈。弗雷斯特研究公司的一项研究表明：到2015年，欧洲将有超过100万份工作被转移到海外，而这些被转移的工作中，有76万个岗位来自于英国。换句话说，每年英国工作岗位总和的3%将被转移到海外。而美国的情况则更糟。据估计，大约有340万个服务性工作岗位转移到了其他国家（McCarthy，2004）。制造业方面，由工会提供的数字更令人震惊。美国最大的工会联盟——美国劳工总会与产业劳工组织总裁理查德·特鲁克（Richard Trumka）在《今日美国》的一篇评论中指出，“在过去的十年，美国关闭了57000家制造工厂，丢掉了550万份不错的工作，而这些工作几乎有一半都被转移到了中国”（Trumka，2010）。[1]

哈佛大学经济学名誉教授大卫·兰德斯（David Landes）在2010年所著的《企业的产生：从古美索不达米亚到现代的创业活动》（*The Invention of Enterprise：Entrepreneurship from Ancient Mesopotamia to Modern Times*）一书中写道：“这一工作转移（外包）的过程，是当代创业精神和全球化趋势的集中表现。”（Landes，Mokyr，& Baumol，2010，p. 4）大部分经济学家和贸易专家也一致认为，工作外包这一趋势将会继续下去，而且发展势头将会更快。这对于发达国家来说，就意味着将有更多工作被转移到其他地区。普林斯顿大学经济学教授及美国前联邦储备委员会副主席艾伦·布林德（Alan S. Blinder）在他一篇被广泛引用的文章中预测：在今后的十年或二十年间，美国所有工作岗位中的22%～29%将会被外包或具备外包的可能性”，这篇文章在2007年时还只是一篇不起眼的研究报告，但到2009年时便在《世界经济》（*World Economics*）上正式发表了。在研究报告中，艾伦给出的这一比例更高：

> 根据我大胆粗略的估算，潜在外包到海外的工作岗位有4200万～5600万，其中1400万为制造业工作岗位，2800万～4200万（这肯定是一个很大的范围）为各种非制造业（服务业）工作岗位，大概占美国目前全部工作岗位的30%～40%。（Blinder，2007，p. 4）

另一方面，全球工作再分配是通过移民来实现的。因为海外移民的涌入，那些没有必要外包到海外的工作也不一定留给当地人来承担。大多数人宁愿冒险也要得到比他的出生地所提供的工作报酬更优厚的机会。今天，大约有2.4亿人没有居住在他们出生的国家，这一数字

---

① 美国密歇根大学弗林特分校的经济学教授马克·佩里并不赞同这一说法。佩里引用生产力数据，辩驳道：“自1993年以来制造业工人的生产效率在过去的十七年提高了两倍，这导致了多于1100万份工作的丧失。”（Perry，2010）

非常惊人而且还在继续增长。移民潮同样也发生在一个国家之内，例如，中国在2010年，有2.6亿移民工人在国内流动，而1980年这一数字仅为600万。根据联合国的一项报告，预计在2050年，中国国内流动移民将达到3.5亿人。(United Nations Population Fund, 2011)

◆ 并非零和博弈①

这一“全球工作大转移”本质上是迫使我们从全球化的角度去寻求解决失业问题的办法。生产效率的提高使得现有工作岗位所需的工人数量减少，有更多的人需要工作，作为工作壁垒的地理障碍和政治障碍也不复存在，唯一的解决办法就是在全世界创造更多的工作岗位。目前，世界各国政府都在努力发展经济，创造就业机会。

“创造就业机会”是美国总统奥巴马在2012发表的国情咨文的主题。在这次演讲中，他向美国的商界领袖们传递了一个“简单”的信息：“请问一问你们自己，你们可以做些什么把工作机会带回到美国，国家将尽一切可能帮助你们成功。”(Obama, 2012) 奥巴马承诺将通过税收措施激励那些为美国创造工作机会的企业，而对那些把工作送到其他国家的企业将予以惩罚。

我们不能确定奥巴马先生把工作机会带回美国的计划有多好，但可以肯定的是，这种国家主义的、效仿以往的做法并不能为地球上的几十亿人、也不能为美国人创造更多的工作。工作岗位可以带回到美国来，但这也意味着其他国家没有工作岗位。不论在何地，这些工作岗位都会创造出财富，这样消费者就有能力购买更多的产品和服务，而有的产品和服务可能正是由美国来提供。此外，将工作转移回美国可能会造成某些产品的价格上涨，迫使其他国家用更低的成本制造与美

① “零和博弈”是博弈论的一个概念，属非合作博弈，指参与博弈的双方，在严格竞争下，一方的收益必然意味着另一方的损失，博弈各方的收益和损失相加的总和永远为“零”。双方不存在合作的可能。零和博弈的结果是一方吃掉另一方，一方的所得正是另一方的所失，整个社会的利益并不会因此而增加一分。——译者注

国同样的产品，从而赢得竞争。或者这些产品将会变得非常昂贵，没有多少人能买得起。事实上，美国人自己也不想把一些在其他国家进行的工作转移回来，比如他们钟爱的 iPhone 和 iPad 就是很好的例证。

肯尼思·克莱默（Kenneth Kraemer）和他在加利福尼亚大学欧文个人电脑工业中心工作的同事们针对苹果公司包括 iPod，iPhone 和 iPad 等产品的价值分配进行了多项微观经济研究（Kraemer，Linden，& Dedrick，2011）。他们的研究发现，尽管将苹果产品的配件组装在一起的是成千上万的中国工人，并在中国国内完成，但美国的 14000 名苹果公司员工和苹果公司的股东（他们几乎都是美国人）却将绝大部分利润揽入囊中。229 美元到 275 美元的苹果产品，中国工人只能得到 10 美元的利润。根据这一分析，他们总结道：

> 我们的研究也显示“制造业”返回美国不一定是提供“好工作”的途径……我们和其他的相关分析清楚地表明：电子器件的组装几乎没有价值。在过去 30 年中，电子制造业逐渐转移并集中到亚洲，这种情况在没有削弱资源、资本和人员相对自由流动的前提下，不可能在短期或者中期内得到扭转，而资源、资本和人员的相对自由流动为全球化经济提供了基础。即使大批组装工作转移至北美，也可能会被放在墨西哥，因为在那里已经存在成本相对较低的电子产品组装的基础设施。（Kraemer et al.，2011，p. 8）

此外，加州大学伯克利分校的教授安·哈里森（Ann Harrison）和塔夫茨大学的经济学教授玛格丽特·麦克米兰（Margaret McMillan），通过对美国制造业跨国公司海外雇佣情况的分析，发现海外外包实质上可以为美国人创造工作岗位（Harrison & McMillan，2009）。他们指出：“如果没有美国跨国公司在海外生产的扩展，美国将会丢掉更多的工作。”（Harrison & McMillan，2009，p. 24）。而且，他们还发现：

> 对于那些国外的分支机构和国内经营同样业务的公司（“水平型”对外投资），国外和国内的员工可以互相替代，对于这些公司来说，国外分支机构的低工资和美国国内的低雇佣率是密切联系的。然而，对于那些在国外和国内进行完全不同业务的公司（“垂直型”对外投资），国外和国内的员工是可以互补的。对于立体型对外投资，海外的低工资是与美国制造业的高雇佣率相关联的。（Harrison & McMillan，2009，pp. 24 – 25）

哈里森和麦克米兰的观点对政策制定者和政府是非常重要的，工作岗位的全球化分布不一定非得是零和博弈。工作数量并不是有限的、固定不变的。问题的关键并不在于把工作岗位留在国内，还是外包到国外，而在于要创造新的工作岗位。

创造新工作的潜力

导致失业的因素也可能会是创造新工作的因素，这看似矛盾，其实不然。科技进步、全球化、大量的失业青年，这些都是打造新经济的有利因素。生产效率的提高带来更多的休闲时间和财富，这使得我们有能力去追求之前未被认识或未被满足的人类需求，而这些追求又会带来新的工作机会，新的生产方式也会创造工作机会。而且，全球化和数字化已经携手为我们创建了一个新平台，帮助创造新的工作岗位，这一平台提供了全球客户群，全球资本的聚集地和全球的劳动力——这一切都能够轻而易举地获得。

◆ 未曾发现或未被满足的人类需求

生产效率的提高带来了财富的增长，可支配收入的增多使得人们有更多空余时间去追求之前未被满足甚至未曾发现的需求。例如，美国年平均家庭收入从 1901 年的 750 美元到 2002 年的 50302 美元，增长了67倍，而家庭平均人数从4.9到2.5，几乎减少了一半。这就意味着人均收入有了大幅度的提高，即使将通货膨胀因素计算在内，美国人均收入也增长了3~4倍。收入的增长会带来消费的增长。1901年，美国家庭的平均支出为769美元，100年之后的2012年，平均家庭支出增长了53倍，达到40748美元。更值得注意的是，生活必需品（食物、衣服、住房）的支出比例大为减少，从1901年的80%下降到2002年的50%。1901年，家庭收入的大部分（42.5%）为食物开支，而在2002年，平均家庭食物开支仅为收入的13.2%，而且几乎有一半花在了餐馆。这意味着现在的美国人与100年前相比，可以将更多收入（49.9% vs. 20%）花在非必需品上，例如，娱乐、慈善、书籍和教育、个人护理、度假和旅行以及健康等方面。2002年，美国家庭在娱乐和保健上的平均支出为2000美元，而在1901年，娱乐上的支出仅为12美元，保健仅40美元（U. S. Bureau of Labor Statistics，2006）。

娱乐等非必需品购买力的增强，为创造新工作带来了先机。伴随着科技进步，许多新兴产业开始出现并繁荣发展，例如，电影产业、视频及电视产业、计算机游戏产业、音乐产业以及很多在100年前甚至不存在的产业，都蓬勃发展起来。这些产业目前雇佣着成千上万名员工，为世界经济作着巨大的贡献。根据普华永道国际咨询公司2011年的一项研究，到2015年，娱乐业和媒体产业的产值预计在美国将达到5550亿美元，在全球将达到19000亿美元。总之，随着生产力的提高，越来越多的传统工作将会消失，但也有更多工作将会出现，因为更多的人将会有更高的收入，消费着更多不同的产品和服务。

◆ 新需求的出现

全球化为社会各个领域带来了新的挑战，也随之带来了解决这些挑战的新的需求，还带来了新的工作机会。例如，为了确保一个全球化公司的运行，我们需要全球供应链管理者、翻译、文化顾问以及管理全球工作流动和劳动力流动的人员。移民潮带来各种工作机会，包括提供社会服务、法律援助、语言教育以及一系列帮助移民在新社区安家的工作，等等。众所周知，信息技术产业创造了一系列前所未有的工作——网络推广经理、网页设计师、搜索引擎优化师、安全与隐私管理员，以及其他很多工作岗位。毫无疑问，未来将会出现更多的需求，而这些需求将会产生更多我们现在都不知道如何命名的工作和职业。

◆ 全球客户群

能够带来潜在工作机会的不仅仅是人类的需求，还包括很多已经发展成熟、能为普通大众使用的工具，它们使得大众进行创业活动来创造工作岗位成为可能。全球化趋势和数字革命已经创建了一个平台，使得任何人都可能接触到全球 70 亿的客户群；因此，就有更多机会创造以满足当地社区以外人群需求的工作。例如，贝宝（Paypal）可以为个人提供网上微交易服务；像联合包裹服务公司（UPS）和联邦快递（FedEx）那样的万能全球通用运输系统；以及像易趣（eBay）和亚马逊（Amazon）那样便捷的网上交易平台，等等，随着这些新事物的出现，今天任何人都可以经营一个全球化的企业，且不需要在购物大厦租赁店铺，因为购物大厦只能为当地顾客服务。经营一个提供 7 天 24 小时服务的全球化商店非常简单、易管理且成本低廉——特别是与经营实体店相比。如果你想卖点东西，几乎足不出户就可以在诸如易趣、亚马逊，甚至脸谱（Facebook）这类网络购物平台上，开办自己的网店。

已有成百上千万人利用这一机会在网上开了零售商店，以 eBay 为例，它在全球有两亿多活跃用户，从技术上来说，这两亿多用户可以销售任何产品。当然，并不是他们中的所有人都把在 eBay 上代理商品看作是一份全职工作或生意，但有几百万人这么做。2008 年，eBay 拥有 120 万小企业用户（Massad，2010），也有一些赚取了上百万美元的利润（Dahl，2011）。根据中国电子商务研究中心发布的数据，中国作

为发展中国家，2011 年就有 1500 万人经营网络商店。（中国电子商务研究中心，2011）

由于网络平台变化迅速、多样，因此，很难找到有关个人及小企业的从事网络贸易活动规模的准确数据。根据思科公司的一份报告，可以确定的是“电子商务在过去的 10～15 年是成熟市场零售业增长的主要方式”（Bethlahmy，Popat，& Schottmiller，2011）。这份报告预计，全球电子商务在 2015 年将达到近 14000 亿。一个人如果想要参与到这一全球经济体系中，只需一台电脑或者一部 iPhone 手机就可以。当然，知识、技能和创业精神也是必不可少的。

经营网络商店只是众多容易上手的创业活动中的一项，如果你擅长拍照，可以把你的摄影作品上传到 Flickr 网站上，或在网上开一个照片商店卖你的作品；如果你有音乐才能，可以把你的歌录制下来放在 iTunes 上销售。如果你对计算机编程在行，可以为移动设备开发应用程序，然后在 iTunes 或者安卓平台上出售；如果你对视频或电影制作感兴趣，有 Youtube 和 Vimeo 为你做广播站；如果你想做一名教师，不管教授哪一门学科，你都可以在 tutors. com 上注册成为一名教师，足不出户就可以给学生上课，如果你教得够好，还可以成为许多网校、网络大学和教育机构的教师。

全球化和数字革命不仅为所有拥有上网设备的人带来了全球市场，使得普通大众不用启动大量资金就可以进行创业活动，而且还为他们带来了世界各地的潜在的投资商、合作伙伴和雇员，而在过去的时代，这些都是不太可能的。下面列举一些实例。

◆ 大众筹资（Crowdfunding）：全球资本库

如果你有一个很好的想法并且希望把它变成产品或产业，但是却缺乏资金，传统的做法是将自己的财产抵押或者劝说亲朋好友们来投资。当然，你也可以将这个想法卖给风险投资商或者向银行贷款。但是，互联网带来了另外一个新的方式来获得资金，即大众筹资来作为企业募集启动资金的方法之一，这一方式正在迅速兴起。简单来讲，大众筹资就是任何地方的人（大众）都可以拿钱去资助他们想支持的企业。这一方式已经被各种初创企业用于筹集初始资金。

2008年，《时代》杂志的一篇文章报道了一系列大众筹资在娱乐业成功的案例（Dell，2008）。例如，英国电影制作人法郎尼·阿姆斯特朗（Franny Armstrong）为纪录片《愚蠢年代》（*The Age of Stupid*）筹集了80多万美元，那些投资超过9000美元的人将得到一份分红。另外一部影片《宇航员》（*Cosmonaut*）的资金也是从大众中募集而来，来自世界各地近4000人一共出资近50万美元，成为该片的共同制片人。目前，促进大众筹资的专用平台也已经出现了，例如，SellaBand. com就是为那些未签约的艺人提供了一个筹资的平台，而避开了唱片公司。艺人们在这个网站上注册并表明他们需要多少资金，然后面向大众进行资金募集，投资者可以获得艺术家的音乐和利润分红。SellaBand. com自从2006年开创以来，通过大众筹资的方式已经为大约100个独立乐队筹集到400多万美元的资金（SellaBand. com，2012）。Kickstarter是另外一个广受欢迎的大众筹资平台，它是对艺术、新闻、太阳能和其他任何方面“投资和支持创意”的新方法。根据该网站发布的统计数据，在2011年，也就是网站运营的第二年，Kickstarter就从100多万投资人那里筹集到高达1亿美元的资金，每个月大约支持100个项目。（Kickstarter，2012）

◆ 众包[①]（Crowdsourcing）：全球劳动力

如果你正在寻找创意、项目或是人才，你可以利用“众包”。《连

① “众包”又称“大众资源”，这一概念是由美国《连线》杂志的记者杰夫·豪在2006年6月提出的。杰夫对“众包”的定义是：“一个公司或机构把过去由员工执行的工作任务，以自由自愿的形式外包给非特定的（而且通常是大型的）大众网络的做法。众包的任务通常由个人来承担，但如果涉及需要多人协作完成的任务，也有可能以依靠开源的个体生产的形式出现。”——译者注

线》杂志（*Wired*）[①] 特约编辑，《众包：大众力量缘何推动商业未来》（*Crowd-sourcing: Why the Power of the Crowd Is Driving the Future of Business*）一书的作者杰夫·豪（Jeff Howe）在一篇文章中谈到了众包这一新现象："众包出现在2006年，大家还记得外包（outsourcing）吧？把工作送到印度和中国，那是2003年的事情了，现在出现了新的廉价劳动力的来源：每天人们可以用他们的空闲时间进行内容创作、提供解决问题的方案，甚至创办企业。"（Howe，2006）

众包的基本创意简单而有效：你可以在互联网上向任何人征求创意、解决方案、产品和服务，大型企业也可以这样做。例如，加拿大金矿开采公司利用众包的办法发现了更多的金矿。2000年3月，公司发起了"寻金挑战"，并提供总计575000美元的奖金，给那些来自世界各地的可以提供最好的方法在矿床里预测金矿位置的人，因为公司现有的员工都在寻找更多金矿的尝试中失败了。公司将其拥有的55000英亩矿床资源的所有信息公布在公司网站上。来自50多个国家的上千人参与了寻找金矿的行动，其中不仅有地质学家，还有刚毕业的硕士研究生、咨询顾问、数学家乃至军官。最终，大家确定了110个目标点，其中50%是先前从未发现的，而且还在超过80%的新发现目标点开采出了黄金。这一活动帮助公司发现了储藏有800万盎司的黄金金矿。（Tapscott & Williams，2008）另一个例子是网上视频商店Netflix，通过众包的方法花了100万美元，得到了一个能为用户推荐电影的顶尖计算程序（Lohr，2009）。像外包一样，众包能够使所有企业和个人在全球范围内发现人才、技能、创意、解决问题的办法和服务，还不用为这些人才提供启动经费和一份全职的工作岗位。

大众筹资和众包都是全新的经济模式，即所谓的维基经济（Wiki-e-

---

① 《连线》是一份在全美国发行的彩色月刊杂志，并同时拥有在线版本。该杂志于1993年3月开始发行，着重于报道科技对文化、经济和政治的影响。《连线》现有四份国际姊妹刊物：《连线（英国版）》《连线（意大利版）》、《WIRED（日文版）》以及2011年起在台湾发行的《连线（中文版）》。——译者注

conomy）。唐·泰普斯科特（Don Tapscott）和安东尼·威廉姆斯（Anthony Williams）在他们的畅销书《维基经济学：大规模协作如何改变一切》（*Wikinomics：How Mass Collaboration Changes Everything*）中创造了“维基经济学（Wikinomics）”这一术语来描述这种新经济模式。（Tapscott & Williams，2008）。正如维基百科是由遍布世界各个角落的，并不是刻意组织起来的个人撰写、编辑、更新和维护的在线百科全书一样，维基经济也是由大众来驱动的。

在这种全球化的经济模式中，传统的地理和结构壁垒被打破了。每个人都可以为世界上任何地方的任何人投资；每个人都可以轻而易举地向全球的客户推销自己的才能、技术、产品和服务；每个人都可以在全球寻找合作伙伴和员工；任何人只要启动较少的资源就可以进行创业，甚至是成为全球化的企业家，这些都是可以实现的。

思维模式的转换

◆ 从寻找工作到创造工作

我们可以采取一系列措施来解决全球性的失业危机，包括短期经济政策和贸易规则。但是从长远来看，我们需要更多人成为创业者，他们可以利用全球化和科技进步带来的机遇创造更多的工作机会。正如聚集了全球政界和商业领袖及名人的世界经济论坛所指出的那样：

> 创业精神从未像今天这样重要，因为当今世界面临着不仅仅是经济全球化带来的巨大挑战。创业精神是一股惊人的力量，它可以通过促进革新来对经济增长、经济复苏和社会进步产生重大的影响。（World Economic Forum，2012）

在人类发展史上，始终都有创业者，他们是经济繁荣的主要推动力量（Landes et al.，2010）。但是在人类历史发展的大多数时期，创业者的数量一直不多；他们的社会地位随着时代和社会的变迁也迥然不同，此时此地会受到推崇、尊敬甚至追捧，彼时彼地又会受到鄙视、忽略甚至禁止。即使在创业传统广受推崇的社会，创业也通常被认为是一种冒险的生活方式，或者需要很多他人所不具备的资源和特殊才能。因此，传统的思维模式是先受教育，然后找一份工作，大多数人都尽量避免选择创业。例如，在美国，即使人们对创业持积极肯定的态度，但在找工作很困难的时期，也只有5%的大学毕业生考虑自己创业（Godofsky et al.，2011）。

经营公司仍然具有风险，但就像本章所讨论的，过去几十年中所发生的巨大变化，为大众参与创业提供了良好的氛围，创业不仅是必要的，而且也是一种切实可行的经济生活的选择。人们的思维模式开始转变，追求传统工作的稳定性和利益的想法也在开始逐渐改变了。

传统的工作岗位对人们的吸引力已经逐渐开始下降。传统的工作就是每周40个小时，40年在同一家公司。人们一直认为，最好是在大公司里给一个老板打工，比自己创业更安全。这个想法主要考虑到职业保障和终身就业，但这已经被证明只是一个都市神话。例如，历史数据表明，在美国长期受雇于同一个老板对于大部分人来说还从未有过。根据美国员工福利研究中心在1983年到2008年期间进行的一项研究发现，只有10%的美国人能保持在20年甚至更长的时间内从事同一份工作（Copeland，2010）。同一研究还发现，自20世纪60年代以来，最低年龄群（25～34岁）的平均工作任期仅为2年左右；最高年龄群（55～64岁）为9年，所有年龄群的平均工作年限仅为4年。美国并不是发达国家的个例。人们从事同一工作能保持十年以上的在盎格鲁－撒克逊国家不到30%，西欧国家约为35%（Hobijn & Sahin，2007），在日本这个终身雇佣的理念已经融入商业文化和社会形态中的国家，终身雇佣的做法也遭到了质疑，并且该国也不能保护所有员工的终身工作，特别是对处于经济困难时期的年轻工人更是如此。（Moriguchi & Ono，2006）。

即使一个公司由于其稳定的员工能够为公司带来大量的稳定利润而实施终身雇佣制（Moriguchi & Ono，2006），但在一些情况下也可能迫使公司解雇员工，这些情况包括由于自动化或外包带来的生产效率的提高导致对公司产品和服务需求的减少，以及公司破产等。财富排名在世界500强的公司的平均寿命仅为40~50年，其他众多小公司的生存年限仅在10年左右。（De Geus，1997）

为大公司工作的众多优势已经风光不再，例如，工会曾经是保证为工人提供稳定的工作和优厚报酬的主要组织，但在过去的半个世纪里，这种作用一直呈衰减趋势（Mayer，2004；Wachter，2007）。2010年，美国只有11.9%的工薪族加入了工会，而在1983年的相关数据为20%。大部分工会成员是公共部门的工人，根据美国劳工统计局最新发布的数据，2010年只有6.9%的私营部门的工人加入了工会（Bureau of Labor Statistics，2011b）。根据美国发展中心的一项研究，现在很多美国工人的工作时间比20年更长，然而拿到的工资却更少（Williams & Boushey，2010）。因此，佩尤研究中心（Pew Research Center）2006年发布的一份报告指出："大部分美国人非常清楚，和工作相关的社会契约正在经历重大变化"。"在工业时代，具有优厚福利和报酬的稳定工作模式曾经占据主导地位，但现在的状况却是：工资基本不涨，健康福利和退休计划都被削减，工作岗位也受到外包到海外的威胁，因此，近几十年来它们已经让位于那些具有强烈成本意识和全球竞争力的工作。"（Pew Research Center，2006，p. 1）

伴随着这些变化，工作的概念，特别是工作的保障也发生了变化。布莱德·考斯科（Brenda Kowske）和她在肯耐珂萨研究所的同事们，通过对跨越几代人的数千名个体对工作的理解的调查中发现，对于"工作保障"的定义可能发生了根本性的改变。对于老一代人，"从摇篮到坟墓"的工作都是有保障的，而对于"千禧一代"（Millennials），连加入劳动大军都几乎没有希望，只要能在下一轮裁员之前保持现有岗位就心满意足了（Kowske，Rasch，& Wiley，2010）。从本质上来讲，今天频繁变换工作（非自愿地）已经是再正常不过了。

缺失的思维链

◆ 创业精神的缺失

然而，思维方式的变化却不够快。凯斯西储大学创业研究学教授斯科特·沙恩（Scott Shane）在他的著作《创业的幻象：创业者、投资者和决策者所信奉的昂贵神话》（*The Illusion of Entrepreneurship: The Costly Myths That Entrepreneurs, Investors, and Policy Makers Live By*）中写道：尽管大众对创业持支持态度，但在过去的二十年里，创业精神在美国和其他发达国家呈下降趋势（Shane, 2008）。非营利组织——全球创业精神研究协会暨全球创业研究中心（Global Entrepreneurship Research Association，简写为 GERA），自 1999 年以来一直出版发行《全球创业观察报告》。（Kelley, Bosma, & Amorós, 2010）这一年度出版报告调查了全球 80 多个经济体的创业活动。2010 年的报告包括来自近 60 个经济体的数据，涵盖了全世界 50% 的人口和全世界 84% 的 GDP。这一研究发现，发达国家的创业活动呈低迷状态。2010 年的报告指出：

- 在 22 个发达国家中，18～64 岁的个体中平均只有 5.6% 积极参与创建企业的活动，具体数据是：意大利 2.3%，日本 3.3%，德国 3.7%，冰岛 10.6%，澳大利亚 7.8%，美国 7.6%。
- 在这些国家中，平均只有 3% 的人积极主动创建公司，具体数据为：意大利 1.3%，日本和韩国 1.8%，爱尔兰 4.4%，美国 4.8%，冰岛 7.4%。
- 在这些发达国家中，平均有 8.2% 的人打算在未来三年内创业，冰岛比例最高，为 15.7%。日本最低，为 2.9%。美国为 7.7%。（Kelley et al., 2010）

这些数据与来自其他方面的数据相吻合，例如，由美国罗格斯大学对大学毕业生进行的一项调查发现，大约有5%的美国大学毕业生打算自己创业（Godofsky et al.，2011）。2011年，在83个国家进行的盖洛普民意调查发现，平均有8%的人计划在未来的12个月内创业，北美为7%，欧盟为4%，亚洲为8%，撒哈拉以南的非洲为20%。（Badal & Srinivasan，2011）

在这个亟需创业精神的时代，加之政府和社会组织的强力推进，创业潜力是巨大的，工具也是便捷可用的，传统工作正在消失而且变得与创业同样具有风险。那么为什么没有更多的人想成为创业者呢？答案在于缺乏创业精神。传统教育致力于培养听话的雇员，教会他们怎么去找工作并且等待被聘用，从而导致了其创业精神的缺失。在下面几章，我们将探讨创业精神的组成要素以及传统的教育是如何压抑创业精神的。

参考文献

Allen，K.（2011，16 November）. Youth unemployment hits 1 million. *The Guardian*. Retrieved from http：//www. guardian. co. uk/business/2011/nov/16/youth-unemployment-hits-lm-uk

Badal，S.，& Srinivasan，R.（2011）. *Mentor support key to starting a business.* Washington，DC：Gallup Poll.

Bethlahmy，J.，Popat，B.，& Schottmiller，P.（2011）. *The global e-commerce gold rush：How retailers can find riches overseas.* San Jose. CA：Cisco Systems.

Blinder，A. S.（2007）. How many U. S. jobs might be offshorable? *Princeton University CEPS Working Paper No.* 142. Retrieved from http：//www. princeton. edu/ ~ blinder/papers/07ceps142. pdf

Blinder，A. S.（2009）. How many U. S. jobs might be offshorable? *World Economics*，10（2），41 – 78.

Bureau of Labor Statistics. (2011a, August 24). Employment and unemployment among youth summary. Retrieved January 4, 2012, from http://bls.gov/news.release/youth.nr0.htm

Bureau of Labor Statistics. (2011b, January 21). Union members—2011. Retrieved January 10, 2012, from http://www.bls.gov/news.release/pdf/union2.pdf

Central Intelligence Agency (CIA). (2011). The world factbook. Retrieved January 26, 2011, from https://www.cia.gov/library/publications/the-world-factbook/

Copeland, C. (2010). Employee tenure, 2008. EBRI Notes, 31 (1), 2-12.

Dahl, D. (2011, March 3). Meet the eBay millionaires: From iPods to African collectibles, savvy entrepreneurs are making big money selling just about everything on eBay. Retrieved January 4, 2012, from http://smallbusiness.aol.com/2011/03/23/meet-the-ebay-millionaires/

De Geus, A. (1997). *The living Company: Habits for survival in a turbulent business environment.* Cambridge, MA: Harvard Business School Press.

Dell, K. (2008, September 4). Crowdfunding. *Time.* Retrieved January 10, 2012, from http://www.time.com/time/magazine/article/0,9171,1838768,00.html

Friedman, T. L. (2005). *The world is flat: A brief history of the twentyfirst century.* New York, NY: Farrar, Straus and Giroux.

Gerber, S. (2011). *Never get a "real" job: How to dump your boss, build a business and not go broke.* Hoboken, NJ: John Wiley & Sons.

Gereffi, G. (2005). *New offshoring of jobs and global development.* Geneva, Switzerland: International Institute for Labour Studies.

Godofsky, J., Zukin, C., & Horn, C. V. (2011). Unfulfilled expectations: *Recent college graduates struggle in a troubled economy.* New Brunswick, NJ: JohnJ. Heldrich Center for Workforce Development, Rutgers University.

Harrison, A., & McMillan, M. (2009). Offshoring jobs? Multinationals and US manufacturing employment. *Discussion Papers Series, Department of Economics, Tufts University.* Retrieved from http://ideas.repec.org/p/tuf/tuftec/0741.html

Hobijn, B., & Sahin, A. (2007). *Job-finding and separation rates in the* OECD. New York, NY: Federal Reserve Bank of New York.

Howe, J. (2006, June). The rise of crowdsourcing: Remember outsourcing? Sending jobs to India and China is so 2003. The new pool of cheap labor: everyday people using their spare cycles to create content. solve problems, even do corporate R & D. *Wired*, 14. 06.

Howe, J. (2008). *Crowdsourcing: Why the power of the crowd is driving the future of business.* New York, NY: Three Rivers Press.

Kelley, D. J., Bosma, N., & Amoros. J. E. (2010). *Global entrepreneurship monitor.* London, England: Global Entrepreneurship Research Association.

Kickstarter. (2012). 2011: The stats. Retrieved January 11, 2012, from http://www. kickstarter. com/blog/2011-the-stats

Kowske, B. J., Rasch, R., & Wiley, J. (2010). Millennials' (lack of) attitude problem: An empirical examination of generational effects on work attitudes. *Journal of Business and Psychology*, 25 (2), 265 – 279.

Kraemer, K. L., Linden, G., & Dedrick, J. (2011). *Capturing value in global networks: Apple's iPad and iPhone.* Irvine. CA: Personal Computer Industry Center, UC-Irvine.

Landes, D. S., Mokyr, J., & Baumol, W. J. (Eds.). (2010). *The invention of enterprise: Entrepreneurship from ancient Mesopotamia to modern timcs.* Princeton, NJ: Princeton University Press.

Lohr, S. (2009, July 19). Unboxed: The crowd is wise (when it's focused). *The New York Times*, p. 4. Retrieved from http://www. nytimes. com/2009/07/19/technology/internet/19unboxed. html

Maddison, A. (2001). *The world economy: A millennial perspective.* Paris, France: OECD Publishing.

Martin, M. (Host). (2011, 2012). Burn your resume, and create a job. In NPR (Producer). *Tell Me More* [Radio program]. Retrieved from http://www. npr. org/2011/01/18/133021321/Burn-Your-Resume-And-Create-A-Job

Massad, V J. (2010). Understanding the online selling environment: A segmentation approach to profiling eBay sellers. ABD *Journal*, 2, 1 – 9.

Mayer, G. (2004). *Union membership trends in the United States.* Ithaca, NY: Cornell University ILR School.

McCarthy, J. (2004). *Near-term growth of offshoring accelerating.* Cambridge, MA: Forrester Research.

Moriguchi, C., & Ono, H. (2006). Japanese lifetime employment: A century's perspective. In M. Blomstrom & S. L. Croix (Eds.), *Institutional change in Japan* (pp. 152 – 176). New York. NY: Routledge.

Negroponte, N. (1995). Being digital. New York, NY: Vintage Books.

Obama, B. (2012). *Remarks by the president in State of the Union Address.* Retrieved from http://www.whitehouse.gov/photos-and-video/video/2012/01/25/2012-state-union-address-enhanced-version#transcript

Organisation for Economic Co-operation and Development (OECD). (2010). *Off to a good start? Jobs for youth.* Paris, France: OECD Publishing.

Organisation for Economic Co-operation and Development (OECD). (2011). *Youth unemployment rate, employment and labour markets: Key tables from OECD, No.* 2. Paris, France: Author.

Perry, M. (2010, October 4). Increases in U. S. worker productivity, more than China's currency, responsible for loss of U. S. jobs. Retrieved from http://www.dailymarkets.com/economy/2010/10/03 /increases-in-u-s-worker-productivity-more-than-chinas-currency-responsible-for-loss-of-u-s-jobs/

Pew Research Center. (2006). *Public says Amerjcan work life is worsening, but most workers remain satisfied with their jobs.* Washington, DC: Author.

PriceWaterhouseCoopers. (2011). Global entertainment and media outlook 2011 – 2015. Retrieved January 29, 2012, from http://www.pwc.com/us/en/industry/ertertainment-media/publications/global-entertainment-media-outlook.jhtml

Rampbell, C. (2011, May 19). Many with new college degree find the job market humbling. *The New York Times.* Retrieved from http://www.nytimes.com/2011/05/19/business/economy/19grads.html? _ r = l&hp

Salmon, F. (2011, December 22). The global youth unemployment crisis. Retrieved January 4, 2012, from http://blogs.reuters.com/felix-salmon/2011/12/22/the-global-youth-unemployment-crisis/

Schoof, U. (2006). *Stimulating youth entrepreneurship: Barriers and incentives to enterprise start-ups by young people.* Geneva, Switzerland: International Labor Organization.

Seligson, H. (2010, December 12). No jobs? Young graduates make their own. *The New York Times*, p. BU1. Retrieved from http://www.nytimes.com/2010/12/12/business/12yec.html? page wanted = all

SellaBand.com. (2012). *About us.* Retrieved January 11, 2012, from https://www.

sellaband. com/en/pages/about_ us

Shane, S. A. (2008). *The illusions of entrepreneurship: The costly myths that entrepreneurs, investors, and policy makers live by.* New Haven, CT: Yale University Press.

Tapscott, D., & Williams, A. D. (2008). *Wikinomics: How mass collaboration changes everything.* London, England: Penguin Books.

Trumka, R. (2010, September 30). Opposing view on international trade: "It's time for action." USA Today. Retrieved from http://www. usatoday. com/news/opinion/editorials/2010 - 10 - 01 - editorial01_ ST1_ N. htm

United Nations Population Fund. (2011). *State of world population 2011: People and possibilities in a world of 7 billion.* New York, NY: United Nations Population Fund.

U. S. Bureau of Labor Statistics. (2006). 100 *years of U. S. consumer spending: Data for the nation, New York City, and Boston.* Washington, DC: U. S. Department of Labor.

Wachter, M. (2007). The rise and decline of unions. *Regulation, Summer* 2007, 23 - 29.

Williams, J. C., & Boushey, H. (2010). *The three faces of work-family conflict: The poor, the professionals, and the missing middle.* Washington, DC: Center for American Progress.

Wilson, D. (2011, February 9). Burn your resume: Secrets to avoiding a real job. Retrieved January 5, 2012, from http://www. smh. com. au/small-business/entrepreneur/bum-your-resume-secrets-to-avoiding—a-real-job - 20110209 - 1amc0. html

World Economic Forum. (2012). Education. Retrieved January 14, 2012, from http://www. weforum. org/issues/education

中国电子商务研究中心.（2001）. 2011 年度中国电子商务市场数据监测报告. 杭州.

3 如何造就创业者：创业精神

What Makes an Entrepreneur: The Entrepreneurial Spirit

※　如果你能当海盗，何必还去加入海军？

——史蒂夫·乔布斯

※　失败只不过是从头再来的机会，但这一次你却聪明了很多。

——亨利·福特

全世界都知道像亨利·福特、史蒂夫·乔布斯和比尔·盖茨这样的创业者，但却很少有人知道伍德罗·坎贝尔（Woodrow Campbell），或者也可以叫他伍迪。2008年，伍迪在美国密歇根州兰辛市创办了“绿色的士”公司。（Hughes，2008）我住在密歇根的时候，经常乘坐该公司的出租车。在去往底特律和大激流城机场途中，我和伍迪聊过几次他的生意。在密歇根州经济如此低迷、大部分被裁减人员在坐等工作机会的时候，伍迪却决定干自己的一番事业，这让我印象非常深刻。伍迪说过，开创只使用混合动力车的“绿色的士”公司是他妻子的主意，她曾在加拿大多伦多见到过这样的出租车服务。伍迪在兰辛市发现了这种商机。兰辛市是密歇根州立大学的所在地，环保型出租车可能会受到学生和教职员工们的青睐。但是“绿色环保”并非他的唯一卖点，他是第一个在当地使用计价器并公开价格的出租公司，这样“大家就可以知道他们要付多少钱”。这看起来似乎微不足道，但对于要算计着花钱的学生，尤其是刚到美国的外国学生和来访者来说，就极其重要了。他们更喜欢司机或者出租汽车公司来告诉自己计价器上的金额。伍迪发现，密歇根州立大学的国际学生和访问学者的数量在不断增长。他努力保持出租车环境清洁和驾驶员态度友好，“绿色的士”公司因此获得了巨大成功。伍迪在2008年刚开始创业的时候，只有一辆本田思域混合动力车，他自己当老板，也当司机，还当调度员。在不到三年的时间，他拥有了四辆全部使用混合能源的汽车，公司也扩展到约20名员工。

伍迪不是史蒂夫·乔布斯，但他们有共同之处，他们都是创业者。“创业者”（entrepreneur）一词源于法语，原意是指从事重要项目或活动的人（Dees，1998）。16世纪被用于专指那些从事商业冒险的人。（Sobel，2008）19世纪，法国的让·巴斯普特·赛伊（Jean-Baptiste Say）和英国的约翰·斯图亚特·穆勒（John Stuart Mill）这两位经济学家使该词的用法在学术界普及。20世纪的经济学家约瑟夫·阿洛伊斯·熊彼特（Joseph Alois Schumpeter）又进一步将其完善。（Dees，

1998；Martin & Osberg，2007；Sobel，2008）今天，这个词通常用于指那些组织、经营以及敢于承担商业或企业风险的人（Dees，1998；Martin & Osberg，2007；Sobel，2008）。伍迪和乔布斯都是这样的人。

各式各样的创业形式：重新定义创业者

对创业者的传统定义总离不开拥有一个企业并追逐利润，而今它的概念已远远不再单指企业主。（Florida，2002；Landes，Mokyr，& Baumol，2010；Pink，2002）首先，创业者不必拥有传统意义上的企业和雇员，他们可以为自己打工，或者说，他自己就是企业。丹尼尔·平克（Daniel Pink）在其畅销书《自由工作者国度：为自己工作的前景》（*Free Agent Nation*：*The Future of Working for Yourself*）中，针对自主创业的增长趋势发表了独到的见解。尽管十年前他对于自主创业者的乐观结论并未全部得到数据证实或其他研究人员的支持（Florida，2002），但确实有一大批人成了自由职业者，自己做老板，给自己打工。根据美国人口调查局2011年发布的数据，2009年有2100多万新成立的企业没有聘用雇员。（U. S. Census Bureau，2011）美国国税局的数据进一步证实了这一数字。2009年，将近2300万的税务报表来自“个体户”，也就是那些由个体经营而没有任何雇员的企业。（IRS，2011）在这种情况下，那些为自己创造工作的人就是创业者。

◆ 社会型创业者

经济利益不一定是创业者的唯一追求。例如，社会型创业者的目标就是创造社会价值，造福社会而非追求经济利益。加拿大多伦多大学罗特曼管理学院院长罗格·马丁（Roger Martin）与其合作者，斯科尔基金会（一个致力于培养社会创业精神的组织）的执行总裁塞利·奥斯伯格（Sally Osberg）最近共同提出：“社会型创业者致力于创造更大的价值，为社会的某一重要方面或整体进步带来利益。”（Martin & Osberg, 2007, p. 35）然而，这并不意味着社会型创业者不去赚钱或者不考虑赢利，“社会型创业者的商业行为毫无疑问要产生收入，它可以是营利的形式，也可以是非营利的形式。社会型创业者之所以是杰出的，就是他们将社会利益放在首位”（Martin & Osberg, 2007, p. 35）。社会型创业者中最为熟知的例子可能是穆罕默德·尤努斯（Muhammad Yunus），他是诺贝尔和平奖的获得者，1983 年在孟加拉创建了格来珉银行，为贫困村民提供“微贷款”和理财课程，他的企业成功地帮助很多人脱离了贫困，也激励了世界各地的很多人从事类似的活动。在他的新书《企业的未来：构建社会企业的创想》（*Building Social Business: The New Kind of Capitalism that Serves Humanity's Most Pressing Needs*）中，他详细讲述了自己的故事，也为那些致力于通过创业活动来改变世界的人提出了建议。（Yunus & Webber, 2010）

◆ 内部创业者（Intrapreneurs）

创业者并不一定要经营一个企业，他可以任职于一个企业，在这种情况下，可以称之为“内部创业者”。《美国传统英语词典》（*American Heritage Dictionary of English*）将内部创业者定义为：“在大企业里通过承担风险和创新手段，把想法变为能创造利润的最终产品的直接责任人。”[①] 亨利·佩卓斯基在《器具的进化》（*The Evolution of Useful Things*）一书中写道，内部创业者的基本概念是“允许大企业中的员工在企业内部，像他们在企业外部自主创业一样地进行创业活动”（Petroski, 1994, p. 83－84）。因此，内部企业家本质上是企业内部的创业者或者具有创业精神的员工（Bosma, Wennekers, & Amorós, 2012）。

佩卓斯基在讲述便利贴如何产生以及如何获得商业成功时，将发明者阿特·弗莱（Art Fry）和斯宾塞·席尔瓦（Spencer Silver）称为“内部创业者的典范”。

---

① 相关定义见诸此网站：http://www.intrapreneur.com/MainPages/History/Dictionary.html。

阿特·弗莱是3M公司的化学工程师，他在做书签的过程中碰到了一个问题，他总是用一个小纸片当作《赞美诗》的书签，以便他能很快查到他需要的歌曲，但是，当用过一次后，小纸片很容易就会掉出来，使得弗莱不能很快找到原来确定的歌曲。弗莱肯定不是第一个碰到这样问题的人，但他却是第一个想出解决办法的人。他想起了同是3M公司的工程师斯宾塞·席尔瓦的一个发明。几年前，席尔瓦研制出了一种不仅黏性好而且又易于撕开的黏合剂，尽管席尔瓦对这种黏合剂的商业价值深信不疑，却还没有人想出使用的方法。弗莱将对自制书签的苦恼和席尔瓦的黏合剂结合起来，产生了制作黏性书签的想法，这种书签不损坏书就可以轻易移除。3M公司“开小差”（bootlegging）的政策允许员工占用一定的工作时间研究并制作自己的产品。得益于这一政策，弗莱可以有时间研究他的想法，无所不在的便利贴应运而生。（Petroski，1994）

尽管内部创业者的贡献通常并不像成功的企业家那样为外界所知晓，弗莱和席尔瓦却并非是唯一成功地创造出产品的内部创业者。实际上，内部创业者也像企业家那样为他人创造价值和工作机会。2008年，哥伦比亚广播公司（CBS）的一则新闻让我们理解了内部创业者们的重大贡献。这个故事列出了商业史上五个“最伟大的内部创业者”，包括3M公司发明便利贴的席尔瓦和弗莱；索尼公司发明PS游戏机的久多良木健（Ken Kutaragi）；太阳计算机系统公司开发了Java程序语言的帕特里克·诺顿（Patrick Naughton），詹姆斯·高斯林（James Gosling）和比尔·乔伊（Bill Joy）；得克萨斯仪器公司发明数字光处理器的拉里·霍恩贝克（Larry Hornbeck）；戈尔公司研发Elixir吉他弦的戴维·梅叶思（Dave Myers）和约翰·斯宾塞（John Spencer）。

◆ 政策型创业者

公共领域中也存在并需要创业精神。政府需要政策层面的创业者，对公共政策和管理进行改革创新，以实现公共服务价值的最大化。根据新西兰奥克兰大学政治学教授麦克·敏多隆（Michael Mintrom）提出的概念：政策型创业者是指“寻求发起动态政策变化的人”（Mintrom，1997，p. 738）。在《美国政治学杂志》（*American Journal of Political Science*）发表的一项研究中，敏多隆教授介绍了政策创业者在推动公共政策创新上所起的关键作用。东密歇根大学政治学教授麦克·哈里斯（Michael Harris）和罗达·金尼（Rhonda Kinney）在他们主编的一本书中，介绍了对一些国家和地方政府进行的创业和创新的实证研究，这些研究表明“在将改变的需求转化为进行创新的动力方面，政策型创业者以一种特殊的方式发挥了重要的作用”，但是根据现有的文献，他们“作为创业者，在公共领域改革中却未受足够重视”（Harris & Kinney，2004，p. 184）。

综上所述，我们看到，创业者有不同的形式，他们可以是个体企业主，自由撰稿人，或是科技创新者，也可以是社会机构的领导人，社会运动的组织者，或是国家公务员。他们可能像史蒂夫·乔布斯和穆罕默德·尤努斯那样广为人知，并取得极大的成功，也可能是默默无名的小企业开创者。曾两度被选为美国经济教育者协会主席、马歇尔大学莱维斯商学院的前院长和杰出教授凯文·肯特（Calvin A. Kent），在他编辑的一本关于创业教育的书中总结道：

> 创业者不仅仅是开创一个企业，尽管传统上我们只关注企业的开创，但创业精神远不止于此。虽然创业的冲动导致了新的商业冒险，但是如果将创业局限于此就失掉了它本真的意义。创业者可以出现在大企业，非营利组织，甚至国家官僚体系中。创业精神的本质是带来变化，创业的结果是带来新的利益，而促成了这些变革的人就是创业者。（Kent，1990，p. 283）

2011 年，世界经济论坛在关于青年创业的全球报告中对创业者的定义作了进一步扩展：

> 创业关乎成长、创意和创新。创新型创业者不拘一格，他们不只为企业的创办做出了贡献，而且也带动了公共、个人、学术以及非营利组织等各领域的改革创新。创业精神是指一个人有能力将想法转变为行动，因此它是一种核心竞争力，能够帮助年轻人无论从事任何工作都更具创意、更有自信。（World Economic Forum，2011，p. 5）

什么造就了创业者

◆ 创业精神

尽管创业者的创业环境和所从事的创业活动不尽相同，但是他们有一些基本的共同特质：不满足于现状。无论是史蒂夫·乔布斯不满于计算机系统的集控化，还是穆罕默德·尤努斯不满于贷款机会的缺乏，他们都抓住了机会改变现状；敢于冒险，足智多谋；尽管经历起起落落，但他们坚持不懈，最终获得成功。（Martin & Osberg，2007）这些共同特质形成了创业精神的核心。

创业精神是创业者们拥有的共同特质，主要包括：“灵感、创意、直接行动、勇气和毅力。”（Martin & Osberg，2007，pp. 32－33）乔布斯得到灵感改变了电脑的操作方式，而伍迪则受到启发使用节能车来提供环保出租车服务。创业者必须具有创造力，并能将这一能力运用于探索新的解决问题之道。乔布斯运用他的创造力研制出具有美学价值的个人电脑，解决了集控化中央处理器缺乏灵活性的问题；伍迪的创意则是使用混合动力车，并在出租车上安装计程器，得到广大顾客的欢迎。在获得灵感并找到解决问题的新方法以后，创业者必须立即采取行动。“创业者不会坐等别人插手或劝说他人去解决问题，他们会通过直接行动来创造新的产品或服务，并在推进过程中不惧风险。”乔布斯和斯蒂夫·沃兹尼亚克创造出苹果Ⅱ系列和 Mac 电脑，打造了苹果计算机品牌；伍迪则成立了他的“绿色的士”公司。

革新、开发新的产品和服务，以及管理一个企业或项目的过程并非一帆风顺，因此创业者需要具备勇气。这意味着，即使别人认为他们的做法是不明智、不合理、不现实的，创业者也需要有勇气去承担那些已知或未知的风险。乔布斯开发新产品当然是有风险的，而伍迪辞掉工作，将时间和积蓄投资在“绿色的士”公司上，同样有风险。创业不是一锤子买卖，不是一个短暂的过程，而是一段崎岖的长途旅行，因此创业者要坚韧不拔、不屈不挠，直到看到自己的方案开花结果并被市场接受。

创业者的特质可能在术语的使用上有不同的版本，但是“灵感、创意、直接行动，以及刚毅”这些特质通常被创业研究者们一致认为是创业者所需具备的基本特征。其他被用来描述创业者特质的术语有：洞察机会、远见、抱负、激情、自信、革新、冒险精神、创意、社交能力和坚持，等等（Kent，1990；Rabbior，1990）。

创业者从何而来?

◆ 先天还是后天

现代管理学之父彼得·德鲁克（Peter Drucker）曾写道：“创业的秘诀是什么？它不是魔术，也并不神秘，它和基因无关。”（Drucker，1985）但是斯科特·沙恩并不同意这种说法，他新近出版了一本备受争议的书，书名为《天生的企业家，天生的领导者：基因如何影响你的工作生活》（*Born Entrepreneurs*，*Born Leaders*：*How Your Genes Affect Your Work Life*），该书于2010年由牛津大学出版社出版。在这本书中，沙恩论述道：“基因的影响几乎无所不在。”（Shane，2010，p. 1）“无所不在”当然包括了对创业特质的影响。这本书“探讨了你的基因如何影响你的工作兴趣、工作价值、决策制定、风险承担、管理方式、领导方法、创造力、创业能力和工作表现”（Shane，2010，p. 3）。

沙恩的结论主要基于对双胞胎的研究发现，这也是一贯采用的将环境影响与遗传特征相分离的方法。通过对一定条件下双胞胎兄弟（姐妹）所做的选择进行比较，可以推断产生差异的原因。双胞胎有两种类型：一种是同卵双胞胎，所有的 DNA 都相同；另一种是异卵双胞胎，只有一半的基因构成相同。在 2011 年 12 月“创业者”网站的特邀博客中，沙恩写道：“如果一对同卵双胞胎比一对异卵双胞胎做出的选择更类似，如开创企业等，就说明基因的确会影响选择。”沙恩也使用了分子遗传学的数据来研究人类基因的多样性，并测试创业者的基因是否会更倾向于某一种模式。（Shane，2011）

沙恩断定 DNA 的确会影响人们的工作偏好、对工作的满意度和工作表现。根据沙恩的研究推断，在对创意艺术领域工作的选择偏好中，有 75% 的差异可以解释为基因的差异；在教学领域有 55% 是因为基因差异；大约 40% 的工资差异是基因差异所导致。（Shane，2010）而对于创业者，40% 是先天的，60% 是后天培养的。（Mount，2009）

基因通过影响性格来决定一个人是否能够成为创业者，沙恩认为：“影响我们是否外向，是否愿意进行新的尝试，是否难相处以及是否乐于寻求刺激的基因同样影响我们自主创业的决定。”“而且，影响我们是否愿意尝试的基因也影响着一个人能否发现新商机。”（Shane，2011）

例如，寻求刺激也被认为是与创业精神相关的性格特质。沙恩和他的同事们在对英国 3000 多对双胞胎进行研究后并发现：“创业意向差异有 37% ~42% 受基因因素的影响……这种差异的 31% ~46% 受寻求刺激的心理特征的影响。”（Nicolaou，Shane，Cherkas，& Spector，2008，p. 16）

沙恩的研究发现并非出人意料，也非前所未闻。流行的观念和科学的证据都显示，生物特征影响了我们最终成为什么样的人。进化心理学家推断：人类的行为、性格特征和价值观必然受到人类漫长进化过程的影响，这一进化过程，将我们的一些特质通过编码的方式进入基因中，并代代相传。（Barkow，Cosmides，& Tooby，1992；Buss，2004；Crawford & Krebs，1998；Wright，1994）我们生来并不是一张等待被任意涂写的“白板”，麻省理工学院认知科学家史蒂芬·平克（Steven Pinker）在他2003年出版的《白板：人类本性的当代否定》（*The Blank Slate: The Modern Denial of Human Nature*）一书中也做过充分讨论（Pinker，2003）。进化赋予了我们人类所有成员一些共同的能力。

但是由于某种原因，我们天生又有不同，我们可能拥有同一套与生俱来的能力，但这些能力的程度却因人而异：有些人天生擅长音乐，有些人天生擅长数学，还有人天生擅长制作，我们把这些人称为天才或神童。莫扎特是音乐天才，高斯是数学天才，毕加索则是艺术天才。我们大部分人并不是天才，但是我们也有自己所擅长的领域，当然也都有弱项。我们不可能在所有的领域都具有优势，有的人可能文字能力很强，但却不擅长画画；有的人可能很有舞蹈天赋，却非常不擅长和数字打交道。（Gardner，2006）我们在情感领域也不尽相同，有些人更具冒险精神，愿意承担风险，对不确定性也很从容；而有些人则显得小心谨慎，不愿冒险。

但是我们必须认识到，由于沙恩和其他研究者把人类的行为简单归结为生物基础，这可能会导致基因决定论。先天因素仅起一半的作用，而后天培养对一个人的发展起着同等重要的作用。尽管天赋提供了潜能，但环境决定了哪些潜能在多大程度上可以得到发挥，同时也决定了哪些才能被抑制了而不能充分发展。家庭、朋友、学校都影响着我们成为什么样的人，一个人可能有很强烈的创业倾向，但是如果他并没有得到学习的机会——甚至更糟——在创业倾向被禁止的环境下成长，那么他的创业才能就得不到发展。孩子们天生具有敢于冒险的特质，但可能被大人教育得谨小慎微。那些先天具有“寻求轰动效应”的人可能会因负面的经验和负面的反馈而灰心。同样地，那些原本没有强烈的创造天性的人，也可能因为受到鼓励和培养而成为更具创业精神的人。这也是为什么有目的的创业教育能够提高人们的创业意识（Kent，1990），也是为什么哈佛商学院在其MBA课程中设置了创业管理课程（Hamermesh，Marshall，Roberts，& Stevenson，2002）的原因所在。

先天和后天的相互作用在决定一个人最终成为什么样的人和具备什么样的能力上扮演着重要角色。童年的经历可能会加速或延缓人们某些先天能力的发展，同时，那些加速发展的能力得到更多的关注，并按照人们所需要的方式来改变环境，使其更有利于这些能力的发展；而那些发展迟缓的能力则受到压抑，这就是心理发展上的马太效应（Matthew Effect）：富的更富，穷的更穷，就像马太福音中的国王所说的“凡是少的，就连他所有的，也要夺过来；凡是多的，还要给他，叫他多多益善”（Matthew 25：29）。畅销书作家马尔科姆·格拉德威尔（Malcolm Gladwell）用加拿大冰球运动员的故事阐释了马太效应：那些早期表现出较强能力的运动员得到了更多的关注和机会，成了优秀运动员。（Gladwell，2008）

关于先天和后天哪个因素在决定或影响人类能力上发挥着更重要的作用，这在科学家和教育家之间存在着激烈的争论。一些人认为先天因素起着更重要的作用，而另一些人则更倾向于后天因素，还有人认为是其他因素。哈佛大学生物学家理查德·列万汀（Richard Lewontin）在其著作《三螺旋》（*The Triple Helix*）中写道：“生物体既不是由基因，也不是由环境，甚至也不是由两者间的相互作用来决定的，它在很大程度上是一个随机的过程。”（Lewontin，2001，p. 38）

这意味着如果某些基因潜能得到发展的机会，这些潜能就能大量地快速地释放，因此，创业品质的基因潜能并不是零和游戏或二进制的0或1，并不是你有我无，相反地，它是一个连续体，排除极端的情况，人们或多或少都具有创业精神，或许有一些人是创业天才，或许有些人天生不具备任何创业品质，但是大部分人都具有创业的潜能，只不过是程度不同而已。

因此，根据已有的证据，我们可以肯定地说，创业家既是后天培养的也是天生的，或者既不是后天培养的，也不是天生的。换句话说，即使一个人天生具有创业的才能，但是在一个没有触发的机会和在不鼓励创业的环境下，他的潜能也并不能得到发展，至少创业精神会减少；另一方面，即使一个人天生并不具备优秀的创业潜能，但是在适宜的环境下他仍然可以成为创业家，虽然未必一定能像史蒂夫·乔布斯那么出色。

创业活动的差距

◆ 需求和机会

前面的讨论产生了两种假设，第一，由于基因的进化需要很长的时间，人类还没有足够的时间以现代文明的需求来改变基因。因此我们通常认为，人类种群间并不存在基因差异（Ehrlich，2000）。也就是说，中国人、韩国人、新加坡人和美国人的基因库应该是大致一样的。个体的基因差异应该是随机且均等地分布在这些基因库中的。如果有部分人天生具有从事改革和创业活动的特质，那么这一比例在不同种族、不同地理区域和不同政治制度下虽然不是完全相同，但也应该是相似的。因此，每个国家天生的“非创业者”的比例也应该是相似的。第二，如前面所讨论的，大部分人天生有创业和创造的倾向，那么这一倾向在各国的分布比例也应该是相似的。换句话说，世界各地的创业者和创业品质的基因储备应该是相似的。

然而全球创业观察发现，世界各地的创业活动存在很大差异（Bosma et al.，2012；Kelley，Bosma，& Amorós，2010）。在瓦努阿图，太平洋上的一个小岛国，初期创业率为52.2%，这意味着2010年有52.2%的成年人在从事开创企业的活动，在玻利维亚这一比例为38.6%；在非洲东部的加纳为33.9%。相比之下，2010年，意大利仅有2.3%、日本仅有3.3%的成人参与创业活动。（Kelley et al.，2010）

2011 年，盖洛普民意调查对 83 个国家的创业意向进行调查发现，在接下来的 12 个月，撒哈拉以南的非洲国家，20% 的成年人打算创业，而在欧盟只有 3% 的人有此计划。（Badal & Srinivasan，2011）

为了确定创业活动的类型，全球创业观察根据总体经济状况，将经济因素驱动型创业划分为三种类型，即资源驱动、效率驱动和创新驱动。资源驱动型经济的主要活动是温饱型农业和开采自然资源，撒哈拉以南的非洲国家都是资源驱动型经济的例子；在效率驱动型经济中，随着工业化程度的提高和经济规模的增长，创业活动从需求驱动型转向了提高生产效率，主要是在制造业领域，这一类国家的代表有中国、俄罗斯、巴西、拉丁美洲国家和其他许多前东欧国家；创新驱动型经济已得到成熟发展，这些国家创业的特征是重视研发，知识密集型和服务业的扩展，美国、日本和西欧国家属于这一类型。全球创业观察还发现，资源驱动型经济体比创新驱动型经济体创业活动更多：

> 与其他经济体相比，在资源驱动型经济体中，有更多人（平均约 43%）计划在接下来的三年进行创业，在效率驱动型经济体中，平均有 23% 的人表达出此意向，而在创新驱动型经济体中，这一比例仅为 8%。（Kelley et al.，2010，p. 22）

那么，为什么创业活动在不同的经济体中存在着差异呢？

实际上，这一问题在宏观层面上的答案非常简单，贫穷国家的高创业活动率是源于需求而非机会，贫穷国家的大多数创业者是“需求型创业者”，因为没有其他更好的选择他们只能被迫创业，开创企业仅仅是谋生的一种手段，这也是为什么全球创业观察发现，在世界上最贫穷的国家，创业活动的发生率最高。在发达国家也存在需求型创业者，但是由于有更多机会和来自政府、家庭和社会的支持，并没有很多人为生计去创业。在发达国家，大多数创业者被称为“机会型创业者”，他们并不是被迫创业，相反，他们是缘于机会而选择了创业。发达国家的低创业活动率表明，并没有很多人选择自主创业。全球创业观察发现，发达国家机会型创业者的缺失，源于充足稳定的工作。

> 当人们有稳定工作的时候，似乎找不出很多创业的理由。当然，也会有一些人选择放弃工作转而创业。他们之所以这样做是因为看到了机会，并且有特定的态度和信念激励着他们。然而，当其他看似更有吸引力的选择出现时，走创业路子的动力就可能会减弱。（Kelley et al.，2010，p. 58）

需求驱动型的创业活动对发展中国家至关重要。作为一种就业方式，需求型创业至少可以保证创业者有一定的收入。但是“需求型创业不太可能发展创新企业，实现高增长和寻求国际市场”。（Kelley et al.，2010. p. 58）发达国家所需要的正是能够体现创业精神的机会驱动型创业者。此外，随着发展中国家的经济进一步发展，机会型创业者的重要性也将更加凸显。机会型创业者带来的创新，将会大大促进经济繁荣并有助于处理未来的全球化问题。“社会也需要机会型创业者，以确保通过个体的创业冲动生出新的想法。”（Kelly et al.，2010，p. 58）因此，机会型创业者是最需要的，然而，根据现有数据显示，机会型创业者在世界范围内严重缺失。

创业精神差距

贫穷的确是促进创新的强大动力，但是需求和机会的区别并不能解释不同国家间存在创业活动的差异性。如果需求是发展中国家高创业活动的最好诠释，那为什么在瓦努阿图的创业率为52.2%，而埃及只有7%，二者虽然同为资源驱动型经济体，但为什么却存在如此大的差距？在埃及，青年人失业问题引发了革命，这个国家的确需要更多的创业者来创造工作岗位，就像英国《卫报》记者克莱尔·普罗沃斯特（Clair Provost）在2011年所说：“很多埃及大学毕业生找不到与他们专业对口的工作，那些培训求职和创业技能的项目可能会对年轻人找工作有所帮助，但最需要的是创造更多的工作机会。”（Provost，2011）可是，为什么埃及的创业者没有瓦努阿图的创业者多呢？

同样，为什么一些发达国家的创业率比其他国家高呢？图3.1和3.2显示了在2010年和2011年创新驱动型经济体在初期创业活动的情况，数据均来自于全球创业观察。如图所示，澳大利亚的初期创业率在2010年为7.8%、2011年为10.5%；美国2010年为7.6%、2011年为12.3%；而日本在2010年仅为3.3%，2011年仅为5.2%。（Bosma et al.，2012；Kelley et al.，2010）根据盖洛普调查，北美（美国和加拿大）有7%的成年人打算在未来的12个月创业，而在欧盟这一比例仅为3%。（Badal & Srinivasan，2011）很明显，在美国从事创业活动的人比在日本多，是因为美国比日本有更多的创业机会吗？或者还有其他别的原因？

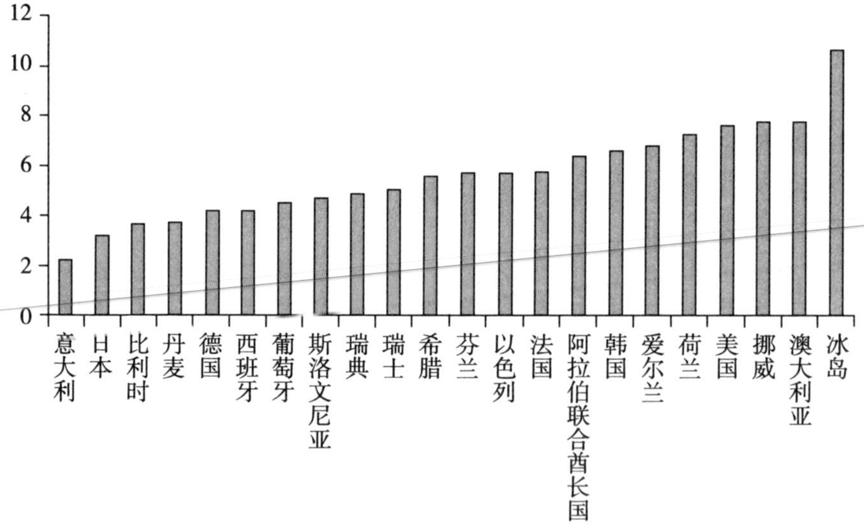

图3.1　2010年创新驱动型经济体初期创业活动

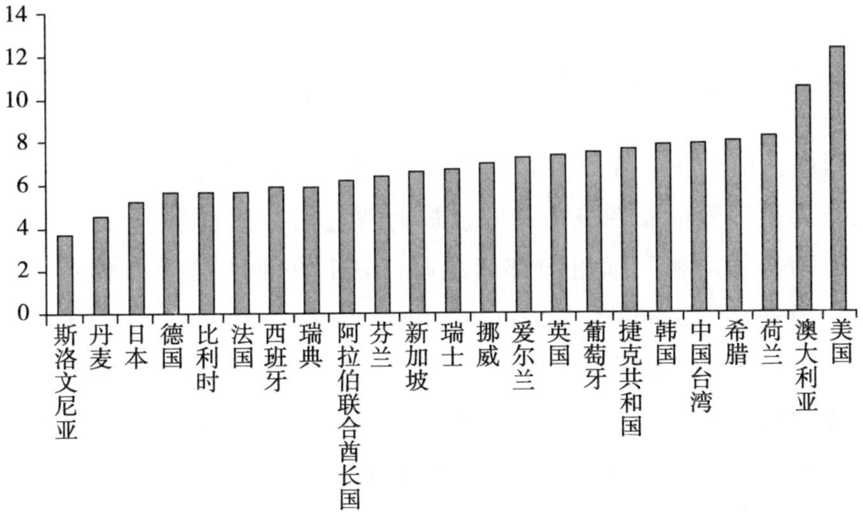

图 3.2　2011 年创新驱动型经济体初期创业活动

除了需求以外，肯定还有其他因素影响着创业活动开展的程度。例如，健全的法制，健康的金融体系，可以利用的资金以及总体经济政策等都是非常重要的影响因素。（Kelley et al.，2010；Schoof，2006）企业家的社会地位和社会对创业的态度等文化因素也都影响着创业活动的开展程度。（Kelley et al.，2010；Schoof，2006）

这些因素或许可以解释不同国家和地区间创业活动的差异性，但即使是在同一个国家和地区，理论上拥有着同样的经济、文化、金融和政治背景，也会存在众所周知的差异，即使在完全相同的条件下，为什么有些人选择创业，有些人选择发起革命对抗政府，还有些人坐等政府救助或继续寻找工作？

答案归根究底是创业精神，很明显，在不同的国家和地区以及个体之间的创业精神是存在着差异的。个体之间的差异一部分如斯科特·沙恩教授所言，可以用遗传学来解释（Shane，2010），另一部分则可以用经历来解释。而不同国家之间的差异则如前面所探讨的，或许更多的是因为个体的经历而非基因，创业家的基因储存应该是平均分布在全世界的人口中的。

培养创业者：创业教育？

因此，构思并部署如何有效培养创业精神对于提高创业活动的水平至关重要。培养创业者最为有效、最为普遍的方法就是进行创业教育。政府、商界领袖和国际组织都紧急呼吁进行创业教育并对创业教育项目进行投资。（Fayolle & Klandt，2006；Schoof，2006；World Economic Forum，2012）创业课程和项目已经进入商学院并且开始进入中小学课程，创业的学术期刊和研究中心也已经创立，并设置了创业教授的职位。美国印第安纳大学约翰逊创业和创新中心的执行理事、Jack M. Gill 创业学会主席唐纳德 F. 库洛特克（Donald F. Kuratko）指出：

> 今天美国的创业教育已经猛增，在 1600 多所学校的 2200 门课程中开设了创业教育的内容，设立了 277 个职位；有 44 个经评审的学术期刊，主流管理期刊提供了更多的栏目（一些是专栏）来讨论创业的话题；建立和资助了 100 多个研究中心。这一领域的“财富”已经累计超过 44,000 万，75% 的资金是 1987 年以后积累的。（Kuratko，2005，p. 583）

这表达了人类的一个典型反应：如果我们缺少某些东西，我们就要去创造它。同理，如果没有创业者，那我们就需要造就一些创业者，而造就创业者要通过教育的方式，从外部逐渐向孩子们灌输创业精神。

创业教育或许会有其用武之地，但在我们急于为学校的课程增加新内容，并强制所有学生都要上创业课之前，我们需要对这种做法的有效性进行质疑。

并没有很多实证研究证明正规创业教育的有效性，尽管冠以创业教育之名，但是实际采用的教学内容、方法和项目却有很大不同。因此，很难做出正确的评价。例如，发表于 1997 年并被广为引用的一篇文章，回顾了十年来对创业教育的有效性研究，作者们发现了仅有一些初步的证据能够说明教育能够对创业品质的形成产生积极的影响；创业项目和课程能够帮助学生树立创业意识，并将创业作为职业选择，以及鼓励学生对创业持积极的态度。（Gorman，Hanlon，& King，1997）然而，这一结论存在很大的问题，因研究方法本身存在严重的方法论瑕疵。“我们的大部分评审研究，旨在评估教育内容或过程的影响，一般基于一所特定学校的一门特定的课程，因此其结论是很难推而广之的。另外，研究对象未按照抽样理论进行挑选，也是其研究结果难以推广的很大障碍。”（Gorman et al.，1997）换句话说，大部分研究得出正面答案都是出于利益上的考虑，即研究者想证明这些方式行之有效。

创业教育还存在着一个内在逻辑上的矛盾，创业教育是对创业知识结构化的正规表述，即个体在创建企业以及在企业成长和发展过程中所运用的概念、技能以及思维模式（Holmgren & From，2005，p. 385）。然而，创业精神和品质关乎创意、革新、坚持、冒险以及其他基本的人类本质。或许有一些创业技能可以而且应该通过正式学习来获得，但是人类的其他精神和品质呢？或许通过教育会弄巧成拙，那些正规的、结构化的课程因为过于强调一致性反而会挫伤创造性和创新能力。

创业精神必然是生物学和文化双重影响的结果，但是或许创业精神不能通过正规的教育来传授。虽然设置正规课程来培养创业者听起来很诱人，但重要的是，我们不能机械地假定，人们都是空瓶子，在等待注入创业技能和知识。或许，换一种立场更有用，与其认为创业精神是需要被传授的，不如接受前面探讨的观点：人天生具有创业潜能，我们需要做的是去鼓励和帮助个体实现并增强这种潜能，或者至少不在正规的教育过程中抑制或扼杀它们。本着这种精神，世界经济论坛的报告着重强调：

> 仅把创业教育添加到教育边缘是远远不够的——它要处于教育运作体系的中心。各阶段（小学、初高中及大学）的教育

> 机构都需要采用 21 世纪的方法和工具，来构建适合的学习环境，以促进创造力、革新能力以及跳出思维定式解决问题的能力的发展。将创业能力培养和创新教育融入跨学科和交互教学的方法中，需要新的教学模式、教学框架和教育理念。该是时候对旧的教育体系进行重新思考和定位了，要从基础做起，开启教育的新纪元。(World Economic Forum, 2011, p. 6)

我们要想培养更多的创业者，就必须要开启教育的新纪元。教育至少可以通过两种方式增加或减少创业者和创业品质的积累。一方面，教育可将那些天生的创业者或创业天才排除在教育体系之外，消除他们的创业天性和才能，剥夺他们创业实践的机会；另一方面，教育也可以将那些不具备特殊创业天赋的人培养成为优秀的创业者。第二种方式的教育是通过减少或增加其内部的个体创业能力水平来改变整个社会的创业品质，例如，通过奖励或惩罚某一行为来改变个人的自信心，结果导致整个群体创业品质的提升或降低。

在下一章我将探讨教育在整体上如何消极地影响创业精神。

参考文献

Badal, S., & Srinivasan, R. (2011). *Mentor support key to starting a business.* Washington, DC: Gallup Poll.

Barkow, J. H., Cosmides, L., & Tooby, J. (Eds.). (1992). *The adapted mind: Evolutionary psychology and the generation of culture.* New York, NY: Oxford University Press.

Bosma, N., Wennekers, S., & Amorós, J. E. (2012). *Global entrepreneurship monitor: 2011 extended report: Entrepreneurs and entrepreneurial employees across the globe.* London, England: Global Entrepreneurship Research Association.

Buss, D. M. (2004). *Evolutionary psychology: The new science of the mind.* New York, NY: Pearson.

Crawford, C., & Krebs, D L. (Eds.). (1998). *Handbook of evolutionary psychology: Ideas, issues, and applications.* Mahwah, NJ: LEA.

Dees, J. G. (1998). *The meaning of "social entrepreneurship."* Durham, NC: Center for the Advancement of Social Entrepreneurship (Duke University).

Drucker, P. (1985). *Innovation and entrepreneurship.* New York, NY: Harper & Row.

Ehrlich, P. R. (2000). *Human natures: Genes, cultures, and the human prospect.* New York, NY: Penguin Books.

Fayolle, A., & Klandt, H. (Eds.). (2006). *International entrepreneurship education: Issues and newness.* Northampton, MA: Edward Elgar Publishing.

Florida, R. (2002). *The rise of the creative class and how it's transforming work, leisure, community & everyday life.* New York, NY: Basic Books.

Gardner, H. E. (2006). Multiple intelligences: New horizons in theory and practice. New York, NY: Basic Books.

Gladwell, M. (2008). *Outliers: The story of success.* New York, NY: Little Brown.

Gorman, G., Hanlon, D., & King, W. (1997). Some research perspectives on entrepreneurship education, enterprise education and education for small business management: A ten-year literature review. *International Small Business Journal*, 15 (3), 56 - 77.

Hamermesh, R. G., Marshall, P. W., Roberts, M. J., & Stevenson, H. H. (2002, April 22). Entrepreneurship: It can be taught. Retrieved January 17, 2012, from http://hbswk.hbs.edu/item/2905.html

Harris, M., & Kinney, R. (Eds.). (2004). *Innovation and entrepreneurship in state and local government. Lanham*, MA: Lexington Books.

Holmgren, C., & From, J. (2005). Taylorism of the mind: Entrepreneurship education from a perspective of educational research. *European Educational Research Journal*, 4 (4), 382 - 390.

Hughes, I. (2008. September 10). Southside Lansing businessman starts green taxi cab company. Retrieved January 17, 2012, from http://www.capitalgainsmedia.com/devnews/cab0235.aspx

Internal Revenue Service (IRS). (2011). SOI tax stats—Nonfarm sole proprietorship statistics. Retrieved January 14, 2012, from http://www.irs.gov/taxstats/indtaxstats/article/0, id=134481, 00.html

Kelley, D. J., Bosma, N., & Amorós, J. E. (2010). *Global entrepreneurship monitor.* London, England: Global Entrepreneurship Research Association.

Kent, C. A. (Ed.). (1990). *Entrepreneurship education: Current developments, future directions.* New York, NY: Quorum Books.

Kuratko, D. F. (2005). The emergence of entrepreneurship education: Development, trends, and challenges. *Entrepreneurship: Theory and Practice*, 29 (5), 577-597.

Landes, D. S., Mokyr, J., & Baumol, W. J. (Eds.). (2010). *The invention of enterprise: Entrepreneurship from ancient Mesopotamia to modern times.* Princeton, NJ: Princeton University Press.

Lewontin, R. C. (2001). *The triple helix: Gene, organism, and environment.* Cambridge, MA: Harvard University Press.

Martin, R. L., & Osberg, S. (2007). Social entrepreneurship: The case for definition. *Stanford Social Innovation Review* 2007, 29-39.

Mintrom, M. (1997). Policy entrepreneurs and the diffusion of innovation. *American, Journal of Political Science*, 41 (3), 738-770.

Mount, I. (2009, December 9). Are entrepreneurs born or made? Scientists and academics battle out the nature-vs-nurture debate. Retrieved January 17, 2012, from http://money.cnn.com/2009/12/09/smallbusiness/entrepreneurs_born_not_made.fsb/

Nicolaou, N., Shane, S., Cherkas, L., & Spector, T. D. (2008). The influence of sensation seeking in the heritability of entrepreneurship. *Strategic Entrepreneurship Journal*, 2 (1), 7-21.

Petroski, H. (1994). *The evolution of useful things: How everyday artifacts—from forks to pins to paper clips and zippers—came to be as they are.* New York, NY: Vintage Books.

Pink, D. H. (2002). *Free agent nation: The future of working for yourself.* New York, NY: Warner Books.

Pinker, S. (2003). *The blank slate: The modern denial of human nature.* New York, NY: Penguin.

Provost, C. (2011, August 3). Egypt: Tackling youth unemployment. *The Guardian.* Retrieved from http://www.guardian.co.uk/global-development/2011/aug/03/

egypt-education-skills-gap

Rabbior, G. (1990). Elements of a successful entrepreneurship/economics/education program. In C. A. Kent (Ed.), *Entrepreneurship education: Current developments, future directions* (pp. 53 – 68). New York, NY: Quorum Books.

Schoof, U. (2006). *Stimulating youth entrepreneurship: Barriers and incentives to enterprise start-ups by young people.* Geneva, Switzerland: International Labor Organization.

Shane, S. A. (2010). *Born entrepreneurs, born leaders: How your genes affect your work life.* New York. NY: Oxford University Press.

Shane, S. A. (2011. December 6). Are you a born entrepreneur? Retrieved January 17/2012, from http://www. entrepreneur. com/article/220804

Sobel, R. S. (Ed.). (2008). *The concise encyclopedia of economics* (2nd ed.). Indianapolis, IN: The Liberty Fund.

Swearingen, J. (2008, April 10). Great intrapreneurs in business history. Retrieved January 14, 2012, from http://www. cbsnews. com/8301–505125_162–51196888/great-intrapreneurs-in-business-history/

U. S. Census Bureau. (2011). 2009 Nonemployer statistics. Retrieved January 14, 2012, from http://censtats. census. gov/cgi-bin/nonemployer/nonsect. pl

World Economic Forum. (2011). *Unlocking entrepreneur capabilities to meet the global challenges of the 21st century: Final report on the entrepreneurship education work stream.* Geneva, Switzerland: World Economic Forum.

World Economic Forum. (2012). Education. Retrieved January 14, 2012, from http://www. weforum. org/issues/education

Wright, R. (1994). *The moral animal: The new science of evolutionary* psychology. New York, NY: Vintage Books.

Yunus, M., & Webber, K. (2010). *Building social business: The new kind of capitalism that serves humanity's most pressing needs.* Philadelphia, PA: Public Affairs.

4 学业能力差距与创业能力差距：教育巨人之谜

Achievement Gap vs. Entrepreneurship Gap:
The Myth of Education Giants

※　教育比常备军更能护卫自由。

——爱德华·艾佛瑞特(Edward Everett)

※　受过教育的人更易被统治。

——腓特烈大帝(Frederick the Great)

“中国需要史蒂夫·乔布斯”，2011 年 12 月，中国国务院总理温家宝在中国经济最发达的省份之一江苏省进行调研时，告诉当地企业负责人，“中国要有像‘苹果’一样的产品去占领世界市场”。温总理的谈话反映出中国对于创新和创业人才的迫切需求，更重要的是强化了乔布斯作为创新型企业家的典范形象，无论哪个社会都需要他这样的创新型企业家。乔布斯和苹果的神话，以及苹果公司带给世界的一系列革新性产品：Apple Ⅱ，Macintosh、iPod、iPhone 和 iPad，毫无疑问在全世界掀起了复制苹果式成功模式的浪潮。例如，2011 年 10 月，乔布斯刚刚过世，中国浙江省《宁波晚报》就报道：“宁波市将斥资 5000 万培养乔布斯式的创新型人才。宁波市政府将以 5 年为一个周期，在三个层次培养 1400 名乔布斯式的创新型领军、拔尖人才。”（罗湘波 等，2011）

这一则报道引来社会的无数质疑和嘲笑之声。来自中国媒体和网络的众多负面反响迫使宁波市政府出面澄清他们从未明确表示要复制乔布斯。但这一澄清反而给乔布斯逝世激起的“中国缺乏乔布斯式的创业型人才”的讨论火上浇油。温总理的一席话，又引发了更多中国普通民众以及知识分子的网络热议。

中国不可能出现乔布斯！至少，李开复是这么断言的。作为科技领域有影响力的大师级人物，“创新工场”风投公司的创始人，一直致力于在中国倡导企业家精神和培育青年创业人才的美籍华人李开复说：“还会出现下一个苹果和下一个谷歌，但不太可能出现在中国。”李开复 11 岁从台湾移民美国，在哥伦比亚大学获得学士学位，在卡内基梅隆大学获得博士学位。他曾担任苹果公司研发部门执行官；微软公司互动服务部门副总裁，以及谷歌中国区总裁。（财经网，2010）2010 年 9 月，在中国天津市举行的夏季达沃斯论坛中，李开复发表了一番颇有争议的言论。他说：“至少在近 50 年或者 100 年以内，中国不会出现像苹果或者谷歌那样的企业。”

李开复的直言不讳引发了中国新一轮激烈的讨论，有些人颇感愤怒和懊恼。一位博主气愤地写道："李开复这个中国人，居然在2010夏季达沃斯论坛上讲出这样妄自菲薄的话……那些打了几年洋工的人不要自以为是，在那边武断地下什么结论……"（郑先生，2010）但在众多的反对声中，却也有不少人赞同李开复的观点，将此当作国人反思和检讨的契机。大部分支持李开复的观点都认同，阻碍中国创新发展的根本原因正是教育。

> 如果中国想要拥有"苹果"或者"谷歌"那样的创新型企业，就必须重新建立教育体系。一个拥有辽阔疆域和智慧民族的国家却没有一个像苹果或谷歌那样的企业，岂非遗憾？这一遗憾与中国的整套教育理念息息相关。中国的教育能教会学生如何计算三角形的面积，学生可以准确无误地计算出答案，却无法回答出他为什么需要计算三角形的面积。如何改变这种状况？简而言之，就是要改变中国的教育。（康国平，2010）

一年以后，因为乔布斯逝世所引发的中国关于培养创新型人才的讨论中，李开复的言论再次被提及。"寻找乔布斯"、"中国能否出现乔布斯这样的人才？"、"为什么中国没有乔布斯？"这样的标题纷纷出现在中国的各大主流媒体。而教育，再次被认为是罪魁祸首。一篇名为《假如乔布斯生在中国》的文章被各大网站、博客以及在线论坛纷纷转载。由于该文被无数次地修改、转载，现在已经无从考证谁是其原作者。这篇文章的作者或者说作者们对乔布斯在中国的命运作了大胆的揣测：

> 假如乔布斯生在中国，他会因为自己是私生子而备受嘲弄，自卑如影随形；为捍卫尊严，他几乎每天都和同学打架。最后迫于无奈，父母只得将他转学。但他天资聪慧，成绩一直很好，后来考上一所重点中学。中学的乔布斯对课本上死记硬背的东西丝毫不感兴趣，他告诉父母他想退学，在数次苦口婆心的劝阻未果之后，父母狠狠地把他揍了一顿。乔布斯没有选

> 择只好继续上学，但因为对枯燥的学习不感兴趣，他的成绩一落千丈，中考考得不好，只得进入一所三流高中。
>
> 乔布斯在高中认识了斯蒂夫·沃兹尼亚克。两人对电子产品都非常感兴趣，在全国的发明大赛上，他们的产品获得了全国电子产品竞赛一等奖。但是因为两人的英语、语文和化学成绩都不好，乔布斯和沃兹尼亚克最终只考上了一所不入流的大专学校。

这篇《假如乔布斯生在中国》的文章还编织了由于乔布斯对电子产品极度痴迷、不务正业而最终被迫退学，大学毕业后因为没有体面的学历，找工作四处碰壁而终未能成大器的故事。尽管乔布斯天赋异禀，但在这样的教育体制下，这位创新天才最终没能给世界带来iPod、iPhone和iPad。这则虚拟故事所讲述的道理非常简单：假如乔布斯生在中国，他将不会成为乔布斯，更不会创造出苹果的奇迹。

“中国乔布斯”的故事毫无疑问是对中国现行教育制度的严厉批判和极度讽刺，是对中国在培养创新人才上的无能所唱的一首哀歌。但是中国却反而被看成是一个有着非常优秀的教育体制的国家。尤其是近年来中国在PISA的数学、科学和阅读考试中取得的令世人瞩目的第一名的好成绩，使得不少人将中国奉为“教育巨人”（Tucker, 2011b）。最近，由哈佛大学出版社出版、美国教育界领军人物马克·塔克（Marc Tucker）所著的图书《超越上海》（*Surpassing Shanghai*）就反映出美国教育界对中国教育的赞誉，“超越上海”也成为美国教育者们追逐的目标。（Tucker, 2011a）

但为何如此“优秀”的教育体系却培养不出“中国的乔布斯”？若真如各国专家所认为的那样卓越，中国却为何想要改革其教育体制？很显然，对于何为优秀的教育存在不同的解读。

新加坡的困惑：应试的巨人，创新的矮子

对优质教育的误读远不止中国一个国家。就在中国总理温家宝呼吁

“中国需要乔布斯”的同时，这位创业天才以及由他共同创立的苹果公司在亚洲的另一个国家也引起了关于创造力和创业精神的激烈讨论。2011 年 12 月 14 日，和乔布斯一起建立了苹果公司的斯蒂夫·沃兹尼亚克在英国广播公司的一次采访中谈道：“苹果这类创新型公司不可能出现在像新加坡这样循规蹈矩的国家里。”

> 当一个国家如同宗教组织般戒律森严，到处都是整齐划一……那么人们便毫无个性。如同新加坡一样循规蹈矩的国家，不能忍受任何不当的行为，一旦触犯戒律，必将严惩。在这种制度下，创新人才从何而来？自由浪漫的艺术家从何而来？音乐天才从何而来？杰出的歌唱家从何而来？伟大的作家从何而来？优秀的运动员从何而来？所有的创新元素都消失了。（BBC，2011）

新加坡其实一直致力于提高国民的创造性和创业能力（Mahtani & Holmes，2011；Ong，2012；Wee，2011），于是，沃兹尼亚克的这番话很快引起了他们的广泛关注。不出所料，一部分人对沃兹尼亚克的说法持反对态度，但大多数新加坡人都认为他道出了实情。新加坡企业家威利斯·魏（Willis Wee）认为：

> 我不确定沃兹尼亚克对新加坡及其制度了解多少，但作为从小生活在这个小岛上的新加坡人，我完全同意沃兹尼亚克的说法……不过说到新加坡，我认为大部分新加坡人确有自己独立的思想。我还在念大学时，很多朋友都跟我谈到他们的宏伟目标。我们都拥有雄心壮志，只是没有勇气将其付诸实践，只有极少数人能真正实现自己的理想。随着年龄的增长，大部分人都失去了创业的勇气，沦为“星期五万岁”（Thank-God-Its-Friday）的上班族，渴望星期五和工资单的到来。他们是对生活抱怨最多的人，既不是创业者，也没有创新头脑。（Wee，2011）

2012 年 1 月，新加坡记者亚历克斯·翁（Alexis Ong）在为美国有线电视新闻网撰写的一篇报道中提到："第一眼看到沃兹尼亚克的评论时，我心中的伪爱国主义情绪让我对他的话颇为抵触，但从更大的层面来看，我不得不承认沃兹尼亚克或许点出了事实。"翁先生也认为这应该归咎于新加坡的教育系统：

> 标准划一的课程设置和死记硬背的学习方法维持着这个国家的"正统文化"，沃兹尼亚克的话是对新加坡教育体制的尖锐批判。他指出，在新加坡每个人都受过"教育"，但显而易见新加坡的教育无法培养出像谢尔盖·布林或者马克·扎克伯格这样的创新人才……创新性思维的培养应该从娃娃抓起，但在新加坡，因为成绩好坏关乎升学和分班，12 岁以下的孩子面临能否进入好学校的巨大压力，教育同质化现象非常严重。(Ong, 2012)

同中国一样，由于新加坡学生在国际考试中持续的优异表现，因此，新加坡也被树立为"优质教育"的典范，赢来无数羡慕和嫉妒的目光。自 20 世纪 90 年代初以来，新加坡在国际数学和科学评测趋势考试中一直排名前五；在最近的 PISA 考试中，数学排名第二、科学排名第四、阅读排名第五（在这三个领域中，中国均名列首位）。因此，新加坡被认为是"考试成绩优异和创业能力低下"的矛盾体的另一范例。

考试成绩与创业能力背道而驰

考试成绩和创业能力之间的矛盾现象还存在于其他国家，比如，韩国和日本也一直是在国际考试中学生成绩名列前茅的亚洲国家。在最近一次（2009 年）由 60 多个国家参加的国际学生评估项目测试中，韩国学生数学排名第四，科学排名第六，阅读排名第二；日本学生数学排名第九，科学排名第五，阅读排名第八。尽管在国际测试中的成绩可喜，但是一直以来，这些国家的创造力和创新驱动型创业活动水平却无法与其考试成绩相匹配。2010 年，全球创业观察报告指出，在 22 个创新型发达国家中（中国、新加坡均不在其列），韩国和日本均排名垫底。在“初期创业率”中，即未来三年内，主动创业的人数比例，韩国和日本分列第 19 位和第 21 位；在“初创企业总体存活率”中，即个人成功创业并保持持续经营的比例，韩国和日本分列第 7 位和第 21 位。2011 年全球创业观察报告显示的结果与 2009 年基本一致。

另一个更具说服力的数据则是初期创业者中的机会型创业比例。在韩国和日本，半数以下的创业活动属于机会型和进步型创业，半数以上的创业活动属于生存型创业。在机会型创业比例方面，韩国和日本分列第 16 位和第 18 位。

PISA 的测试成绩和创业活动的相关数据分析进一步证实了考试成绩与创业能力之间呈反比关系。参加 2010 年全球创业观察调查的 53 个国家中，有 38 个国家同时也参加了 2009 年的国际学生评估项目测试；2011 年全球创业观察调查的 54 个国家中，有 39 个国家参加了 2009 年的 PISA 测试。表 4.1 所列数据显示出这些国家 PISA 考试分数和创业活动之间的关系。

表 4.1　PISA 原始分数与创业活动的相关性

	阅读		数学		科学	
	2010	2011	2010	2011	2010	2011
创业动力	-.57**	-.68**	-.52**	-.68**	-.59**	-.70**
初期创业率	-.69**	-.72**	-.64**	-.72**	-.68**	-.72**
初创企业存活率	-.37*	-.64**	-.37*	-.64**	-.39*	-.66**
早期创业活动率	-.66**	-.76**	-.62**	-.77**	-.66**	-.77**
创业失败率	-.58**	-.53**	-.57**	-.54**	-.61**	-.56**

注：** $p<.01$；* $p<.05$。

如表 4.1 所示，PISA 测试中的阅读、数学和科学成绩与每一项创业活动能力指标都呈现出显著的负相关。换句话说，在 PISA 测试中成绩越高的国家其学生的创业能力越低，PISA测试中学生表现越是优异的国家，计划进行创业的人数和已经开始创业的人数就越少。

PISA分数一直被认为是测量一个国家教学质量和学生学习能力的标尺，而创业活动率则是反映一个国家创新能力和创业活动的风向标。上述二者之间的反比关系似乎能够证实为何会出现像新加坡和中国这样的矛盾案例。也就是说，常规的教育质量测评的方式与创业能力呈负相关，甚至根本无关。

但相关性并不说明是因果关系。因此，我们不能说是创造力的缺失导致了考试高分，或者考试高分导致了创造力的低下。产生这样负相关关系的因素很多。首先，这可能完全是个偶然。该结果纯属巧合，或许两者之间根本就没有任何关系。其次，如果两者间存在因果关系，可能意味着其中一个因素导致另一个因素，但孰为因孰为果还不得而知，我们不知道究竟是高分导致了低创造力，还是低创造力造就了高分，这是个鸡生蛋还是蛋生鸡的问题。最后，两者间存在关系，但不互为因果。这两者都可归咎于某一个因素，也就是说，考试高分和创业能力低下均由同一原因导致。

◆ 学校教育扼杀了创造力？

上述第一种假设为考试成绩和创造力之间毫无关系，但基于以下几个原因，我认为这种假设并不成立：第一，显著性差异太过明显，由此推断，统计结果显示的反比关系均为巧合的可能性不大；第二，这些显著性差异明显，不可能是巧合或者偶然：所有30组考试成绩与创业能力数据的相关性统计分析，无一组显示两者呈正相关；第三，众所周知，不同国家学生考试成绩的差异显然是其不同的教育或与教育相关的行为所导致的。既然教育能对学生的学习能力产生影响，它也能对一个人的其他能力和素质——认知能力、情感品质和心理素质产生影响。如前一章所述，创业能力的养成与认知能力、情感品质和心理素质息息相关，毫无疑问，教育也能对创业能力的养成产生影响。

此外，其他数据也佐证了学校教育和创业能力之间的必然关系。例如，由考夫曼基金会①创立的“考夫曼创业活动指数”显示，自1996年至2010年期间，在美国具有高中文凭以下的人群的自主创业率持续高于其他人群（高中毕业生，大学生，大学毕业及以上学历持有者）（Fairlie，2011）。2011年，考夫曼基金会创办的哈里斯民意调查显示：虽然在8～12岁、13～17岁、18～24岁三个年龄段里面，有创业意向的人数比例无明显差异，但就不愿意创业的人数比例而言，18～24岁年龄段的比例（29%）明显高于8～12岁年龄段（15%）。很显然，18～24岁的年轻人比8～12岁的孩子接受了更多的学校教育，但他们的创业活力却大大不如后者。（Harris Interactive，2010）

由此，我们似乎有理由相信学校教育与创业能力之间存在着必然联系，但问题关键在于这种联系的本质是什么，难道优异的学业成绩直接导致创业能力的降低，或者反之亦然？这种推测也许成立，但过于牵强。如果学生学业成绩优异会导致其创业能力降低，那么一个国家就可以用考试成绩作为创业准入门槛，即禁止分数高的学生从事创业活动，并强迫低分学生直接创业。据我所知尚无任何一个国家有此政策。相反，如果创业活动直接影响了学生的学业成绩的话，那么成绩差的学生就应是那些正在从事创业活动的。但因为国际学生评估项目的评测对象是15岁的在校学生，这一论点不攻自破。

由此可见，在PISA分数和创业活动率之间的负相关关系中必然存在另一个更符合逻辑的解释，即某些因素既造就了PISA高分，也导致了创业活动的减少。进一步的数据分析对此种解释提供了支持。全球创业观察收集了与创业素质有关的数据，即影响创业可能性的个人因素。这些因素被用来预测一个人在多大程度上会选择创业。它们是：

---

① 考夫曼基金会位于美国密苏里州堪萨斯城，由企业家兼慈善家埃温·玛瑞恩·考夫曼先生创办于20世纪60年代中期。基金会是全美第26大基金会，资产约20亿美金。基金会秉承“构建创业社会、推动个人创业、促进社区发展”理念，工作集中在两方面：鼓励和支持创业；促进儿童和青少年教育。——译者注

对潜在创业机会的辨识、是否有能力成功创业、对创业失败的恐惧程度、是否赞同创业、成功的创业者是否拥有较高的社会地位，以及媒体对创业的关注程度。表4.2列举了同时参加了2009年PISA测试和2010年全球创业观察调查的38个国家，以及同时参加了2009年PISA测试和2011年全球创业观察调查的39个国家的2009年PISA测试成绩与以上因素间的相互关系。

表4.2 PISA分数与创业素质的相关性（所有国家）

	阅读		数学		科学	
	2010	2011	2010	2011	2010	2011
机会洞察力	-.35*	-.42	-.33*	-.41	-.38*	-.45
创业自信	-.60**	-.71**	-.59**	-.74**	-.61**	-.73**
对失败的恐惧程度	.12	.25	.10	.28	.10	.29
创业赞同度	-.50**	-.65**	-.45**	-.63**	-.53**	-.67**
成功创业者的高社会地位	-.08	.22	-.13	.28	-.09	.24
媒体关注度	-.22	-.18	-.18	-.11	-.21	-.15

注：** $p<.01$；* $p<.05$。

表4.2清晰地反映出PISA分数和创业素质呈负相关：数学、阅读、科学成绩越高的国家，认为拥有创业机会的人数比例更低，更少的人相信自己有能力创业并能取得成功，并且更少的人认同创业是好的职业选择。PISA成绩与创业失败恐惧程度、创业者地位和媒体关注度等因素没有明显的相关关系。

这个结果可以用两种方式来解释：第一种是，在创业机会较少的国家，学生的学业成绩可能会更优异，同样，在人们创业自信不足的国家，学生的学业成绩也较为优异。类似地，在那些认为创业并不是一个好的职业选择的国家，学生的学业成绩同样会很优秀。总而言之，在一些国家，可能是就业选择的单一导致了学生学业成绩的优异，换句话说，学习成绩是衡量成功的唯一标准。相反，在职业选择多样化的国家，学生不必将所有精力孤注一掷地投入到学习上，因为他们的人生拥有更多的选择。

第二种解释是，追逐学业上的高分以牺牲创业能力为代价。这就是说，那些帮助学生获得高分的学校制度和社会因素束缚了学生的创业能力，导致学生认为自己既无创业机会，也无创业能力。举例来说，标准化考试和死记硬背或许就是创业能力发展的最大障碍。

芬兰和东亚国家的教育成果对比恰好说明了这一论点。尽管芬兰学生的创业活动指数排名不如其 PISA 成绩的排名高，但芬兰人的创业自信却高于一些东亚国家。2011 年全球创业观察指出，37.3% 的芬兰人具有创业能力，这一数据高出日本人（13.7%）20 多个百分点；高出韩国人（26.7%）和新加坡人（24.1%）10 个百分点；高出台湾人（28.6%）近 10 个百分点。芬兰和东亚国家不同的教育体制导致了创业能力的差异。东亚国家的“高分教育体制”以服从权威、应试教育和死记硬背见长。与之截然相反，芬兰学生直到高中毕业时才参加标准化考试。正如芬兰著名教育家帕斯·萨尔伯格（Pasi Sahlberg）的著作——《芬兰经验：全世界可以从芬兰教育改革中学到什么？》（*Finnish Lessons: What Can the World Learn From Educational Change in Finland?*）中提到：芬兰学校属于“免标准化考试区”，因此，芬兰学生都能免受“填鸭式教育”之苦。芬兰的教育体系也显然不如东亚国家般专制。更为重要的一点，正如同著名教育史专家丹妮·里威奇（Diane Ravitch）所说：“芬兰教育的宗旨在于将每个学生培养成勤于思考、活跃，具有创造力的人才，而不是只会获得高分的机器；芬兰教育的核心理念是合作而非竞争。”（Ravitch，2012）

实际上，上述两种解释都有可能是正确的。缺乏创业机会和对创业前景不看好可能会导致人们一味地追求学业上的优秀；而单纯追逐学业成绩的优秀可能会导致学生创业能力的降低，进而导致学生不相信存在好的创业机会。

无论哪一种解释成立，上述列举的数据都显示出 PISA 高分无疑是学生“被优秀”的结果。更重要的是，PISA 分数对创业能力或者创造性活动都没有正面的影响，因此，政策制定者、媒体和社会公众不必对其如此关注。另一方面，既然创业与社会发展和经济繁荣息息相关，那么，创业能力毫无疑问应该成为比考试分数更值得为之努力的目标。如果学生的创业素质培养成为教育更应努力实现的目标，那么我们需要担心的是，现行的教育是否会扼杀这些素质。

自信心缺失——高分的代价?

如第三章所述，优秀的创业者都在某种程度上具备相同的特质——创业精神，其成分之一是自信心和创造力。虽然目前尚未有一种方法能直接准确地评估创业精神，但是全球创业观察报告的数据能够对“创业自信”有更为趋近的评估。在这项评估中，日本排在最后一位，韩国倒数第二。表 4.3 给出了总体的相关系数，为进一步体现两者间的关系，表 4.3 的调查对象只包含了创新型发达国家，即经济发展水平更具可比性的发达国家。

表 4.3　PISA 原始分数和创业素质的相关性（创新型国家）

	阅读		数学		科学	
	2010	2011	2010	2011	2010	2011
机会洞察力	.10	.08	.08	.04	-.00	.01
创业能力自信	-.50*	-.66**	-.45*	-.74**	-.38	-.67**
对失败的恐惧程度	-.39	-.05	-.57**	-.09	-.58**	-.15
创业赞同度	-.24	-.36	-.17	-.16	-.37	-.40
成功创业者的高社会地位	.03	.03	-.01	.21	.12	.02
媒体关注度	.57**	.42	.39	.62	.49*	.51*

注：** $p<.01$；* $p<.05$。

最显而易见的是，在发达国家，即使在考试分数与创业机会没有直接关系的情况下，我们也可看出 PISA 考试得分越高的国家，其学生的创业素质越低，对创业失败的恐惧程度越高。“创业自信”可解读为人们对自己创业能力的信心。这意味着，某一国家的 PISA 分数越高，其学生的创业自信越低，对创业的失败也更加恐惧。

另一组研究证明了学校教育与创业自信可能有直接关系。这一研究结论为先前的假设提供了佐证，即片面追求学业成绩会遏制创业能力的发展。美国布鲁金斯学会的智囊团成员汤姆·洛夫莱斯（Tom Loveless）发现：2003 年参加 TIMSS 的国家中，自信程度越低的学生反而数学成绩越好（详见表 4.4）。TIMSS 考试中排名最高的国家和地区——新加坡、日本、韩国和香港，认为“我的数学成绩还好”的八年级学生的比例最低。其中，日本只有 4% 的学生认为自己在数学上表现良好，排在最后一位；韩国为6% 排在倒数第二，新加坡为 18%；而在美国，这一比例却占 39%。在参加测试的 46 个国家中，考试分数和自信心的平均相关系数为 -0.64，显著性差异非常明显。（Loveless，2006）

表 4.4 数学成绩与自信/快乐的相关性

	年级	相关系数
自信	4	-0.58
	8	-0.64
快乐	4	-0.67
	8	-0.75
相关性	8	-0.52

注：此表中的皮尔逊相关系数①代表了每个国家的数学平均分值与自信/快乐程度高的人群所占百分比的相关度。

资料来源：Loveless，2006。

① 皮尔逊系数 r（Pearson correlation coefficient），是一种线性相关系数。皮尔逊相关系数是用来反映两个变量线性相关程度的统计量。r 的取值在 -1 与 +1 之间，若 $r>0$，表明两个变量是正相关，即一个变量的值越大，另一个变量的值也会越大；若 $r<0$，表明两个变量是负相关，即一个变量的值越大另一个变量的值反而会越小，r 的绝对值越大表明相关性越强。——译者注

虽然对数学能力的自信与对创业能力的自信不尽相同，但表4.4中的数据至少阐明了一个国家的教育体制对学生的自信、快乐和其他情感健康的关注程度。自信是创业能力中最为重要的因素，长期从事创业能力研究的优秀教育家、加拿大经济教育基金会执行会长加里·拉比耶（Gary Rabior）认为：

> 创业精神的内核是充分的自信，对自己和自我信念的坚持。优秀的创业者必能推进变化。然而变化不会一帆风顺，创业者必将遭遇各种困难坎坷，遭受无数冷眼怀疑……因此，要战胜这些阻碍，自信是创业者必不可少的品质。（Rabbior，1990，p. 61）

自信心缺失是创新人才的主要障碍，这是许多国家的共识。例如，南非布兰森创业中心首席执行官朱迪·桑德拉克（Judi Sandrock），在2010年接受的一次采访中，被问及为何南非缺乏创业人才时谈道：

> 我认为这主要是自信的问题……南非人的自信程度很低。信心铺就成功之路。人最大的敌人是自己，常常担心缺乏这样的能力和自信。（Daniel，2010）

但是对于追求考试分数的人而言，自信并非是一件好事；事实上，它有可能是件坏事，可能会导致考试分数的降低。例如，布鲁金斯学会的汤姆·洛夫莱斯基于TIMSS成绩与自信心的相关分析得出了以下结论：

> 美国人一直倡导的快乐教育或许并不完全正确，因为国际考试分数与自信心的对比数据至少表面上能证明，所谓自信心、对学科的热爱等诸如此类并不是获得数学高分的关键条件。（Loveless，2006，p. 18）

尽管人们对自信心价值的看法各异，但毋庸置疑的是，在国际考试中得到高分与创业活动、创业能力和学生的自信心并不相辅相成。换言之，高分并不能造就更多的创业人才。相反，片面追求考试的高分可能是创业能力和创新能力发展的障碍。就像亚历克斯·翁谈及新加坡和李开复谈及中国的情形那样。

对自信心价值的不同解读也反映出不同国家对教育的不同理解。当一些国家过分看重测试分数，对中国、新加坡、芬兰、韩国等“高分国家”投来羡慕和嫉妒的目光时，一些所谓的“高分国家”却懊恼于自己的教育体制不能培养出像乔布斯那样的创业家，不能创造出像苹果一样的企业。“高分国家”期待教育体制至少不要扼杀学生的创造力，而且最好能促进创业能力和创造力的发展。

单纯追求考试分数导致学生的自信心缺失，这仅仅是传统教育体制不利于创业精神培养和阻碍创业活动发展的一个方面。传统教育范式的目标在于培养学生去“找工作”而非“创造工作”，因此在很多方面都是以强制的方式干扰创业能力的发展。

尽管目前全世界的主流教育理念是培养“就业人才”而非“创业人才”，但不同国家的教育实践却不尽相同。因此，有些国家学生的学业成绩很好，在各项国际测试中表现优异，但同时创业能力又较低。下一章，我将以中、美两国作为研究案例，进一步说明不同的教学实践对学生学业成绩和创业能力的影响，也将探究一个国家失掉创新能力和创业精神的过程。

参考文献

BBC (Producer). (2011). Steve Wozniak: “Think for yourself.” Retrieved from http://news.bbc.co.uk/today/hi/today/newsid_9661000/9661755.stm

Daniel, J. (2010, October 6). Entrepreneurship drought: "South Africans low on confidence." Retrieved January 21, 2012, from http://memeburn.com/2010/10/branson-center-of-entrepreneurship-appoints-new-ceo /

Fairlie, R. W. (2011). Kauffman Index of Entrepreneurial Activity: *1996 – 2010*. Kansas City, KS: Kauffman Foundation.

Harris Interactive. (2010). *YouthPulse^SM 2010: Kauffman Fourtdation Custom Report.* Kansas City, KS: Kauffman Foundation.

Loveless, T. (2006). How well are American students learning? Washington, DC: Brookings Institute (Brown Center).

Mahtani, S., & Holmes, S. (2011, January 20). Wozniak: Apple couldn't emerge in Singapore. Retrieved from http://blogs.wsj.com/searealtime/2011/12/15/wozniak-apple-couldnt-emerge-in-singapore/

Ong, A. (2012, January 10). Singapore needs to encourage "bad behavior". Retrieved January 20, 2012, from http://www.cnngo.com/singapore/life/tell-me-about_ it/alexis-ong-singapore-needs-encourage-bad-behavior – 718985

Rabbior, G. (1990). Elements of a successful entrepreneurship/economics/education program. In C. A. Kent (Ed.), Entrepreneurship education: Current developments, future directions (pp. 53 – 68). New York, NY: Quorum Books.

Ravitch, D. (2012, March 8). Schools we can envy. *The New York Review of Books.* Retrieved from http://www.nybooks.com/articles/archives/2012/mar/08/schools-we-can-envy/? pagination = false

Sahlberg, P. (2011). Finnish lessons: What can the world learn from educational change in Finland? New York, NY: Teachers College Press.

Tucker, M. S. (Ed.). (20lla). Surpassing Shanghai: An agenda for American education built on the world's leading systems. Boston, MA: Harvard Education Press.

Tucker, M. S. (2011b). Standing on the shoulders of Giants: An American agenda for education reform. Washington, DC: National Center Education and the Economy.

Wee, W. (2011, December 15). Apple co-founder Steve Wozniak questions Singapore's creativity. Retrieved January 20, 2012, from http://www.penn-olson.com/2011/12/15/wozniak-questions-singapore-creativity/

财经网. (2010). 李开复：下一个苹果不会出现在中国. [2012 – 01 – 03]. http://www.caijing.com.cn/2011 – 09 – 16/110862857.html

康国平．(2010)．李开复到底谈的是创新还是教育．[2010－09－15]．http://blog.sina.com.cn/s/blog_53742bef0100m8df.html
罗湘波，等．(2011)．宁波斥资五千万培养创新型领军拔尖人才．[2011－10－11]．http://news.sciencenet.cn/htmlnews/2011/10/253650.shtm
郑先生．(2010)．李开复在2010夏季达沃斯论坛上的讲话极端了些．[2012－01－16]．http://www.212313.com/article/detail_2303_47_47.html

5 中美两国的教育围城："优质"教育如何扼杀创业精神

China vs. the United States: How the Best Education Stifles the Entrepreneurial Spirit

※ 是药三分毒。

——中国谚语

※ 公共教育的目的绝不在于使人明智；而是把尽可能多的个体框定在同一对社会无威胁的区间，培养出标准化的公民，消弭异议，磨蚀个性。

——亨利·路易斯·门肯（**H. L. Menken**）

美国广播公司世界新闻栏目主播黛安·索耶（Diane Sawyer）在2010年12月7日的节目中忧心忡忡地说道：“现在，我们应该给美国的孩子们敲响警钟了。”三周前，索耶带着她的观众到中国亲身感受了“13亿中国人竞相追逐美国梦的壮志与活力”。“今天，阅读、数学和科学的国际考试成绩已经公布，中国学生在这三项考试中都让美国学生望尘莫及，”索耶接着说道，“我们一直在思考中国之行中所见的这一幕。”紧接着，屏幕上出现了一间教室，一群疲惫的中国孩子正按摩着自己的眼睛和头部。“这是三年级的学生，他们利用短暂的休息时间按摩头部以减轻压力，他们说学习得太辛苦了，需要放松一下。”（Sawyer，2010）

> “事实上，中国学生的成绩足以让全世界震惊，你也可把他们称作‘上海超人’（Shanghai Stunner）。”和索耶同行的美国广播公司新闻记者大卫·梅尔（David Muir）进一步解释了考试成绩的“重要意义”，他甚至还引用了美国教育部部长阿恩·邓肯（Arne Duncan）的话：“这给美国人和奥巴马总统敲响了警钟”，并且还将其称为“当代的斯普特尼克时刻（Sputnik Moment）”，美国人必须迎头赶上。这则三分半钟新闻的余下部分用令人震惊的各种图表，向观众说明美国学生的表现如何远远落后于中国上海和亚洲其他国家以及芬兰的学生。新闻里还出现了约翰·肯尼迪总统谈论1957年苏联发射的第一颗人造地球卫星“斯普特尼克”的镜头，以此警示另一个“斯普特尼克时刻”的到来。（Sawyer，2010）

“中国之行，让我们发现中国人对教育的关注无处不在。”伴随着梅尔的讲解，镜头中出现了一间教室，里面的中国孩子大约都在两岁左右。

> 上海的这家公立学校，孩子们两岁开始上学，三岁时，他

> 们每天就从早上八点一直学习到下午四点，并且已经开始学习英文短语了。梅尔接着补充到，平均每年中国学生比美国学生的在校时间至少多41天，再加上周末的各类补习班，中国学生的上课学时至少比美国学生多出30%。(Sawyer, 2010)

索耶和梅尔还提到，一大批美国的政策制定者，教育研究者以及媒体都为上海这一中国最发达城市的学生的出色表现感到震惊。他们还一再赞扬中国教育的优势，比如，中国对教育的高度关注、学生刻苦努力、教学时间更长等。

但颇具讽刺意味的是，索耶和其他美国人大肆褒扬的教育方式，却一直遭到中国政府、家长及教育工作者的谴责（教育部，1964；中共中央，国务院，1999；中共中央，国务院，1993；中共中央办公厅，国务院办公厅，2000）。教育部是中国管理和负责全国学校及教育事务的中央政府部门，过去几十年来，教育部一直出台各种规定，禁止学校占用课余时间为学生补课。自20世纪90年代初以来，“减负”，即减少学生花在课业学习上的时间，就一直是中国教育改革不变的主题。同时，中国政府也一直在努力缩短学生的在校时间。

2012年1月，中国教育部向各省市、自治区、直辖市教育部门颁发文件要求规范幼儿园保育工作，防止和纠正幼儿园“小学化”现象。教育部作出如下规定：

> 遵循幼儿身心发展规律，纠正“小学化”教育内容和方式……要坚持以游戏为基本活动……严禁幼儿园提前教授小学教育内容。幼儿园不得以举办兴趣班、特长班和实验班为名进行各种提前学习和强化训练活动，不得给幼儿布置家庭作业。(教育部，2012)

根据教育部颁发的文件，各省级教育主管部门制定了更为详尽的规定。比如，2012年3月1日正式生效的《江苏省学前教育条例》明文规定"禁止以集中授课方式实施汉语拼音以及汉字读写训练、数字书写运算训练、外语认读拼写训练"等违背幼儿成长规律的教育行为，对违背上述规定的，将依法处以罚款或吊销办学执照。（江苏省人民代表大会，2012）

多年来，中国政府也屡次禁止补课，但显然并不奏效。2012 年 2 月发生的一次补课事件迅速蹿红中国各大媒体。中国辽宁省沈阳市雨田实验中学的 400 名学生被组织到异地进行为期两周的补课。在学期正式开始之前，学生们被安排住在集体宿舍，并进行补课。由于中国政府明文禁止任何学校利用假期为学生补课，为了躲避市政府的检查，雨田中学不得不将学生转移到另一所城市进行补课。家长们担心学生的安全及健康，向媒体曝光了此事，补课才被勒令停止。雨田中学和相关领导都被严厉处罚。（高寒冰，2012）这起"雨田中学移师鞍山补课"的事件引发了中国其他学校利用假期异地补课，被各地政府严厉查处的报道。

优质教育之殇：中国教育

中国人显然不认同索耶及其他外国人对中国教育的评价。相反，他们更愿意丢弃索耶所褒扬的教育体制，因为他们深知其危害。中国人很早就意识到，那些引人嫉妒的"高分"恰恰是导致中国缺乏像史蒂夫·乔布斯这样的创新人才和创业大师的原因之一。

◆ 中国学生成绩优秀的公开秘密：专注、努力及考试

毫无疑问，中国人非常重视教育，但在这里"教育"的定义是追求高分或学习政府认为对高考这一高风险考试有帮助的东西。高考即中国大学入学考试，一直被作为大学录取学生的唯一评判标准。人们认为上大学是向社会上层流动提高的唯一途径，因此，中国教育体制下的任何行为都是为了在高考中取得好成绩。

过分关注学业成绩实则是中国几千年来“唯有读书高”的情结的延续。现代高考制度的前身是具有上千年历史的“科举制度”。科举制度是中国的发明，它通过考试来选拔朝廷官员。虽然，科举制度创立之初涵盖了较为广泛的学科内容，但它最终却演变为考查对儒家经典的记忆和理解。（Zhao，2009）科举制度在中国人的心目中根深蒂固，读书在人们看来是获取社会地位和经济地位，并进入统治阶层的唯一途径。长期以来，中国的“读书人”就是指受过教育的人，在受西方文化影响较小的地方，“上学”仍然叫作“读书”。中国有句俗语“万般皆下品，唯有读书高”至今仍被很多中国人奉为座右铭。

因此，对中国学生而言，没有什么比备战高考更为重要了。而准备高考的路程特别漫长，甚至在进入幼儿园之前就开始了。有经济支付能力的中国家长，通过让孩子上各种早教班，以具备幼儿园入学考试所需的知识与技能，这样孩子便可进入到“精英幼儿园”学习。据2011年的一项调查显示，目前中国早教市场的总值大约为500亿人民币，即8000万零至三岁儿童的学前教育总支出。（吴晶，2011）大多数的早教机构是私立性质且费用昂贵，虽然早教内容包含了游戏的成分，但真正让家长愿意掏腰包的则是早教阶段开设的中英双语课程、数学教育以及其他认知技能的训练。

孩子四岁时进入幼儿园，而幼儿园的学习通常是为小学入学考试作准备，尽管政府三令五申不允许小学设置任何入学考试，但这种情况却屡禁不止。2012年，教育部又出台政策，禁止幼儿园训练学生为小学入学考试做准备，这反映了仍有小学采用考试的方式来录取学生。大多数小学的入学考试科目为语文、数学和英语，因而幼儿园也要教授这些课程。

同理，小学阶段的学习是为初中入学考试做准备，初中教育是为高中入学考试做准备，而高中教育则为最终的战役——高考做准备。一路走来，家长、学生和学校都孤注一掷地为一个终极目标而努力，即在高考中取得优异成绩。

中国家长很舍得为孩子的教育投资，他们花费大量金钱确保孩子进入好学校和为孩子补课。据《2011年中国家庭教育消费白皮书》报道：2011年，中国平均每个家庭的教育支出为23000元人民币（约4000美元），但大部分中国家庭（74%）的年收入低于40000元人民币，其中36%的家庭低于10000元人民币（MarketProbe & Sina Education, 2011）。鉴于中国的教育体系是以公立教育为主，以上数字是非常惊人的。大部分的个人支出都花费在补课或各类课外辅导班上。同一研究还发现，73%的小学家长非常关注课外辅导及校外培训，43%的家长特别关注课外辅导中的考试科目，而另外一半家长则希望在备考和孩子的全面发展之间寻找平衡点。"超过80%的家长将孩子送到各类培训学校。"（OECD, 2011, p. 92）

中国家长要求孩子只专注于学习。总体来说，中国孩子不用做任何家务，也不允许参与任何与学习无关的活动。更重要的是，学生没有时间参加其他活动。据报道，中国小学生的平均学习时间为每天10小时，初中生为11小时，高中生为12.5小时。（今日早报，2011）

学校也要求学生将全部精力放在学习上。根据教育部的规定，从理论上讲学校每天只能开设6小时的课程，一周5天，一学年40周（教育部，2001），但实际上，学校会千方百计地挤出更多时间，某些学校会选择周末补课或者利用共计长达11周的寒暑假时间补课。为延长学习时间，学校给学生布置大量的家庭作业。经合组织的一项调查报告指出，"在中国，家庭作业是学生学习活动的重要组成部分，并以某种形式支配着学生放学后的时间。家长希望孩子每晚都做家庭作业，并将家庭生活都奉献在孩子的学习上……家庭作业对孩子而言是莫大的负担，因此，中国一些地方政府规定了学校布置家庭作业的上限（按小时计算）"（OECD, 2011, p. 92）。

毫无疑问，中国学生是世界上最勤奋的学生。"整体上讲，上海学生比其他国家的学生在学习上的投入要多得多。"（OECD, 2011, p. 93）因此他们获得"最优秀"的学业成绩，即最高的考试分数也就不足为奇了。

◆ 创新和创业人才的命运

然而，中国人普遍认为这种对教育的关注方式存在着诸多问题。国际学生评估项目将中国推上了世界领先的教育领导者地位，但即使是作为 PISA 考试组织者的经合组织也承认：

> “他们（上海学生）的学习内容和学习方式一直备受争议，评论者们认为上海学生完全接受了“填鸭式”的教育，他们很少以自己选择的方式来主动学习，例如，他们很少接触到大自然，也几乎没有任何社会经验。虽然他们被灌输了很多书本知识，但却不知道该如何学习。（OECD，2011，p. 93）

正如李开复在 2010 年夏季达沃斯论坛上阐述的观点一样，对中国教育最激烈的批评是：中国对考试分数的过度关注直接导致了其培养创新和创业人才的失败。（财经网，2010）

虽然造成这一结果的原因多种多样，但中国的教育体制显然首当其冲。首先，我们没有理由相信中国人缺乏创新和创业的基因。事实上，如果说人类的创新基因是在全世界人口中随机并平均分布的话，那么中国，一个有着 13 亿人口的大国显然应该比美国拥有更多的创新和创业基因人群。换句话说，中国应该有更多像史蒂夫 · 乔布斯那样的基因原型。然而事实上，目前中国还没有出现过像史蒂夫 · 乔布斯这样的创新型企业家。其次，虽然中国投入了大量的资金进行研发，同时也致力于培养年轻一代的创新和创业能力，但是最新数据显示，2010 年中国拥有全世界人口的 20%，占有全世界 9% 的 GDP 和 12% 的研发经费，但是获得外国权威专利局批准的专利申请却只有 1%。除此以外，有 50% 的中国专利来自于跨国公司在中国的子公司。（Gupta & Wang，2011）

因此，教育显然成了罪魁祸首，但教育是如何扼杀孩子们潜在的创新和创业能力的呢？

第一，对考试分数的绝对关注意味着除了学习成绩好以外，其他任何因素一概没有价值。如果对考试分数的提高没有帮助，那么它则一无是处。由此导致学生只关注学习，即使鼓励学生参加艺术、音乐、体育、设计课程等，也是因为在全国竞赛中获得奖项或通过某些考试可以为高考加分。学生的课外活动非常有限，只有当它们与考试成绩直接挂钩时才能得到某种程度的重视。再者，沉重的课业负担消耗了学生的大部分时间，扼杀了他们进行其他探索的可能性。因此，中国学生几乎没有机会去发展自己的兴趣及天分。由于缺乏探索和实践的机会，在最好的情况下，学生的创新和创业潜力可能处于休眠状态；而最坏的情况则是逐渐萎缩。例如，若 Lady Gaga 从来没有机会接触音乐，她就不可能成为今天的 Lady Gaga。因此，只重视考试科目，使得学生没有机会发展自己的兴趣与才能的学校教育，其实剥夺了学生发现自己创新和创业潜能的机会，更谈不上去开拓和发展这些潜能了。

第二，一些创新和创业人才由于不能达到规定的学业标准而被早早地踢出局外。如我们之前谈到的，中国正规的学校教育更像一个选拔机制而非教育机制，从本质上讲是选拔考试高手并让其进入更高的社会阶层。而那些具有创新和创业才能的人，由于不擅长考试或是对学业不感兴趣而被早早地剔除出局，无法得到教育资源并获得认可，如果他们足够幸运，坚持不懈并极具创业才能，可能终有出头之日，但在一个看重学历和文凭的社会，这种机会极其渺茫。

但更糟糕的情况是，最具创业潜力的创新型人才可能会遭受到最大的伤害，因为他们在某些方面常常具有不太均衡的遗传天分，而不擅长于死记硬背式的学习。他们有可能是未来伟大的音乐家、艺术家、运动员、企业家和科学家，但他们恰恰不擅长于考试，也不擅长于学习学校规定的科目。他们可能在某一方面颇具天赋，但却很难有兴趣、耐心和能力完成常规学业。由于他们的学习成绩不佳，或是他们根本就不愿意玩考试这个游戏，因此他们被安排到低质量的学校或班级，要么被勒令退学，或者他们干脆自己选择退学。

第三，绝大多数人天生都具有一定程度的好奇心、创新能力和创业潜能。但单纯应付考试的教育体制打压了我们的好奇心、扼杀了创新能力、抑制了创业的欲望，它只教会我们如何在考试中取胜。总的来说，大部分的考试提高了回答问题的能力而非找出问题的能力。换句话说，大多数考试就是测验一个人对标准答案的记忆力，并按照考试设计者的要求以特定的方式还原出记忆的内容。一些考试甚至通过错答倒扣分来防止学生猜测答案。但是，善于质疑、挑战现状和敢于冒险都是创新意识和创业能力的重要特征，它们与标准化考试的宗旨背道而驰。毫无疑问，那些适应了中国考试文化并如鱼得水地生存的人，学会了顺从和压抑自己的创新能力及创业欲望。

第四，当孩子们为学习投入全部的时间，他们就无暇进行社会交往或团队合作，而正是这些活动提供机会让孩子们去经历失败、与他人互动、发展个性，挖掘自己的兴趣，以及培养社交能力等一切创业所需的重要潜质。因此在中国，很少有学生具备独立生存的能力来管理好自己的生活，更不用说开创企业了。

第五，当学生严格遵循规定的道路，他们就没有走弯路的机会。虽然中国学生学习非常刻苦，但他们仅仅是按部就班地完成规定的任务，他们没有机会去犯错，没有机会做自己感兴趣的事情，更没有机会脱离规定的路线。最终，他们学到的是政府、学校及家长想让他们学习的东西，而非他们自己想学的东西。实际上，他们学会了忽略自己的兴趣和热情。

最后，当用唯一的标准来评判学生，他们就会不断地被要求与自己的同伴作比较。学生的学习名次一向都是公开的，并根据学习成绩的好坏受到奖励或惩罚。结果是大多数学生的学习成绩都不如班里、学校或市里几个凤毛麟角的学优生，最后造成了大部分学生的内心形成自卑感，并最终丧失自信心。如前所述，自信心是创业精神的核心。

中国教育部对中国的教育体制如何伤害孩子们的创新意识和创业能力作了最好的总结。1997 年，中国教育部（时为国家教委）在一份政策文件中严厉地指出了中国应试教育的弊病：

"应试教育"是指在我国教育实践中客观存在的偏离了受教育者和社会发展的根本需要，单纯为应付考试，争取高分数，片面追求升学率（大学或更高层次升学率）的一种倾向。它主要面向少数学生，忽视了大多数学生的发展；偏重知识传授，忽视德育、体育、美育和生产劳动教育；忽视能力与心理素质的培养；以死记硬背和机械重复训练为方法，妨碍学生生动活泼、主动地学习，使学生课业负担过重；以考试成绩作为评价学生的主要标准甚至作为唯一标准，挫伤了学生学习的主动性、积极性和创造性，影响了他们全面素质的提高。（国家教委，1997）

◆ 西学之路：中国教育向美国教育取经

尽管外界充满着对中国教育的赞誉，但中国自身却对其现有的教育体制不甚满意。为培养具有创新能力和创业精神的劳动人才，数十年来，中国努力改革现行的教育体系。为探索出更好的教育模式，以期培养出"乔布斯式"伟大的创新型创业人才，中国将注意力转向了美国，这个拥有最多诺贝尔奖获得者、拥有当今世界最多创新成果、诞生了世界上最多具有国际影响力的创业者的国家。当美国人正在哀叹其教育之时，中国人却正在努力地效仿。美国教育体系中备受谴责之处恰恰是中国人渴望拥有的地方。

"没有统一的教科书，没有统一的考试，没有对学生的三六九等的排位。这就是呈现在一个中国记者面前的美国教育。"（高钢，2003）《遭遇美国教育》开篇这样写道。这是中国一位新闻学教授撰写自己亲身经历的一篇文章。他在中国一流学府中国人民大学任新闻学院院长。该文章自2003年发表以来，在中国家长、教育学者，甚至学生之间广泛传阅，在"2003年度中国最佳报告文学"中排名第二，并在互联网上广为转载，引起了人们的热议和称赞。作者高钢讲述了90年代他在美国亚利桑那州立大学做访问学者时，他10岁的儿子在美国学校的真实经历。以下这段话被一个中国小姑娘用刀子刻在了自己的课桌上，它也对作者遭遇的美国教育做出了最好的阐释：

> 美国的小学虽然没有在课堂上对孩子们进行大量的知识灌输，但是，他们想方设法把孩子的眼光引向校园外那个无边无际的知识的海洋；他们没有让孩子们去死记硬背大量的公式和定理，但是他们煞费苦心地告诉孩子们怎样去思考问题，教给孩子们面对陌生领域寻找答案的方法；他们从不用考试把学生分成三六九等，而是竭尽全力去肯定孩子的一切努力、去赞扬孩子们思考自己的一切结论，去保护和激励孩子们所有的创造欲望和尝试。①

对美国教育持有相同看法的是《素质教育在美国》的作者黄全愈，他是土生土长的中国人，在美国获得高等教育博士学位，目前任职于俄亥俄州迈阿密大学。作者在书中讲述了自己的儿子在美国的学习经历，此书一经出版立刻成为中国的畅销书籍，作者还为中国的读者撰写了很多介绍美国教育的书籍。

《素质教育在美国》高度赞扬了美国教育对孩子的尊重，允许个体差异，并且从不试图向学生们强制灌输知识。该书经常提到的一个例子是作者描述他儿子小学时候的一次“研究”经历。儿子上小学二年级时，学校老师要求完成一项“研究”，并撰写一篇至少两页的论文，在论文中要解决三个问题。在参阅了十多本书以后，他的儿子完成了关于蓝鲸的“研究报告”。最终报告的封面上写有研究题目和作者名字。报告的正文包括四个方面，分别是：导言、蓝鲸吃什么、蓝鲸怎么吃东西，以及蓝鲸的独特之处。

这种在美国司空见惯的活动着实让中国的教育者和家长吃了一惊，高钢在《遭遇美国教育》里讲述了一个类似的故事，他的儿子被要求

① 参见：http：//www.360doc.com/content/07/1114/10/50242_820904.shtml。

撰写一篇关于人类文化的“研究论文”。这类故事对中国家长和教育学者极具吸引力，因为中国学校缺乏这样的教学实践。在中国学校里，学生只能被动地接受知识而不是主动地探索知识。研究属于专家的工作范畴。这些故事反映了一种不同的教育理念，而正是这种理念才能培养孩子独立思考的能力、批判性思维、好奇心及质疑的习惯，以及承担责任的能力和信心。

尊重个性差异和肯定个人的贡献是美国教育的另一大特点，这个特点也得到了中国教育者们广泛的赞扬。李希贵，北京一所知名学校的校长，记述了2007年他应邀到哥伦比亚大学教育学院做访问学者时对于美国教育的感受。在他的《36天，我的美国教育之旅》一书中，李希贵叙述了他与美国教师、教授和学校领导交流的故事。在诸多有趣的交流中，他讲述了一件让他颇感意外的事情：他在哥伦比亚大学的接待教授竟然邀请课堂教师作为专家参与讨论，因为在中国，教师往往不会被认为是“专家”。另外一件让他感到吃惊的事情是，学校普通员工的照片被悬挂在约翰·杜威的雕塑旁边，他开始以为这一定是哥大教育学院历任院长的照片。通过以上观察，李先生得出如下结论：在美国，任何人都可以成为专家并得到相应的地位。他在书中写道：

> 当一个社会允许并鼓励每个阶层、每个行当的人都成为专家的时候，人们的潜能肯定会得到最大限度的发挥，个性培养和个性成长也就有了适宜的土壤。而尤为重要的是，也只有在这样的土壤里，我们才能塑造出个性张扬、从容追求的孩子，使他们成为真正的“自己”。①

中国人认为美国教育的价值正是在于其分权自治的教育体系，它没有统一的标准，采用多元化的评价方式来判断学生的价值，并尊重和鼓励个体差异。然而，中国满怀热情拥抱的却恰恰是如今美国急于抛弃的

① 参见：http：//news. cersp. com/HQSY/lists/200704/659_ 3. html。

“糟粕”。在过去几十年里，美国一直努力实施教育集权化、课程标准化和教学方法统一化。从20世纪90年代克林顿颁布的“2000年目标”到21世纪初布什的《不让一个孩子掉队法案》，再到如今奥巴马的“力争上游”计划，美国教育已经实施了一系列的重大变革。当“共同核心标准”实施成功以后，美国将失去令中国嫉妒和羡慕的东西。

亦可制作培根的香肠机

◆ 美国教育

中国人所推崇的美国教育优势如今被美国教育改革者们看作是破败与过时的体制，因为这一体制导致了美国学生在学业上的乏善可陈，以及与其他国家的学生之间长期存在的学业差距。[①] 全国学校缺乏统一的教材、课程设置和评估体系，这被认为是造成不同种族、不同收入群体的学生学业成绩发展不均衡的主要原因。15000个由地方选出的负责当地教育监督的学校管理机构，被斥责为存在歧视、效率低下和缺乏规范。关注个体差异被认为是对学生放任自流以及降低对学生的要求。专业自主的教师和学校领导者被斥责为教学质量低下的保护伞。

然而，正如奥巴马总统在2011年国情咨文中指出：

> 美国仍然是世界上最大的经济强国，没有哪一个国家的劳动者比我们更具生产力，没有哪个国家比我们国家拥有更多的优秀企业，我们的发明家和企业家是全世界拥有专利数量最多的。我们拥有世界上最好的大学，来美国求学的学生超过地球上的其他任何国家。（Obama，2011）

有充足的证据支持奥巴马的这一论断。（Zhao，2009）美国经济仍

① 美国学生一直在国际考试中处于劣势，20世纪60年代，在第一次国际数学测验中（Fist International Mathematics Study），美国在参加测试的12个国家中排在最后一位。

居世界第一，是世界上第二大经济体中国的三倍，而中国的人口却是美国人口的四倍。美国拥有世界上最多的全球化企业，这些企业的产品和服务享誉全球。并且，美国目前仍然是创新人才和创业家的乐园。

那么，一个破败、过时、低效的教育系统如何能够做到这一切呢？尽管长期以来美国在国际教育测评中总是排名靠后，但为什么它依然能够保持全球创新中心的地位？更为重要的是，美国的学校并没有开设教授创新能力或创业能力的课程，美国的孩子们也没有参加任何培养创造力和创业力的训练营，那么这些创新型的企业家又从何而来？

答案很简单，就是美国教育不像中国教育那样擅长扼杀创造性和创业精神，但在教育的基本范式方面，美国与中国大同小异：两者都有相同的教育目标——教会孩子们在学习和未来工作中所需的知识与技能；两者皆有相同的教育配置——在一定的场所，由一位老师教授同一年龄层次的孩子；两者都有正规的课程设置并涵盖类似的学科——数学、英语、科学（生物、化学、物理），社会科学（地理、历史、公民学）以及体育、音乐和艺术。总而言之，美国教育和中国教育都旨在把孩子塑造成具有相同规格参数的产品，而这种规格则由学生对课程的掌握程度而定，也就是说，成年人忽略了孩子们的不同背景、兴趣及差异，而由他们主观认定孩子们应该做什么、能做什么。

这与做香肠的过程大同小异，原料放进去，香肠做出来。虽然中国和美国都在制作"香肠"，但相较于中国的香肠机器，美国机器的质量显然不够好。因此，美国做不出质量上乘的"香肠"，但却不经意地生产出一些"培根"。换言之，美国的创新和创业人才就像香肠机里制作出来的"培根"——不是有意为之，却是令人欣喜的副产品。当然，这会牺牲"不算优质的香肠"。

美国教育的特点遭到美国教改者们的大力抨击，因为它既损害了"香肠"，又产生了像"培根"这样的副产品。首先，因为缺乏对分数的过分关注，或者更准确地说，学校教育并不强迫学生将全部时间投入到学校规定的课程上，因此，学生有更多机会和更多时间用在校外活动上，例如音乐、艺术、体育、木工、吹玻璃、辩论等他们喜爱的其他活动，这些活动似乎与学习成绩和考大学毫不搭边。正因为如此，美国孩子有更多机会探索他们的兴趣所在；但同时，他们没有花费过多精力在学校科目和考试内容上，那么自然他们的考试成绩就不如那些全心投入在学校科目上的孩子。

其次，因为没有全国统一的课程标准和统一的考试，地方教育机构有了更多的自主权，可以赋予教师和学校更多的自由根据当地学生的特点来开发项目和设计教学活动，或者至少不会强迫学生接受同一套知识技能体系。通过丰富多彩的校园活动，比如体育运动、才艺展示、管弦乐队、合唱团及辩论赛，等等，可以形成一种多元评价的校园文化，即“每种才能都是有价值的”。然而，缺乏统一的课程设置同时意味着全国不同学校，不同班级的课程内容和要求均有很大的差异，因此，全国各地学生的学习经历会因所在的学校和老师的不同而有很大的差异。统一的课程设置虽然无法保证教育公平，但它却为每个学生提供了接受相同教育的保障。所以，如果教育的目的是培养相似的人才——这也正是我们现在所做的，那么缺乏统一的课程标准至少应该在一定程度上为美国学生的学业成绩差距负责，该成绩差距是指在有限的几门学科中的考试分数差距。

再次，美国的学生有“玩耍时间”，这是指他们与朋友约会，玩电子游戏，经营柠檬水摊点，在加油站打工，出售女童子军饼干①等。这些活动似乎不能帮助孩子们掌握课堂学习的内容，但它却让孩子们学会了社交，学会了如何处理人际关系、承担责任并具备独立自主的能力。诚然，“玩耍”分散了学生对学习的注意力，如果说课堂学习是唯

---

① 美国女童子军（Girl Scouts of the USA）创立于1912年3月12日，是世界最大的女童组织，其创始人是洛夫人（Juliette “Daisy” Gordon Low）。该组织强调女性领导，培养女孩品德、树立女孩信心。女童子军是非营利的志愿组织，卖饼干活动是筹集经费的门道之一。“饼干销售”是女童子军“挣”徽章的王牌活动。每年4月是“饼干义卖期”，她们亲手烤制印有童子军标志的饼干，然后出现在超市、教堂、电影院、戏院、体育馆等处的门口叫卖。——译者注

一有效的教育方式，那么"玩耍时间"显然是一种浪费，也是造成美国学生考试分数低下的原因。

此外，"在学习中对学生缺乏严格的要求或过度放任学生"意味着学生不会为考试分数的高低和名次排位而竞争，这也恰恰是布鲁金斯学会研究员汤姆·洛夫莱斯所提出的"快乐因子"——教师关注的是全班同学的快乐程度，因此，学生不会受到持续的打击或者总是被批评不够优秀，因而他们可以一直保持自信。然而，快乐学习也意味着学校的要求不甚严格，学生没有必须要掌握教师所教授内容的压力，也不必使出浑身解数来学习好学校规定的课程，结果，美国学生在学业上自然就不如其他学生（比如中国学生）那么优秀了。

最后，美国有大量的校外公共资源及活动，例如，体育赛事、博物馆、艺术展览厅、公共图书馆等供学生利用和参与，这从某种程度上"分散"了学生对于课堂学习的专注。但这些经历对于培养创新意识和创业素质具有极其重要的作用，这些资源也为学生提供了更多选择，并鼓励学生追求不同的生活道路和职业生涯。但同时，也使得学生认为学习成绩优异并非是通向成功的唯一道路。

美国奇点大学[①]学术与创新学院副院长，斯坦福大学法学院研究员，杜克大学普拉特工程学院主任维瓦克·瓦德华（Vivek Wadhwa）在2011年的《商业周刊》中指出：

> 当前，大多数人认为美国孩子的生活相对轻松，他们的校园生活太过舒适和自由。他们不必完成更多的家庭作业；他们花费大量的时间玩游戏，网上交际、互发信息；他们做兼职来支付学费及社交活动所需的费用，他们还经常举办各种各样的

① 奇点大学（Singularity University，简称SU）设在加州硅谷心脏地带，美国宇航局埃姆斯研究中心内。它是为迎接电脑优于人脑的时代来临，谷歌（Google）与美国宇航局（NASA）展开合作的，致力开办一所培养未来科学家的学校。参见：http：//baike. baidu. com/view/2178218. htm。——译者注

> 聚会。这种生活方式让美国人颇为担忧，他们认为美国的教育方式把国家置于极端不利的处境，但这纯粹是杞人忧天。
>
> 美国孩子的独立性和社交技能将在他们的工作中发挥巨大优势。他们敢于尝试，向常规挑战，勇于冒险；他们具备独立思考的能力，能够创新。这就是为什么美国仍然是世界创新大国的原因。（Wadhawa，2011）

换言之，与其说美国教育的优势在于精心设计了培养创新人才的模式，还不如说在贯彻规矩而严苛的教育体系方面，它执行“乏力”。也就是说，如果教育就是为了系统传授规定的知识和技能，那么美国教育系统则是一个效率低下的体系，因为相较于一个严格而循规蹈矩的教育系统而言，它“漏洞百出”：它允许学生追逐自己的兴趣，开展各类校外活动，而这些都不一定有助于学生掌握规定的学习内容。然而开展校外活动和追随自己的兴趣却为创新人才和创业人才提供了成长的空间。

天下没有免费的午餐

◆ 教育的副作用

看起来中美两国都很羡慕和崇拜对方的教育系统，这种情况在两个竞争对手之间很少出现。但在互相称赞的背后，似乎存在着一个矛盾的对立。中国的教育体制能够培养出考试成绩优异的学生，这被很多人解读为“学术优秀”，但它却不能培养出具有创新意识和创业能力的人才。相反，美国的教育体制似乎是培养创新和创业人才的“灵丹妙药”，但这个体系却不能制造高分。在发达国家中，美国高中生的辍学率最高，并且贫富学生之间持续存在着较大的学业差距。

这类似于药品的副作用，所有药品都有副作用，当它在治愈疾病的同时，也会对身体有所伤害。换句话说，天下没有免费的午餐，做任何事情都需付出代价，教育也不能逃脱这一简单的自然定律，理由如下：首先，时间是有限的。当一个人把时间花费在一件事情上，他就没有空闲去做其他的事情。因此，当学生把所有时间都耗费在学习和备考上时，就没有时间参观博物馆了。同理，当花费时间去做与考试无关的活动，那么学习和备考的时间必然大大减少。其次，人类的某些才能是相互对立的。当一个人学会顺从，就很难具有创造力；当一个人常常因犯错而受责备，他就不敢再去冒险；当一个人总是被告知自己是错误的或者是没有能力的，他就很难维持自信。相反，当学生被赋予探索的自由，他们就可能会质疑学习的内容，而且有可能不去遵从指令。最后，资源也是有限的。当一所学校或一个社会倾其所有在某一件事情上，它就没有足够的资源分配给其他方面。例如，当所有资源都被耗费在教授数学或语言课程上，学校就必须砍掉其他的科目；当金钱都花费在考试上面，那么，就没有足够的资金来支持学生的发展。

很少有人提及教育的副作用，但是它恰好能解释为何创业才能与考试成绩背道而驰。教育的副作用同样也解释了为何在国际学生评估项目中取得高分的国家，其学生却缺乏创业特质，它也使我们明白了为什么新加坡想要丢弃它那"世界一流"的教育，为什么中国若不改革现有的教育系统便不会出现"乔布斯"。相较于一个组织性差、管理松散、缺少统一性的教育系统，一个组织严密、严格管理、执行有力的教育系统能够更好地传授规定的知识内容。同时，一个监管松散、自由灵活的教育系统却为个人探索和实践创新提供了更大的空间，它允许出现例外。那么问题就在于，未来我们需要何种人才？我们是需要考试高手还是具有创新能力的创业人才？我相信答案肯定是后者，正如我前几章所论述的一样。

因此，在我们急于培养创新意识和创业能力之前，教育的副作用提醒我们首先应该确保学校教育不要扼杀创造力。当我们试图以强加统一的课程标准、增加教师和学生的压力以及削减课程等亡羊补牢的方式来修缮"出故障的香肠机"时，我们必须清醒地认识到它可能带来的潜在危害。正如新加坡记者亚历克斯·翁在回应沃兹尼亚克的评论"新加坡无法制造出苹果电脑"时所说："底线是：创造力不能强迫得到、不能教授，也买不来。"（Ong，2012）

此外，即使我们将"香肠机"修缮得尽善尽美，但当社会需要其他产品的时候，它却只能做出"完美的香肠"来。美国的教育不甚完美，事实上，它也存在很多弊病，但是问题的症结不在于它生产不出完美的"香肠"，而是它没有意在生产"培根"，即没有有意识地培养创新人才。所以，目前创新人才和创业人才的存在在很大程度上都是"意外"或者"侥幸"的产物。"即使是最好的学校，也没有培养出新世纪所需要的人才。"（Wagner，2008）为了培养出我们需要的人才，我们不能依赖于教育的偶然和副作用，我们必须改变教育范式。本书下面几章将探讨我们所需的新型教育模式。

参考文献

Gupta, A. K. , & Wang, H. (2011, July 28). Chinese innovation is a paper tiger. Retrieved December 15, 2011, from http://online.wsj.com/article/SB10001424053111904800304576472034085730262.html

MarketProbe, & Sina Education. (2011). *2011 zhongguo jiating jiaoyu xiaofei baipishu fabu* (2011 China family education spending white book released). Beijing, China: Sina.

Oloama, B. (2011, January 25). Remarks by the president in State of the Union Address. Retrieved July 30, 2011, from http://www.whitehouse.gov/the-press-office/2011/01/25/remarks-president-state-union-address

Ong, A. (2012. January 10). Singapore needs to encourage "bad behavior." Retrieved January 20, 2012. from http://www.cnngo.com/singapore/life/tell-me-about-it/alexis-ong-singapore-needs-encourage-bad-behavior – 718985

Organisation for Economic Co-operation and Development (OECD). (2011). *Strong performers and successful reformers in education: Lessons from PISA for the United States.* Paris. France: Author.

Sawyer, D. (Producer). (2010). China beats U. S. in reading, math and science. Retrieved from http://abcnews. go. com/Politics/china-debuts-top-intenational-education-rankings/story? id = 12336108#. TyuwMmNU2Fe

Wadhwa, V (2011, January 12). U. S. schools are still ahead—way ahead. Businessweek.

Wagner, T. (2008). *The global achieverrtent gap: Why even our best schools don't teach the new survival skills our children need—and what we can do about it.* New York, NY: Basic Books.

Zhao, Y. (2009). *Catching up or leading the way: American education in the age of globalization.* Alexandria. VA: ASCD.

财经网. (2010). 李开复：下一个苹果不会出现在中国. [2012 – 01 – 03]. http://www. caijing. com. cn/2011 – 09 – 16/110862857. html

高钢. (2003). 遭遇美国教育. 北京文学, 6 – 35.

高寒冰. (2012). "沈阳雨田中学异地补课"被紧急叫停. [2012 – 02 – 06]. http://news. ifeng. com/mainland/detail_2012_02/04/12288319_0. shtml

国家教委. (1997). 关于当前积极推进中小学实施素质教育的若干意见. [2012 – 02 – 06]. http://www. people. com. cn/item/flfgk/gwyfg/1997/206002199715. html

江苏省人民代表大会. (2012). 江苏省学前教育条例. [2012 – 02 – 06]. http://www. ec. js. edu. cn/art/2012/2/23/art_5944_65502. html

教育部. (1964). 关于克服中小学学生负担过重现象和提高教学质量的报告. [2012 – 02 – 06]. http://news. xinhuanet. com/ziliao/2002 – 03/04/content_2533971. htm

教育部. (2001). 义务教育课程设置实验方案. [2006 – 12 – 15]. http://www. edu. cn/ke_cheng_775/20060323/t20060323_109425. shtml

教育部. (2012). 教育部关于规范幼儿园保育教育工作防止和纠正"小学化"现象的通知. [2012 – 02 – 06]. http://www. jyb. cn/info/jyzck/201201/t20120112_474065. html

今日早报. (2011). 调查：中小学生学习时间远超成人工作时间. [2012 - 02 - 04]. http://chuzhong. eol. cn/news_9136/20111208/t20111208_716949. shtml

吴晶. (2011). 早教市场总值 500 亿 专家建议出台行业规范. [2012 - 02 - 06]. http://news. xinhuanet. com/edu/2011 - 12/20/c_122448958. htm

中共中央，国务院. (1993). 中国教育改革和发展纲要. [2012 - 05 - 10]. http://development. yangtzeu. edu. cn/jyfg/jyglzh/law_12_1202. htm

中共中央，国务院. (1999). 中共中央国务院关于深化教育改革全面推进素质教育的决定. [2012 - 05 - 10]. http://www. china. com. cn/chinese/zhuanti/tyzcfg/885952. htm

中共中央办公厅，国务院办公厅. (2000). 关于适应新形势进一步加强和改进中小学德育工作的意见. [2012 - 05 - 10]. http://vip. chinalawinfo. com/newlaw2002/slc/slc. asp? db = chl&gid = 34952

6 从偶然到必然：改革教育范式

From Accident to Design: A Paradigm Shift

※ 学校的所有经历无非是教会了你如何在专制下生活。

——格蕾丝·卢埃林（Grace Llewellyn）

※ 学校与教育并无太大关系……学校只是给年轻人灌输基本常识的机构。教育则完全不同，真正的教育无法从学校里获得。

——温斯顿·丘吉尔（Winston Churchill）

我能理解为何美国的尖子生热衷于学习物理、化学、数学和古典文学，因为这群聪明的孩子将是未来的教授、科学家、思想家和工程师，他们将推动人类文明的进步。但是我们为什么要勉强具有“不同资质”的学生和他们坐在同一间教室里呢？这就好比训练你的猫为你报税一样——纯粹是浪费时间和金钱。我们为什么不作出更明智的选择，来教这类学生一些像创业之类的更实际有用的技能呢？

这段话出自史考特·亚当斯（Scott Adams）的笔下，他是著名卡通形象“迪尔伯特”（Dilbert）的作者。亚当斯在《华尔街日报》上发表的一篇题为《如何获得真正的教育》（*How to Get a Real Education*）的文章（Adams，2011），替那些不愿意也不擅长于遵循传统教育路线的“不同资质”的学生提出了一个请求。“以上言论均来自于我的切身经历，因为我在纽约州奥尼昂塔的哈特威克学院主修的是创业学，”亚当斯幽默地说道，“但是严格说来，我的专业属经济学范畴。在一所规模较小的大学里学习有一个鲜为人知的好处，那就是你可以按照自己的意愿来塑造自己的学习经历。”

亚当斯打造了属于自己的创业学习模式，他参与了学校一家咖啡屋的管理工作。这家小店由学生经营，学校提供资助。实际上，亚当斯是在它一直处于亏损状态时争取到了“财政部长”一职的。他很快发现了咖啡屋财务系统的漏洞，并向教授提议“建立一套合理适用的财务系统”，并以此获得三个学分。结果他做到了！亚当斯还帮助该团队把自己最好的朋友从吧台服务生的岗位上解雇，然后推举他成为咖啡屋的新任店长，因为他的朋友“缺乏掌握吧台服务技巧的愿望和潜能”，但是“他个子高高的，长得很帅，具有商业天赋，是店长的最佳人选”。于是咖啡屋全体成员投票解雇了这个最糟糕的吧台服务生，而聘用他作为咖啡屋的负责人。“他的工作做得非常出色。”亚当斯补充说。

亚当斯是幸运的，他有机会和自由可以灵活地塑造自己的学习经历，这也得益于他就读的是一所名不见经传的学校。他的那位从“吧台服务生变为团队领导”的朋友也足够幸运，因为他的领导才能得到了赏识和发挥。但遗憾的是亚当斯的经历并不符合现代教育的规范，他只是个例外。

比尔·盖茨在西雅图湖滨中学①的经历也是如此。他很幸运地进入湖滨中学，学校募资为学生购买上机时间，这一举措使得比尔·盖茨在八年级时便有机会接触计算机。在20世纪70年代，很少有孩子能得到这种机会。盖茨非常幸运，学校还允许他免修数学课，这样使得他可以将自己的兴趣放在计算机学习上。事实上，湖滨中学同意他免修很多课程，而绝大多数其他的学校都不会允许学生这样做。盖茨和他的朋友日夜专注于计算机编程而逃课、迟交家庭作业，学校对此通常都睁一只眼闭一只眼。我不确定盖茨的父母和老师的想法，但幸亏他们没有勉强盖茨成为一个标准的“好学生”。如果盖茨在中学时代被严格要求成为一名传统的好学生，那么今天就不会有微软的存在，“Windows”的意思仍然是指“窗户”，而不是计算机操作系统。

史蒂夫·乔布斯的经历也大同小异。他小时候不是一个标准的好学生，但所幸的是他上四年级时遇到了一位好老师。这位老师发现了乔布斯隐藏在不羁行为背后的潜力，并引导他进入阅读的海洋。乔布斯也很幸运地拥有一位信任他的父亲，老乔布斯没有强迫儿子去遵循学校的规则，或因他的不良表现而斥责他，而是将乔布斯转入了更合适的学校。

纵观历史，这类杰出人才的故事比比皆是，很多知名的、获得巨大成功的创业家和创新人才从某种程度上讲都有辍学的经历：比尔·盖茨（微软），史蒂夫·乔布斯（苹果），迈克尔·戴尔（戴尔电脑），拉里·埃里森（甲骨文），马克·扎克伯格（脸谱）等，严格说来，拉

① 参见：http：//www.lakesideschool.org/。——译者注

里·佩奇和谢尔盖·布林（谷歌）也都是辍学者，因为他们没有完成博士学位。伊藤穰一（Joichi Ito）是一名连续创业家，他也是大学辍学学生，最近被任命为麻省理工学院媒体实验室主任。这是世界上最负盛名的计算机科学实验室之一，位于博士云集的世界知名学府——麻省理工学院。伊藤曾在大学里两次辍学。第一次是他在塔夫茨大学学习计算机时，他发现那完全是一件“苦差事”。之后伊藤又进入芝加哥大学学习物理专业，却因觉得学习“枯燥至极”而再次辍学。(Markoff, 2011）麻省理工学院可能是世界上为数不多的有胆量雇用一名大学辍学者来领导一群高学历精英人才的学校。

以上列举的这些人才都因为各种不同的原因最终取得了成功，但很多人却没有这么幸运。世界上可能还有很多的史蒂夫·乔布斯、比尔·盖茨和伊藤穰一，他们被要求学会顺从，被认为是坏学生，被迫退学，甚至在还未来得及展现他们的创业潜力和创新天分时就被告知应该放弃。其原因正如前一章所讨论的，主流教育模式意在生产标准化的“香肠”，而不是培养具有创造力、特立独行的创业者。

主流教育模式

◆ 培养打工者

如前所述，目前的主流教育模式不是在培养创业者，而是在培养如何在现行经济体制下找到体面的工作，并能适应现存社会需求的个体。主流教育模式在设计之初，就是为了培养工业革命时期的大规模生产经济模式所需的劳动力。大规模生产经济模式需要大量具有相同初级知识和技能的工人。在这种经济模式下，不需要大多数的个体都成为革新者和创业者，当然只要社会允许，偶尔也会出现少数伟大的创新人才和创业家。

◆ 规定课程内容

为培养大批具有相同基础知识和技能的个体，必须要设置相同的课程，规定学校应该传授的基本知识、技能，以便让孩子们在社会中发挥相应的作用。由于学校不可能教授所有的东西，因此，确定学校教学内容实质上是在应该教什么和不应该教什么之间作出取舍，然而这种取舍一直以来都备受争议。出于各种原因，对学生而言，究竟什么才是最为重要和必要的知识，人们很难达成一致意见。例如，150 年前，英国哲学家赫伯特·斯宾塞在一篇文章中就提出了“什么知识最具价值？”这样的问题，来为用现代科学取代当时学校的主流课程如拉丁语、希腊语和语法的做法进行辩护。斯宾塞认为当时的社会正处于科技发展带来的转型期，现代科学对生活在此社会背景下的人们而言更具价值。（Spencer，1911）但斯宾塞的建议并非没有受到既有体制的抵制。早在 1894 年，全美教育协会的十人委员会（The Committee of Ten）① 就发表过一项报告，明确规定美国中学应该教授什么内容（National Education Association of the United States，1894）。但仅仅数十年之后，该规定就被全美教育协会的另一委员会的决议所代替。1918 年，中等教育改组委员会颁布了《中学教育的基本原则》（*Cardinal Principles of Secondary Education*）。（*National Education Association of the United States*，1918）这一基本原则对课程设置采用了与赫伯特·斯宾塞类似的实用方法，而摒弃了十人委员会规定的学术标准更严格和难度更大的课程。但这次改革受到很多人的谴责，人们认为“基本原则”是反智的，降低了美国学生的智力。同样地，目前推行的“共同核心标准”依旧是美国试图规定学生的学习内容，以便为学生升学及就业作准备的又一典型案例。

---

① 19 世纪与 20 世纪之交，美国全国教育协会（NEA）成立十人委员会（The Committee of Ten），以督促加强中学学术性课程的地位，突出中学阶段是为大学作准备的升学目标。参见：http：//en. wikipedia. org/wiki/Committee_ of_ Ten。——译者注

尽管人们对具体的课程内容各执己见，但其本质上都是试图为学生规定学习内容。一旦形成明确的规定，便由它来规范和指导学生的学习，也由它来决定学生所接触的教科书、课堂指导、考试乃至课后作业的内容。

◆ 实施阶段：执行课程标准

政府、教育主管部门、家长和教育者们都担负着确保学生能够掌握课程内容的责任。因而课程内容、教材及教辅材料都围绕课程标准进行设置，并确保其在学生的学习生活中占据主导地位。教师培训也旨在确保他们能有效地传授规定的内容。通过考试来测试学生对规定内容的掌握程度，以便在学生完成基础教育后，根据他们对规定内容的掌握程度来决定他们未来的走向——有些进入职业学院；有些进入社区大学；有些进入四年制的本科院校学习；还有少部分进入名牌大学深造。进入不同的学校也决定了他们不同的职业方向，不同的职业又将带来不同的社会地位和经济报酬。因此，学校的类型和在校时间直接影响着学生将来可以找到什么样的工作，获得多少经济收入。

◆ 成功之道

现行教育模式为成功铺设了一条康庄大道，而这种“成功”通常被外部社会定义为考上一所好大学、有体面的工作或收入不菲。这种教育模式有一套清晰定位的教学目标和多种定期检查机制（例如考试）等来确保目标的实现。如果学生能够达到预期目标，他将会得到认可与奖励，他会得到好的考试分数，进入好的大学，进而会得到一份好的工作，有更丰厚的收入，也有可能会得到更好的生活。反之，未能达到标准的学生则会得到低分，他们会被留级或者进行补习。

此种教育模式如同一个善良的独裁者，如果你遵照它的命令行事，它就会褒奖你。在相当长的一段时期内，中国实施的就是这种教育模式。直到20世纪90年代初期，中国的大学毕业生都由政府负责分配工作，也就是说，只要学生能够将规定的知识内容掌握得足够好，并能考上大学，那么他的终身工作就有了保障。

从本质上讲，这种传统的、以就业为导向的教育模式将人的多样性缩减为少数几项所需的技能，如图6.1所示。如果这种教育模式被贯彻执行到位，就能有效地培养出具有相同技能和服从性的人，而这种模式的有效性是由学生的考试分数和学习成绩来决定的。事实上，目前世界上几乎所有的学校都是按照这种模式运行的，唯一的差异在于执行效果不同。那些成功实施这种教育模式的国家，学生的成绩就越高。同时，以就业为导向并成功实施的教育，在强制推行服从和同质化教育的过程中，也成功地淘汰了那些不愿或不能服从命令的学生。他们或被排斥，或主动辍学，社会地位低下，收入微薄甚至找不到工作。尽管他们当中的大部分人没有显赫的社会地位和体面的收入，但是他们中的一部分人还是取得了巨大的成功，他们不鸣则已，一鸣惊人。想想爱因斯坦、雪儿（Cher）、Lady Gaga、史蒂夫·乔布斯和比尔·盖茨不都是这样的人吗？

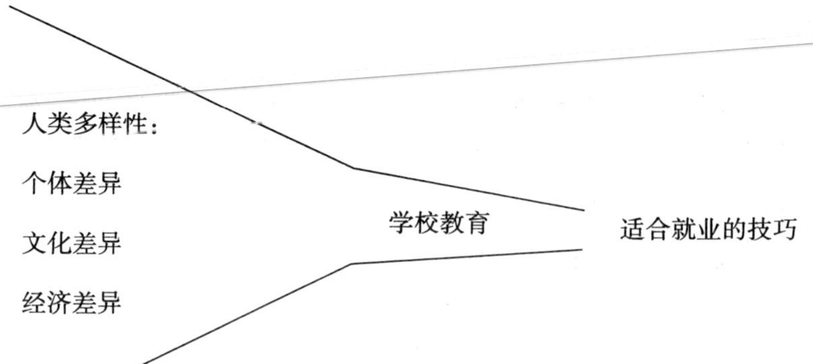

图6.1　以就业为导向的教育模式

对这种教育模式不同的执行程度解释了不同国家间学生的学业成绩差距。中国学生出色的考试成绩来源于中国很好地执行了这种以就业为导向的教育体制，但却是以扼杀学生的创造力和想象力为代价的；而美国的教育，传统上就是执行分权的教育方式，因此缺少全国统一的课程标准，对学校较少控制干预。较少统一标准，较少严格的管理，反而培养了更多的创新人才。换句话说，美国教育在创新人才培养上取得的成功，是强制推行统一和标准化教育的无效性所造成的，因此也为那些被抛弃的创新人才提供了更多的生存空间，而这种空间也导致了美国学生在诸如考试之类的单一评测方式上表现欠佳。

◆ 过时的模式

到目前为止，对大多数人而言，传统教育模式是必要的而且运行良好。这是因为在很长的一段时期内，人类社会以本土为重，与外界缺乏交流，变化缓慢。在这样的社会背景下，保持社会秩序，培养具有相同知识和技能的劳动力对发展本土经济至关重要。或者可以说，本土经济发展的单一性和同质性需要有大量具有相同知识技能的人才，而不是“被淘汰的”或者拥有非凡的、“不正常”才能的人。

这种模式实施得很好的另一个原因是，一帮聪明的人根据以往的经验，轻松地预测出未来，并以此确定所需的知识和技能。在大规模生产型经济作为主流经济模式的社会中，这种模式会运行得很好，因为这样的社会需要大多数人具有相同的知识和技能。这种模式在知识不普及和少数专家垄断技术的社会，同样会实施得很好。

但是，正如我们在第二章所讨论的那样，这样的社会已经不复存在，至少在大多数发达国家是如此。全球化让各国不可避免地受到外部世界的影响，工作机会遍布全球，数不清的人跨越了国界，创意以光速在全球传播，科技进步日新月异……所有这一切都证明阿尔文·

托夫勒（Alvin Toffler）① 的观点是完全正确的：我们的社会已经进入了“第三次浪潮”，工业革命带来的标准化时代已经不复存在。

因此，预测未来就变得愈加困难。由于很多工作被外包或者被科技所取代，我们很难预测未来社会将出现哪种类型的工作；我们甚至不知道孩子们将在哪里为谁工作。因此，大多数人已有这样的共识，我们不再可能为孩子预先设定未来职业所需的知识和技能了。我们很难得知当孩子从学校毕业时，社会可以为他们提供哪些工作，因此，“为就业作准备”的理念只不过是一个美丽的幻想。再者，教师和学校甚至已不再是获取知识和发展技能的唯一或者主要的来源。更为重要的是，不同类型的知识和技能获得认可的机会显著增加。看看现在许多的科学家、喜剧演员、画家、音乐家甚至是电视厨艺节目的烹饪师，在以往大部分的人类历史上，他们都被认为是无用的。

以上变化都要求改变教育模式——从培养雇员转换为培养创新型创业者。在新的教育体制下，创新人才不再是偶然出现的副产品，而应该是教育精心设计培养下的必然结果。

新型教育模式

◆ 以孩子为本

这是另一种教育模式，它不预先假设或者定义什么样的知识和技能是有价值的。在这种模式下，“课程”设置是服从于孩子的，一切从孩子开始——什么是孩子感兴趣的内容；什么知识能让孩子感到兴奋；孩子能够做什么以及他们怎样学习。新型教育模式不会设定孩子属同一类型，因此，也不会给孩子强加人为的标准或根据年龄段和年级水平

① 阿尔文·托夫勒，当今最具影响力的社会思想家之一，1928 年 10 月 8 日出生于纽约，纽约大学毕业。1970 年出版《未来的冲击》，1980 年出版《第三次浪潮》，1990 年出版《权力的转移》等未来三部曲，享誉全球，成为未来学巨擘，对当今社会思潮有广泛而深远的影响。——译者注

来对孩子施加期望值。新型教育模式从孩子的实际情况出发来帮助他们取得进步。此外，这种教育模式也不会将孩子看作等待填充知识的一张白纸，而是把每个孩子都看成是有主动意向与外部世界进行积极互动的个体。

美国伟大的教育家和哲学家约翰·杜威早在80年前就在《经验与教育》（*Education and Experience*）一书中总结了两种教育模式的差异：

> 自上而下的强制灌输与表现个性、培养个性相悖；从教科书中获取知识与从实际经验中获取知识相悖；对抽象知识与技能进行反复操练以达到熟练程度与将掌握知识、技能作为达成目标的手段相悖；不同程度地为未来作准备与把握当前的现实生活相悖；达成一成不变的目标与适应变化的世界相悖。（Deway，1938/1998，pp. 5－6）

◆ 增强与拓展人类才能：追随孩子的兴趣

如图6.2所示，新型教育模式旨在引导、支持和鼓励学生的个性发展，而不是将人类多样化的才能削减为几项有限的适宜工作的技能；

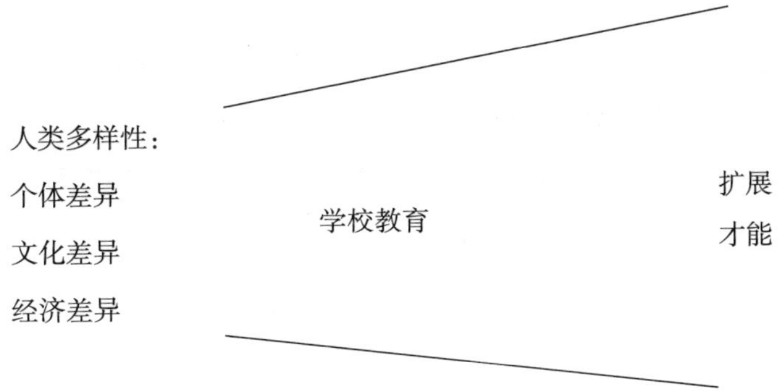

图6.2　以创业为导向的教育模式

该种教育模式增强并扩展了人类的能力和特殊才能，而不是将孩子打造成为标准产品。在这一教育模式下，那些被淘汰的人才将不再被看作异类，伟大的创新人才将不再是偶然出现的副产品，而是精心培养和造就的结果。

如果说新型教育模式否认了共性的重要以及基础知识和技能的重要性，那就错了。一个社会或社区要想正常运转，要求所有公民都应具备基本的知识和技能。新型教育模式通过推动以孩子为中心的教学方法，将学习的责任放在了孩子自己身上，而不是外界的因素。通过追随孩子的兴趣与热情，新型教育模式充分利用了孩子们的内在动因和天生的好奇心以激励他们学习。当孩子们有了学习的欲望，他们会自然而然地探索与获取知识，而不是由外界强加于他们。如果这些知识确实是基础性的，孩子们会不可避免地接触到它们。

新型教育模式也认识到了全球化时代的到来，孩子们不再生活在一个孤立的世界，因此，其学习和生活环境都不应该受到物理环境的限制。他们必须同时成为当地社区的公民、本国的公民和全球公民。因此新型教育模式要求：我们需要的教育应将“全球化社会”视为教育的默认环境。

◆“旧”观念，“新”释义

这种非传统的教育模式的核心理念不是新的。教育的中心应该是学生，而不是由外部规定的知识、技能以及规则。这一理念已经存在了几个世纪。早在200多年前，法国哲学家卢梭就倡导尊重孩子的天性，并反对给孩子强制灌输知识，他说：“我憎恨教科书，它们只教我们去讨论那些我们一无所知的东西。”在卢梭的名篇《爱弥儿：论教育》（*Emile*：*Or*，*On Edcuation*）一书的序言中，他写道：

> 我们对孩子一无所知，我们秉持错误的观念走得越远，陷入迷途就会越深。即使最伟大的作者也只致力于探索一个成年

人应该知道什么，而不去考虑孩子能够做到什么。他们总是把孩子当作成年人来看待，而忽略了他们尚未成人呐。（Rousseau，2011）

卢梭从未具体实施他在《爱弥儿》一书中提及的教育方案。毕竟他的部分观点不切实际，甚至是过于极端的。但瑞士著名的教育改革家裴斯泰洛齐却实施了以孩子为中心的教学法，他渴望“将教育从陈旧腐朽、摇摇欲坠的旧体系中解放出来，并摈弃那些看似新奇、实则肤浅的教学技巧，赋予其永恒的自然力量”（Silber，1965，p. 134）。裴斯泰洛齐的学生，德国著名教育家福禄培尔，创建了一所幼儿园来普及“儿童天生具有自己的创造力和独特性”这一理念。1826 年，福禄培尔的著作《人的教育》（*The Education of Man*）首次出版，他写道：

教育之功用在于鼓励和引导人去自觉意识，深思慎虑，感悟自得；将纯粹与至善等内在的神圣外化于己身己行。教育须示人此命意与修行之道。（Froebel，2005，p. 2）

在随后的两个世纪里，以孩子为中心的教育模式得到了广泛的支持，并得到迅速发展。这一时期，人权的基本意识得到增强，人们更加崇尚自由及对个体的尊重，这使得孩子们的权利得到更加广泛的接受与认可。

◆ 孩子的学习方式

科学研究也给出了很多证据支持“以孩子为中心”的教育方式。以瑞士发展心理学家皮亚杰和俄罗斯心理学家维果茨基的研究为开端，20 世纪兴起了“建构主义”学习理论的变革，从很大程度上改变了人们对于学生和学习过程的传统认知。建构主义心理学家利用丰富的证据证明，孩子是具有个性化需求和背景的独立学习者，他们会利用已有的经验来主动构建知识，而不是被动地接受知识。（Glasersfeld，1989）与此同时，像哈佛大学教授史蒂芬·平克（Steven Pinker）这样的认知科学家们也提供证据证明，人类并非天生就是一块白板，等待教师或者阅历的雕琢。相反，每个孩子都有与生俱来的学习和发展倾向，我们必须尊重他们的这些倾向。像哈佛大学加德纳教授以及曾任职于耶鲁大学斯滕伯格教授这样的心理学家，都曾批判对人类智慧的狭隘理解，他们假定，人各有其擅长的领域，这进一步支持了孩子都是独特个体的观点以及我们必须因材施教的主张。

尽管目前关于孩子独特倾向性的看法还存在分歧，但认知科学家和教育研究者达成共识的是：

1. 孩子天生具有好奇心和学习能力；
2. 每个孩子具备的能力不尽相同，因此不适合接受一模一样的教育；
3. 由于先天和后天的联合影响，孩子们入学时，在认知、情感、身体和社交能力方面存在差异；
4. 孩子入学时具有不同的需求、兴趣和能力；
5. 孩子是具有个性需求的积极学习者；
6. 应由孩子自己承担学习的责任；
7. 当孩子的内在倾向被激发时，学习效果最佳；
8. 尊重、鼓励孩子，提供与他们个人经历相符的，可以引发兴趣的机会，并认可他们的成功，都能激发孩子的学习兴趣。（Bransford，Brown，& Cocking，2000）

因此，教育必须围绕孩子进行构思，并以孩子为中心。好的教育必须满足学生的个性化需求，利用学生的强项，并赋予学生自主权利以使他们自己承担学习的责任。

◆ 杰出的先行者

很多杰出的教育家也是实施“以孩子为中心”的教育模式的先行

者。从1896年杜威建立芝加哥大学实验学校，到1907年蒙台梭利开办第一家“儿童之家”开始，以“孩子为中心”的各种教育模式逐渐兴起。20世纪，随着1919年第一所华德福学校在德国的斯图加特建立，华德福教育体系[①]也逐渐发展和传播开来。第二次世界大战后不久，意大利艾米利亚地区附近的家长开始实行另一种以学生为中心的教育模式，该方法后来被广泛地传播到全世界，即瑞吉欧教学法（The Reggio Emilia approach）。该方法强调让孩子自主掌控学习方向，并赋予孩子足够的机会与途径来展示自己。瑞吉欧学校秉承“生成课程”（emergent curriculum）[②] 的理念，其课程设置基于学生与教师的共同兴趣和热情，并通过讨论和共同计划形成。

类似的例子还有很多，1921年，亚历山大·萨瑟兰·尼尔（Alexander Sutherland Neil）在德国创建了夏山学校，后来移址到英国。夏山学校的教学理念是由学校来适应学生，而不是强迫学生来适应学校。因为夏山学校认为，只有当学生从强制学习中解脱出来，才能达到最好的学习效果。1968年，萨德伯里山谷学校（Sudbury Valley School）在美国马萨诸塞州建校，秉承与夏山学校相似的教学理念，该学校没有设置统一的课程，并给予学生民主的环境，让他们自己根据时间安排日程。1969年，在离萨德伯里山谷学校不远的纽约州阿尔巴尼市，阿尔巴尼自由学校（Albany Free School）成立了，学校同样遵循民主的教育理念和教学方法。

---

① 一位德国企业家依米尔默特（Emil Molt）邀请鲁道夫·史代纳根据人智学的研究成果，为他的香烟厂工人的子弟办了一所学校，并以工厂的名字 Waldorf Astoria 命名为 Freie Waldorf Schule。这所学校办得很成功，受到社会各界的好评，当时人们都认为这是代表未来教育的典范。后来，凡是实践这一教育理念的学校都被称为华德福学校（Waldorf School），也被称为鲁道夫·史代纳学校（Rudolf Steiner School）。参见：http：//baike. baidu. com/view/1313685. htm。——译者注

② 生成课程（呼应课程）既不是教育者预先设计好的、在教育过程中不可改变的僵死的计划，也不是儿童无目的、随意的、自发的活动。它是在师生互动过程中，通过教育者对儿童的需要和感兴趣的事物的价值判断，不断调整活动，以促进儿童更加有效学习的课程发展过程，参见：http：//baike. baidu. com/view/1366653. htm。——译者注

进一步，退两步

◆ 不彻底的变革

尽管如此，“以学生为中心”的教学模式仍然处于边缘地带。如今看来，杜威发起的进步主义教育运动也仅仅是一个历史事件。蒙台梭利模式尽管曾经引起全世界的关注，但实际上全世界只有两万多所学校真正地实践了该模式，其中大部分是私立的、独立且规模很小的学校。华德福学校在全球只有不到5000所。瑞吉欧教学法也只在小范围内实践，且大多为私立学校、学前教育机构或者幼儿园。“民主教育”机构的数量就更少。大体上讲，全世界的公立教育机构基本上丝毫不为以孩子为中心的教学模式所动。当今世界的绝大部分孩子仍然就读于那些给学生强制灌输知识与技能，且止步不前的学校。

更为糟糕的是，我们甚至还在退步。如本书第一章所述，目前全世界都朝着课程统一化的方向发展，以强化传统的教育模式。从《不让一个孩子掉队法案》到“力争上游”项目，再到“共同核心标准”，美国投入了大量的政治和经济资源来统一设置学生的学习内容，并通过高风险考试来确保他们掌握所规定的课堂内容。从全球范围来看，国际学生评估项目以及其他国际测试项目正吸引各国引入国际课程标准和教学方法，以进一步实现教育的同质化。那些具有相对开明的教育系统的国家在倒退，而希望改革教育体制的国家因其沉重的历史包袱也举步维艰。

换言之，随着各国政府动用一切资源确保学生掌握规定的学习内容，今天的教育实际上变得更加独裁与专制。正如丹尼尔·平克曾对我说，我们并没有为未来创造一个崭新的教育模式，而是“忙于完善19世纪的教育系统”。

进化遗留物与变革带来的挑战

我们有充分的理由改革教育模式，但为何今天的教育仍然困在传统模式里寸步难行？当今世界需要更多的创新和创业人才来迎接未来的挑战，并充分利用技术革新和全球化带来的机遇，但为什么全球的教育体系却仍然专注于培养考试高手？在新工业飞速取代旧工业的年代，为什么学校还要强迫学生为他们毕业以后可能都不复存在的工作作准备？生活在这个相互联系、相互依存的地球村里，学生们需要学习如何进行全球合作，但为什么学校仍旧坚持推行具有民族主义色彩的、冷战式的课程来培养学生的"全球竞争力"？当学生已经愈发脱离和厌倦了过时的工业时代课程和教学方法时，为什么还要求学校加大填鸭式教学的力度？在人类的多样性作为宝贵的财富应该得到提倡和利用时，为什么要求学校统一课程以限制学生的教育选择？

传统的教育模式到底为何如此强大？为什么那些心存善意且不乏聪明才智的人们努力追求却得到适得其反的结果？（在此我假设所有人都是单纯且出于好意，尽管很多坚信阴谋论的人认为某些邪恶和贪婪的用心也难辞其咎。）

◆ 进化遗留物

进化遗留物或许是其中的一个答案。2000 年，斯坦福大学生物学家保罗·埃利希（Paul Ehrilich）在他撰写的《人类天性：基因、文化与人类的未来》（*Human Natures*：*Genes*，*Cultures*，*and the Human Prospect*）一书中，将进化遗留物描述为"曾经具有自适应性的组织或行为，其再生能力的积极影响已经衰退或消失"（Ehrilich，2000，p. 34）。进化遗留物的存在是由于"自然进化是没有预见性的"，并且基因进化是个漫长的过程。所以，当环境发生改变时，过去曾经有用的东西在新环境下可能不再适用。我们身体中退化的器官（比如阑尾）

就是一个鲜明的例子。

阑尾和某些进化遗留物可能是良性的，但另外的一些进化遗留物却可能是有害的。例如，在漫长的进化历程中，糖和脂肪曾是很难获取的食物，好吃甜食和高脂食物的天性给我们带来适应环境的优势。但在现代社会，糖和脂肪供应充足，这项进化优势反而变成了导致肥胖症和其他疾病的元凶。进化遗留物之所以非常强大，是因为它是我们与生俱来的一部分，是我们的本能，我们需要付出巨大而自觉的努力才能抵制其影响。

传统教育模式是文化进化的遗留物。它过去曾适用，现在对某些地方、某些人而言或许也仍然有效，但它却对未来无益。然而即便如此，我们也很难摈弃传统的教育模式转而采用新的教育模式。这不仅因为我们已经习惯了传统教育模式，它的运作牵扯到复杂的社会及经济因素，还在于它能极大适应人类的本性，人类自然进化出的欲望：秩序、可控性、竞争优势，以及近期或直接可见的结果。

◆ 传统教育模式的吸引力

传统教育模式因为预先设置好了课程标准而呈现出有序和可控性。我们知道教学内容是什么，而且我们相信这些课程都是有价值的，因为它们都由专家和权威进行设置；通过定期评估的机制，我们很容易得知学生的学习状况及教师和学校的表现。我们也可利用测试的结果去评判学生、教师及学校的价值。这种方法对于手拿公共资金、负责提供高质量教育的官员来说是极具吸引力的：他们可为公众展示各种精心设计的图表及数据，让纳税人感到自己的钱用得确有所值。

传统教育模式对家长也极具吸引力，因为它指明了一条为外界公认的成功之路。传统教育模式有清晰的学习目标及多种检测方式（例如考试）来确保学生达成目标。如果一个学生能够顺利达标，他便会得到好的评价、拿到好的分数，从而进入一所好大学。这些都能使他有机会得到一份好的工作、丰厚的收入，甚至一个美好人生。换言之，一个人可以看到整个比赛跑道，知道该如何完成比赛以及跨越障碍。只要他顺利完成比赛，即可获得奖励。人人都知道、熟知这场游戏并了解规则；只要你遵循规则并玩好这场游戏，你便会获得回报。

传统教育模式的权威力量不仅在于它描绘了一张成功人生的蓝图，还在于它提供了可以随时随地检测效果的方法。这些方法都非常简单：学生是否得到了全 A？学生的阅读标准是否达到他同年级的学生的水平？他的数学是否达到或超过了州标准？他在 SAT（学术能力评估测试）或者 ACT（美国大学入学考试）考试中的得分如何？与同校的学生或者与全国标准相比，他排在什么位置？

此外，传统教育模式满足了与他人竞争及攀比的需求，因为它将教育简化成了几个简单的可以衡量的指标，即考试成绩。已故的美国哈佛大学古生物学家、科学史学家史蒂芬·杰伊·古尔德（Stephen Jay Gould），因其在进化论普及方面的杰出贡献而享誉全球。他在《人的误测》（*The Mismeasure of Men*）一书中，有力地揭穿了人类智力的生物决定论以及用简单的 IQ 测试来衡量人类智商的谬论。古尔德指出，“具体化”的哲学谬误，或者说这种“将抽象概念具体化的趋势”使得 IQ 测试，或其他诸如根据头盖骨的大小来判定人类智商的测试方法得到广泛认可。“我们承认人类智力的重要性，也希望能对其进行描述……因此，我们用‘智商’一词来描绘一套异常复杂的和多方面的人类能力，然后这个简化符很快被具体化，‘智商’也作为一个单一指标被赋予了模糊的定义。”我们对事物进行排序的愿望也在发挥作用。人类都有一种“将复杂变量按照递增规律进行排序的偏好……然而排序需要按照一定的标准将所有个体排列到一个单一序列中合适的位置上，难道还有比客观数据更好的标准吗？”（Gould，1996，p. 56）

传统教育模式将教育简化为几项简单的指标——几门有限学科的考试成绩，并将它们普及到各个学校、各州甚至全国，以便于家长、政府和公众可以快速判断出他们的孩子、学生或者学校在与他人相比时所处的位置，这就是为什么国际学生评估项目虽然只测试了各国 15 岁学生在三门学科中的表现，但却被当作衡量一个国家教育质量和经济竞争力的一个重要风向标。

阻碍我们进行大手笔变革的另一大原因在于，我们缺少预见长远和重大的变革的能力。加州大学洛杉矶分校教授、普利策奖获得者贾雷德·戴蒙德（Jared Diamond）教授在他 2005 年出版的《崩溃：社会如何选择成败兴亡》（*Collapse：How Societies Choose to Fail or Succeed*）一书中，对那些曾经辉煌一时，却最终走向灭亡的社会的命运进行了分析（Diamond，2005）。他发现一个社会没有能力察觉或者不愿意接受那些远期的和巨大的变革，没有为之作好相应的准备，是导致该社会走向灭亡的主要原因之一。这种无能还将导致人们转而追逐短期效益和寻求当下的满足。最近一次的次贷风波引发了严重的经济危机。在这一经济危机爆发前的几年，社会呈现出一片歌舞升平，因为所有的短期经济手段看起来都非常美好：人们买到房子，银行家得到丰厚利润，抵押放贷者获得高额回报，消费者充满了信心。但现在我们知道这个故事的结局了：在繁荣景象的掩盖下，社会危机四伏，风暴一触即发——但不幸的是，所有的预警信号均被忽略了。历史上类似的案例不胜枚举，正如英国历史学家阿诺德·汤因比（Arnold Toynbee）警告的那样：“文明的消亡皆因自杀，而非他杀。”

正如本书到目前为止所讨论的，我们正面临着社会的巨大变革。这些变化要求我们转变教育模式，而不是去修复传统的模式。把马车改进得再完善，我们也上不了月球。我们需要创造出全新的交通工具。在接下来的几章，我将讨论在“以学生为中心”的模式下，旨在培养创新和创业人才的新型教育的组成要素。

参考文献

Adam s, S. (2011). How to get a real education. *The Wall Street Journal.* Retrieved from http: //online. wsj. com/article/SB10001424052748704101604576247143383496656. html

Bransford, J. D., Brown, A. L., & Cocking, R. R. (Eds.). (2000). *How people learn: Brain, mind, experience, and school.* Washington, DC: The National Academies Press.

Deweyt, J. (1998). Education and experience: The 60th anniversary edition. Bloomington, IN: Kappa Delta Pi. (Original work published 1938)

Diamond, J. M. (2005). Collapse: *How societies choose to fail or succeed.* New York, NY: Viking.

Ehrlich. P. R. (2000). *Human natures: Genes. cultures, and the human prospect.* New York, NY: Penguin Books.

Froebel, F. (2005). *The education of man* (W. N. Hailmann, Trans.). New York, NY: Dover Publications.

Gardner. H. (1983). *Frames of mind: The theory of multiple intelligences.* New York, NY: Basic Books.

Glasersfeld, E. (1989). Cognition, construction of knowledge. and teaching. *Synthese*, 80 (1), 121 - 140.

Gould, S. J. (1996). *The mismeasure of man.* New York, NY: Norton.

Markoff, J. (2011, April 26). M. I. T. Media Lab Names a New Director. The New York Times, B1. Retrieved from http: //www. nytimes. com/2011/04/26/science/26lalo. html

National Education Association of the United States (Commission on the Reorganization of Secondary Education). (1918). *Cardinal principles of secondary education: A report of the Commission on the Reorganization of Secondary Education.* Washington. DC: Department of the Interior, Bureau of Education.

National Education Association of the United States (Committee on Secondary School Studies). (1894). Report of the committee of ten on secondary school/ studies: With the reports of the conferences arranged by the committee. New York. NY: American Book Company.

Rousseau, J. -J. (2011). Emile, or on education. Available from http://www.gutenberg.org/catalog/world/readfile?fk_files=2232329

Silber, K. (1965). *Pestalozzi: The man and his works.* London, England: Routledge and Kegan Paul.

Spencer, H. (1911). Essays on education and kindred subjects. Available from http://www.gutenberg.org/files/16510/16510_h/16510-h.htm

Sternberg, R. J. (1985). *Beyond IQ: A triarchic theory of human intelligence.* New York, NY: Cambridge University Press.

7

学习的自由：学生自主权利与领导能力

Freedom to Learn: Student Autonomy and Leadership

※ 教师在学校中的作用并非是给孩子强制灌输某种观念或使他们形成某种习惯，而是作为社区的一员选择性地对孩子施加影响，并引导孩子对这些影响做出恰当的反应。

——约翰·杜威(John Dewey)

※ 每个孩子都应该接受教育，但也必须留给他们自我教育的空间。

——欧内斯特·蒂姆尼特(Ernest Dimnet)

1999年，英国皇家督学（Her Majesty's Inspector of School）内维尔·格雷亚（Neville Grenyer）在给英国教育及儿童服务与技能标准局①写的一份报告中指出："夏山学校未给学生提供良好的教育：学生在学业上是否有足够的进步，是否达到与他们能力相适应的标准，竟决定于学生的自我意愿；因此，绝大部分学生的课程设置松散脱节，范围狭窄，极有可能对他们未来的选择产生负面影响。"格雷亚指责："夏山学校将教育自由与不受教育的消极自由混为一谈，因此大多数学生误将'偷懒'当'自由'。"这份报告总结道："夏山学校在下列几个方面均未达到1996年教育法案制定的学校注册标准：教学效果不佳，目标设置不当；住宿条件存在安全隐患并未有改善；学校未给学生提供适宜的居住环境。"

英国教育和就业部部长戴维·布隆克给夏山学校半年的时间改变现状，否则便面临停办（Smithers，2000）。但是学校拒绝照办，并将政府告上法庭。在伦敦高级法院进行了三天听证会后，夏山学校与英国教育标准局庭外和解并达成一致意见，即英国政府收回对夏山学校的指责，并免除每年一次的督学检查。结果这场官司以英国教育和就业部支付高达20万美元的诉讼费告终。（Smithers，2000）

2007年，英国皇家督学朱迪斯·马莎茹（Judith Matharu）和其他三位督学再次对夏山学校进行了检查，他们给出了一份评价颇高的报告：

> 这是一所好学校，具有几个显著特点。学校一直秉持好的教学标准，教学经费支出物有所值。学校办学成绩显著，高于全国平均水平并且仍在不断提高。学校采取了积极有效的措

---

① 英国教育及儿童服务与技能标准局，原名英国教育标准局（British Office for Standards in Education，Ofsted），是一个直接对英国国会负责的组织，于1993年在英格兰设立，由皇家督学长领导，负责中小学的视导工作。因为教育视导法案（Education and Inspections Bill）的通过，Ofsted的全名更改为英国教育及儿童服务与技能标准局（The Office for Standards in Education，Children Services and Skills，Ofsted）。——译者注

施，来提高学生关键阶段4（Key Stage 4）① 的教学标准，这些改进措施持续不断并颇见成效。师生均以校为荣，关系和谐，学生都很享受学习过程。在和谐、安全的校园环境中，学生的出勤率很高。学生们得到了充分的个人发展，学习态度积极、表现出色。学生享受自己受鼓励而创造的学校生活。校方始终如一地为学生提供优质而富有挑战性的教学，使学生学业成绩优异。生动活泼而富有启发性的课程，为学生能力的全面发展提供了机会。（Matharu，2008，p. 4）

也许有人认为这无非又是一所差学校变成好学校的励志故事。但事实上，根据夏山学校的现任校长佐伊·里德黑德（Zoe Readhead），也就是学校创办者尼尔的女儿所说，学校从未做过任何改变。夏山学校的网页上也记载道："夏山学校自 1921 年创办以来，就未做过根本性的改变。"（Summerhill School，2004）由此可见，发生转变的是政府，而非学校。在英国《卫报》的一篇报道中，里德黑德谈道："政府过去拒绝接受学校充分尊重个体发展的办学理念，比如：学生在课堂外也能学得很好。现在证明我们是正确的了。"（Shepherd，2007）

夏山学校与英国政府之间的较量其实是第六章所谈到的两种教育模式之争。较量的核心在于孩子们的学习究竟应该由谁来做主。政府想让学生按政府规定的所谓正确方式来学习，然后通过政府认可的测试来评估学习效果。而夏山学校的教育理念是自由——学生学习的自由，由学生自己来决定学什么、怎么学，以及是否愿意接受测试。因此，夏山学校的胜诉是其教育理念的胜利，也是其教育模式的胜利：信任孩子，应该由孩子们自己，而非任何外在权威来支配他们的学习。

① 英国中学教育持续 7 年，分为两个阶段，16 岁前阶段和 16 岁后阶段。16 岁是指英国学生的教育年龄。英国学生在 14 岁之前要学习科目众多的中学教育课程，并在 14 岁时参加关键阶段 3（Key Stage 3）的考试。学生从 14 岁开始，除了学习英语、数学以及科学类等核心课程以外，还需要学习四到五门选修课程，两年后，也就是 16 岁时，参加关键阶段 4（Key Stage 4）的考试。——译者注

夏山学校是位于英国东部萨福克郡的一所规模很小的私立寄宿学校。1921年，苏格兰教育家亚历山大·萨瑟兰·尼尔（Alexander Sutherland Neill）创办学校时只有5个学生。现在夏山学校有大约100个5~18岁年龄段的学生。尽管学生数量少，但夏山学校自成立起就成为世界上最著名且最具争议的学校之一。与英国政府之间的这场官司则更是把学校推上了风口浪尖，甚至激发了英国广播公司（BBC）以此故事为原型拍摄了一部电视剧。

夏山学校的建立宗旨就是为孩子们提供一种与传统教育截然不同的教育模式，时至今日，还有很多人认为其另类。而夏山学校的办学宗旨，也是创办者尼尔的理念，即“孩子生来而应该铸造自己的人生——不是焦虑的父母认为孩子们应该成就的人生，也不是自认为知无不尽的教育学家们为孩子们设计的人生”（Summerhill School，2004）。遵从这样的理念，学校只能以学生为主体，给学生学习和生活上最大程度的自由，但前提是，学生要遵从他们自己制定的，或者是通过民主程序和社区其他成员一起制定的规则。在夏山学校的网页上，有这样五句话充分体现了夏山的办学主旨：

> 试想有这样一所学校……
>
> 在那里，孩子享有充分的自由，无拘无束……
>
> 在那里，成功不以学习成绩而论，而是由学生们自己去定义……
>
> 在那里，学校的大小事务都由民主协定，每一个人都有同等的权利阐述自己的想法……
>
> 在那里，如果你想，你可以整天玩耍……
>
> 在那里，你有足够的时间和空间坐下来梦想……

在夏山学校，学生享受自由的程度让大多数成年人感到难以置信，甚至惊讶。比如，学校不强迫学生出勤。如果一个孩子想在树上待一整天、一星期甚至一年，他都可以这样做，而且不会受到大人的干扰。

事实上，根据1949年尼尔的观察报告（Neil，1960）：一位在夏山学校待了13年的学生，没有参加过一次正式的课程，但最后却成了精密工具和精密仪器制造专家。2008年，16岁的韩国学生朴裁恩（Chae-Eun Park）向英国《独立报》记者说："在这儿我们可以做任何自己想做的事儿。"（Stanford，2008）

事实的确如此，学生们在夏山学校可以做任何他们想做的事儿。英国《独立报》记者在夏山学校的所见所闻中记录了这些情景：

> 正午，当校长巡视时，虽然仍是上课时间，但大多数学生却不在教室里。一个十几岁的女孩儿正全神贯注地读着一本小说；三个小伙伴正热火朝天地进行着乒乓球比赛；在木工作坊里，伴着响亮的音乐，学生们正忙于木工制作项目。
>
> 这样的课堂内容多样，由学生主导。在一间教室里，一位教师和一个10岁的女孩儿一起商议着她希望学习哪一个时期的历史；另一个男孩坐在电脑前研究战斗轰炸机；两个日本女孩儿正翻译一本小说。在隔壁一间舒适的小屋里，放满了各种书籍，一个女孩儿正躺在沙发上阅读；而她的同学却在懒人沙发里睡着了，膝盖上还放着一本打开的罗尔德·达尔撰写的《世界冠军丹尼》（*Danny the Champion of the World*）。（Stanford，2008）

夏山学校的大人和老师都习惯给予学生足够的自由。英国《卫报》的一位记者写道：

> 上午的科学课时间已经过半，教室里仍只有一个人，就是大卫·里伯德（David Riebold）老师。他望着早已摆放好的试管，对记者说："这是近段时间来第一次我的课堂上没有学生，但是备课是随时都要做的。"学生缺课在夏山学校不是一件大不了的事儿，在这所英国最前卫的学校里，学生自己制定规

则，有权选择不去上课而去玩，或去干自己想干的事。（Shepherd，2007）

不言而喻，夏山学校既没有遵从英国国家教学大纲，也没有强迫学生参加考试。但是正如学生们可以根据自己的兴趣来选择学习内容一样，学生也可以选择参加英国普通中等教育证书考试，即GCSE考试，这一考试是英国专为接受中等教育的毕业生所设的国家资格考试。

虽然学生有随意支配时间的自由，比如去阅读、爬树、睡觉或者上课，但禁止做对他人或社区会造成伤害的事情。因而也必须施行规章制度，但这些规章制度都是通过民主的程序制定的。在学校会议上，夏山学校的所有成员，从孩子到成人都具有同等的权利来议定校规。学校会议通常在每周周一、周三和周五的下午1:45至2:30举行。学校会议有“立法”和“司法”的双重职能，校规的制定和修改采用多数票原则。如有人违反校规，亦由会议来进行裁决，通常以罚款方式进行处罚，但要多数票同意。

学校会议是非强制性的，校内的每个人都可以参加。学生和教职员工具有同等的权利，因为学生的人数多于老师，这意味着学生的影响力大于老师的影响力。而校规一旦确定下来，学生和教职员工都必须遵照执行。

虽然夏山学校既不强制要求学生参加英国普通中等教育证书考试，也不刻意要求学生进入大学学习，但是学生的考试成绩却非常优异，夏山培养出很多优秀的大学毕业生。今天，甚至连英国政府都不得不承认夏山是一所好学校。在过去90年的办学历程中，夏山学校培养出了一大批优秀的艺术家、音乐家、舞蹈家、演员、摄影家、教授、对冲基金分析师以及其他专业人才。（Riding，1999；Shepherd，2007）更为重要的是，很多毕业生都非常珍惜他们的学校经历。相对于传统的评价指标，诸如大学升学率、考试成绩以及是否拥有功成名就的校友等，这是一个更具说服力的评价学校成功与否的标准。

夏山学校没有刻意培养创业人才和创新型人才。事实上，除了让学生做好他们自己以外，学校没有任何明确的培养目标。“在个人权利还不能像今天这样得到尊重的那个年代，大多数的孩子还时不时会在家挨打，培养孩子的核心问题就是让他们服从纪律。”而夏山学校却为孩子提供了一个不同的教育环境，孩子们可以按照自己的意愿学习和发展。（Summerhill School，2004）夏山 90 多年的办学历程说明：“当学校给予学生充分的自由做他们自己的时候，学生们能够学会自信，宽容和理解。”（Summerhill School，2004）

虽然夏山和其他“崇尚自由”的学校从来没有也不会去刻意培养创新人才，但它们的教育理念与方法却恰恰体现了一种新的教育模式的基本原则，这样的教育模式是培养创业和创新人才所必需的 。因此，夏山精神应该从“边缘”走向“核心”；从“非正统”变为“主流”。因为它为我们今天的教育所面临的巨大挑战提供了部分解决方案，就像本书一直所讨论的那样。

参与的主动性

◆ 将学习的责任还给学生

给学生充分的学习空间，允许他们做自己想做的事儿，这被很多学校和成年人认为是不负责任的行为。正如英国教育标准局指控夏山学校“将教育自由和不受教育的消极自由混为一谈”，从而导致学生误将“懒惰当作自由”。但事实上，夏山学校这样做是允许学生发展自己的兴趣，教会他们为学习担负起责任。只有学生真正学到他们想要学习的东西，并开始学会为自己的学习和生活承担起责任，他们才能真正地参与到学习中来。当强迫他们学习他们认为无关的东西，那么，不管成年人认为这些知识对学生将来的发展多么重要，学生也只是尽量做做样子，越来越疏远学习，甚至干脆退学。

学生对学习参与程度不高一直是传统教育的一大困扰。虽然学生有很高的学习热情，但他们时常会觉得学校的课程枯燥无味，而不再主动学习。在2008年的美国高中毕业生里，尽管有超过91%的高中生希望拿到高中文凭，有87%的学生希望能进入大学深造，但有大约1/4的人退学或者没有按时完成高中课程。学生对学习感到厌倦了。根据对美国40个州，超过3.5万名高中生的一项纵向调查显示，只有2%的学生从来不觉得学习枯燥；2/3（66%）的高中生认为待在学校的每一天都枯燥无味。而导致学生厌倦学习的两大主要因素是“学习材料枯燥”（81%）以及“缺乏实用性”（42%）。调查结果发现：2009年，有超过50%的高中生逃过课，在五个学生当中就至少有一个学生考虑退学。导致这种情况有如下原因：“我不喜欢学校”（50%）；“我感觉我学习的东西在以后的工作中没有价值”（42%）；“我不喜欢老师”（39%）。（Yazzie-Mintz，2010）如果学生是受社会或者家庭因素所迫而不得不学习的话，他们就会按部就班地学，但学习对于他们来说，可能不仅毫无乐趣，甚至还会造成严重的心理创伤。汤姆·洛夫莱斯的发现，即学生的快乐和自信程度与TIMSS考试的数学成绩成负相关，就是一个极具说服力的例子。同样，正如《再探优秀少数族裔之谜：用跨学科研究方法揭秘亚裔美国学生教育经历》（*Model Minority Myth Revisited：An Interdisciplinary Approach to Demystifying Asian American Educational Experiences*）一书的作者们所观察到的一样，亚裔美国学生大都承受着巨大的心理压力。（Li & Wang，2008）

然而在夏山学校，英国皇家督学在1949年所看到的却是：“孩子们充满了活力与激情，厌倦与漠然毫无踪迹可循。”（Neill，1960）2008年英国政府的报告则这样描述夏山学校的学生：

> 他们表现成熟，能为自己的行为负责，学习态度积极。因此，夏山学校的学生非常享受在校的学习生活……学生课堂出席率高于全国平均水平。他们的良好表现以及对基本技能的高

水平掌握能让他们在未来生活中应对自如。（Matharu，2008，p. 5）

此外，尽管夏山给予学生充分的自由，但学生的学习成绩却高于英国学生平均水平。2007 年督学报告写道：

夏山学校学生的学习成绩持续高于全国平均水平。学生进校时的成绩略高于全国平均水准，完成 9 年教育之后，他们的成绩大大高于全国学生的平均成绩。2007 年，夏山学生在关键阶段 3① 中的各科考试成绩均超过全国平均水平，尤其学生的英语比 2006 年有显著的进步，名列全国前百分之一。尽管过去三年，夏山学校和全国学校平均成绩之间的差距已弥合，但学生在关键阶段 4 结束后的学业水准也远远超过全国平均水平。过去三年中，在英国普通中等教育证书考试的英语和数学测试中，夏山学校的学生获得 A-C 的人数比例远远高于全国平均水平。（Matharu，2008，p. 5）

主动性和创新性

◆ 培养创业精神

此外，允许学生自由选择学习的内容，能够帮助学生学会掌握主动性，这是创业精神的必备素质之一。当学生有了学习的自由，他们就必须主动决定做什么；当学生能做他们想做的事情，他们就有责任在

---

① 关键阶段（Key Stage）是英国公立学校系统对各年龄阶段学生知识学习预期的安排。包括如下几个阶段：关键阶段 0，即托儿所（3—5 岁），通常称为基础阶段（Foundation Stage）；关键阶段 1，即 1—2 年级（5—7 岁）；关键阶段 2，即 3—6 年级（7—11 岁）；关键阶段 3，即 7—9 年级（11—14 岁）；关键阶段 4，即 10—11 年级（14—16 岁），结束考试称为普通中等教育证书考试（General Certificate of Secondary Education，GCSE）；关键阶段 5（通常称为第六学级，Sixth Form），即 12—13 年级（16—18 岁），结束考试包括中学高级水平考试（A-Level）、中学准高级水平考试（AS-Level）、国家职业资格考试（NVQ）和 HND。参见：http：//zh. wikipedia. org/wiki/% E5% 85% B3% E9% 94% AE% E9% 98% B6% E6% AE% B5——译者注

身。相反，如果一味要求学生按照规定的程序办事，他们就只是按部就班。规定越细，学生发挥主观能动性的机会就越少；规定越多，风险也越少。结果，孩子们成了只知顺从的附和者，只去寻找大人们认为正确的答案。

同样，给予学生学习的自由，而非强迫他们遵从规则，完成既定任务或者是顺从外界期望，能更好地保护学生的创新意识。而创新意识恰是创业者的重要素质之一。传统学校教育不但不能培养学生的创造力，甚至还遏制了学生创造力的发展。波士顿大学心理学教授约翰·达西（John Dacey）和凯瑟琳·列侬（Kathleen Lennon）在他们合著的《认识创造力：生理、心理及社会因素的相互作用》（*Understanding Creativity: The Interplay of Biological, Psychological, and Social Factors*）一书中谈道：

> 大多数孩子天生具有好奇心和丰富的想象力，但他们进入学校以后，就变得谨小慎微，缺乏创新精神。不幸的是，很多学者的调查研究表明：学校教育是罪魁祸首。教师、其他教育工作者和教育体系一起扼杀了孩子们的创新欲望 。（Dacey & Lennon，1998，p. 69）

这是因为传统的学校教育要求学生绝对一致与顺从。学校教育的职责在于尽可能多地向学生灌输规定的知识内容，因此学校的首要目标是保证学生顺利完成外部制定的各种标准。而过分看重成绩、考试分数这些成功的外在量化指标，必然给学生带来压力并向学生传递一种信息，即学习成绩最重要。获得优异成绩不是为了自己，而是为了取悦他人。（Ablard，1997）因此，学生逐渐失去了学习的兴趣。有研究表明，天才少年的父母很少拿这些外在的标准要求自己的孩子。（Ablard & Parker，1997）夏山学校的经验也表明，当一所学校并不在乎外在评判标准的时候，孩子们会变得更具自信心和创造力。

优势与卓越人才

◆ 追随自己的热情

如果给孩子们自由去做自己想做的事，就能使他们发现和利用自己的优势，并保持住那些不符合外定标准的特殊才能。创新人才通常都充满激情，懂得如何扬长避短。激情的驱动和自由的空间，使他们能利用一切资源来强化自身优势，而非浪费时间去模仿他人。如前所述，成功的创业人才需要具备独创精神，能推陈出新。而独创性不是来源于标准化的经验，相反，它来源于一个人可以成为真实自己的自由。

传统教育模式将学生置于统一的“生产线”上，以期生产出标准化的产品，因此降低了培养学生独创性的可能。下面是一个生动的例子：在中国重庆，一位15岁的初三学生杨越，去年花了一整年的时间创作了一部长达60万字的历史穿越小说。杨越成了班里颇有名气的小作家，同学们愿意付费阅读其作品。据他的老师和一些专家所说，杨越的小说充满了丰富的想象力。事实上，一个15岁的孩子能够坚持不懈、用心完成这样一部大作本身就是值得称赞的。但是，为了准备即将到来的高中入学考试，杨越的父母和老师都要求他停止写作。连中国西南大学的一位心理学专家也这样说道：“作为一个中学生，他应该专注于学习，学生的首要任务是学习。”（付迪西，2012）

教育环境

◆ 强制与给予

给予学生自由并非意味着教师无事可做或者不履行教育职责，也不意味着完全不对学生施加影响。恰恰相反，新的教育模式给学校领导和教师提出了更大的挑战，因为他们的基本职责发生了转变，从按部就班地向学生灌输设定的知识内容，转为向学生提供一个真正有意义的、能让学生主动参与的教育环境。这样的教育环境同样要给学生加以约束，避免他们养成不良习惯，做出不当的行为。

为使孩子得到全面发展，一个良好的教育环境必须至少具备三个相互关联的元素：安全、健康、赏心悦目的物理环境；愉悦、友好、能够得到充分支持的社会情感环境；以及丰富、激励、多样化的认知环境。物理环境是学生接受教育的物理空间，具体指校园和学校建筑。社会情感环境是校园文化，具体指价值观、社会互动的规则以及学校有效利用人力资源，为学生的学习提供支持的机制。认知环境是指教职员工的智慧和爱心，教与学的互动，以及能使学生从认知角度参与的其他资源。

这些教育环境从表面上看和传统教育环境并无明显差异，但事实上，它具有区别于传统校园环境的一系列明显特征。传统教育在于高效地传递既定内容，目的是标准化与强制。然而，新教育模式是关于进一步发展与加强学生的兴趣与理想，旨在包容和支持。这些差异主要体现在以下三个方面：多样性、学校结构与组织、以学生为主体。

◆ 多样性

研究一向表明，丰富且复杂的环境对于实验动物和人的思维发展以及学习都有极其重要的影响。已故加拿大心理学家唐纳德·赫布（Donald Hebb）在20世纪40年代对实验室白鼠进行了长期观察。他把实验室白鼠带回家做孩子们的宠物，允许这些白鼠在房间里乱跑。几周后，这些白鼠解决问题的能力明显高于留在实验室的白鼠。（Hebb，1949）科学家们还从不同的学科角度来研究环境对思维发展和认知功能的影响因素。虽然研究的细节有所不同，但一种典型的研究方法是将实验白鼠和其他动物分别放置在复杂和单一的环境中，然后比较他们在穿越迷宫时的思维适应性和解决问题的能力。复杂的环境是指，一个装满了各种物体的笼子，比如小秋千、木头障碍物、塑料管道和镜子等。而单一的环境则是一个空笼子。另有一些研究通过比较集体放置在笼子里的白鼠和独自放置的白鼠的不同行为，来探索社会互动行为的影响。各项研究结果都高度一致：在复杂环境中的动物，行为表现明显胜过那些在单一环境中的动物。在认知活动中，它们的表现更为突出。（Hebb，1947）每个神经元都有更多的神经突触，大脑的可塑性也更强。（Beckett et al.，2006；Briones，Klintsova & Greenough，2004；Rampon et al.，2000；Renner & Rosenzweig，1987；Rosenzweig & Bennett，1996；Sirevaag & Greenough，1987）

贫乏的环境对认知、社会化及体能的发展都有着持续破坏性的影响。一个令人吃惊的案例是：在20世纪80年代，齐奥赛斯库统治下的罗马尼亚，有许多声名狼藉的孤儿院，数以万计的孩子被安置在这里，这些孩子（甚至包括刚刚出生一个月的婴儿）的生活条件非常恶劣，比如，保育员与三岁以下婴儿的比率为1：10，与三岁以上的孩子的比率为1：20。孩子每天被放置在婴儿床里长达20个小时无人照顾。（Chugani et al.，2001）齐奥赛斯库政权倒台以后，一些孩子离开孤儿院并被美国、英国的一些家庭收养。对这些孩子的跟踪调查表明，他们的社交能力、认知能力和体质发展都有严重的缺失。（Kaler & Freeman，1994）对他们的大脑研究也显示出这些孩子大脑的新陈代谢能力减弱，表明他们的大脑曾经遭受过损害。（Chugani et al.，2001）

当然，现代学校不可能像声名狼藉的罗马尼亚孤儿院那样给孩子们提供如此恶劣的环境。但是，对单一学习模式的过度关注极有可能减少教育环境的多样性，并给孩子增加不必要的压力。比如，美国《不让一个孩子掉队法案》规定减少课程设置，减少学生休闲、午餐及其他一切非学术活动的时间，其结果是大大削弱了教育环境的丰富性，剥夺孩子学习艺术、音乐、进行野外旅行及运动的机会，以便让他们专注于学校规定的课程内容和考试，这势必会形成单一的教育环境。

因此，我们不要“好心办坏事”。当然，对一个学校来说，在一个崇尚标准化和应试教育的体制下，要抵制来自政府的压力是非常困难的。因此，学校很难继续提供灵活宽泛、丰富多彩的课程，尤其那些已被政府认定未达标的学校。但是，学校应该坚持为学生们提供多样化和丰富的教学环境，正如夏山学校所做的那样。再比如位于美国华盛顿州贝灵翰姆的罗斯福小学，是一所公立学校，尽管学校在标准化考试中的分数并不理想，并未达到《不让一个孩子掉队法案》规定的“适当年度进步计划”，但学校还是增加了艺术类课程。这所学校拥有大量的贫困学生和少数族裔学生，根据《不让一个孩子掉队法案》，该所学校被认定为“不合格学校”。罗斯福小学没有像大多数学校那样，只关注数学和阅读课程，而减少其他课程。相反，它整合资源为全校学生增加了25%的艺术教育机会。学校注重培养学生的创新和批判性思维，并为学生提供公开展示自己作品的机会。罗斯福小学的校长斯蒂夫·摩尔斯（Steve Morse）在一次采访中向我谈道：“家长们都很赞同我们的理念，学生对学习的参与度也很高。”当我和该校的学生家长以及教师们交流时，他们也表示赞同校长的观点。

一个丰富的学习环境不仅对孩子的认知能力、社会性和体质发展至关重要，同时也使学生有机会开展不同的活动，发现自己的兴趣和自身优势。此外，丰富的学习环境还能够满足不同学生的需求，使每个学生都能有自己的选择并乐在其中。因为学生来自不同的家庭背景，拥有不同的兴趣及长处，没什么选择余地的教育环境不可能满足每一个学生在学校的需求。

谈到学校的物理环境，一个多元化的物理环境从某种程度上讲意味着学校应该具备弹性的空间——既适合团体工作，又适合个人工作；既能满足团队集会，也能满足个人用途；既可进行教师为主导的活动，也能进行学生为主体的独立活动，也意味着为培养音乐家、运动员、艺术家、舞蹈家、数学家、人类学家、时装设计师、工匠、辩论家以及社会领导等各种人才提供便利条件。换句话说，为培养创业人才而设计的学校，就不能只有“千篇一律”的教室。

传统学校最为常见的认知活动是课堂以老师为主导，向学生传授课本知识。而一所旨在培养创新和创业人才的学校不能只为学生提供一种认知活动。首先，在课堂形式上，学校应该提供多样化的选择：既有传统的贯穿整个学期的45～50分钟的课堂教学，也有针对某一特殊话题的简短讲授；还可以带领学生参观博物馆，以及跟随某一领域的专家进行长期项目研习。其次，就课程内容而言，学校应设置丰富多彩的教学内容，尽可能地不拘泥于课本。此外，学校应该为学生提供走出校园的机会。比如与当地社区的专家进行互动，或者与某个领域的专业人员进行远程在线交流。

打造丰富的教育环境的另一主要因素在于学校是否拥有一个多元化的人才队伍——教职员工，或其他能作为榜样的人，如辅导员、评论员、朋友、合作者、助理和教师等。在传统的教育模式下，选择教学人员的标准是他们对所教课程内容的掌握程度和传授知识的技巧。但在新的教育环境下，我们需要教师作为团队中的一员，充满热忱并具备和学生一起工作的才能。一个学校的人才越多元化，教育环境就越丰富。

除此之外，学校还应广泛吸纳校外人才参与教学。比如，密歇根州安娜堡的社区高中，提供的“社区资源课程”，就是一种由社区成员中的专家担任教师的合约式的学习经历。（Community High School，2012）学生可以与社区内任何领域的专家一起商议和制定从家中或社区里发现的值得研究的课程。如果“社区资源”被批准认可，学生就可获得高中学分，达到毕业要求。

◆ 学校结构与组织

在典型的传统学校中，教育环境通常具有严密的结构，由学校制定的规则来管理。斯坦福大学的大卫·泰克（David Tyack）和威廉·托宾（William Tobin）教授在一部重要作品中创造了“学校规则”（the grammar of schooling）这一概念，其意指：通过规范化的结构和准则来组织教学工作。我们就能联想到，那些划分时间和空间、将学生分成不同类别、把学生编入不同班级，以及将知识分割为不同学科的标准化的组织工作。(Tyack & Tobin，1994，p. 454) 遵从这些规则，学校就可以简单地按照不同年龄段将学生分为不同的组，为每一组学生安排一位教师，来传授为这个年龄段所设置的课程，每一个课堂所传授的知识是根据每一学科的发展所规定的标准内容，除此以外，学生再无选择：不能缺席，不能学习规定课程以外的内容，也不能随便到其他班级去。

而新的教育模式则要求学校具有灵活的组织结构和管理模式。一个丰富的，由多样化资源所组成的环境同时也可以是僵化的。为使个体得到充分发展，培养创业精神和创新意识，仅有丰富的资源远远不够。如何组织和管理这些资源是非常重要的。学校必须具有足够灵活的机制，使学生能充分地利用这些资源。

灵活的校园机制允许且鼓励学生的个性化发展。学生拥有充分的自由来选择什么时候，以什么方式来运用现有资源。当然，学校适时地对某些事情强制执行并非不可行，但不能要求所有的学生在同一时间做完全相同的事情，或将孩子的在校时间全用强制方式占用。但仅有自由也是不够的，学校必须有一个机制能够帮助学生安排个性化的学习，因为学生很有可能意识不到或不理解自己可以学习什么，怎样学才有意义。换言之，学校既要为学生提供获得不同学习经历的机会，也要让老师与学生共同讨论学习的效果。在一个具有新的教育理念的学校，不同的学生会建构起个性化的学习途径，而不是遵循预先设定好的统一路径。

◆ 以学生为主体

同样是多样化的环境，传统教育理念与新型教育理念的一个最大不同在于学生主动参与建构这一环境的程度。在传统教育模式下，学生很少或者几乎不参与学校环境的物理、社会，或认知方面的建构。他们服从于由成人建构的世界，而没有作为民主社会的一员去主动建构社会。然而以学生为本的教育理念认为学校需要去适应学生，必须让学生参与到环境建构的过程中。

近年来，随着“个性化学习”运动的开展，学生应该成为教育的参与者的观念越来越受到大众的认可（Fielding，2004；A. Hargreaves，2009；A. Hargreaves & Shirley，2009；D. Hargreaves，2004）。2006年，英国苏塞克斯大学麦克·菲尔丁（Michael Fielding）教授在一篇文章中写道：

> 最近掀起一股被很多人称为“尊重学生话语权”的“新潮流”，借这一潮流兴起的一系列鼓励年轻人参与的活动，即使没达到激奋人心的程度，至少回应着20世纪六七十年代那样的活力。这些活动中有我们熟悉的社会人际交往（比如：做学长、交朋友、做辅导、当教练及参加传统学校理事会）；也有多由学生主导的发展创新活动（比如：做校园大使、学生主导的学习观摩、做学习带头人或学生领袖、进行同学间的合作研究或做学研带头人以及成立更为激进的学生自治会）；更有各种方兴未艾的、以学生的观点作主要依据并从专业角度评判教师适合度和工作能力的举措（包括：学生主导评测、学生参与教职工任免、学生担任学校管理者或校董会成员、学生参与学校调查，以及在上级评测和问责时，学生作为重要的信息提供者）。（Fielding，2006，p. 299）

尊重学生话语权远远超出他们在校委会有发言权的象征意义，它还引人深度思考学生在学校中的角色。学校不仅是传授知识的地方，也是学生的社区。剑桥大学的大卫·哈格里夫斯（David Hargreaves）教授，就是一个倡导个性化教育的专家，他认为“尊重学生话语权”是通向个性化教育的途径之一，并提出如下建议：

> 社区的理念最好地体现了“尊重学生话语权”的含义。它既不是简单地引入一个新机制，比如学生委员会，也不是指偶

尔让学生表达自己的观点或有个说话的机会。"尊重学生话语权"是在学生和教职员工之间建立起更为开放与信任的关系，它也同样适用于建立学生之间、学生与教师之间、教职员工之间以及学校领导和员工之间的关系。（D. Hargreaves，2004，p. 7）

研究表明，"尊重学生话语权"对于建构校园文化、提高学生参与度和全面改善学生的福利等都具有积极的作用。宾州州立大学教育学教授达纳·迈特（Dana Mitra）在她2008年出版的著作《学校变革中的学生话语权：建立学生与教师间的协作关系以提高学校实力并增强学生自主性》（*Student Voice in School Reform：Building Youth-Adult Partnerships That Strengthen Schools and Empower Youth*）中，记录了一所美国高中倡导"尊重学生话语权"改革发展的历程。通过观察与访谈，她发现学生具有独特的视野和见识，可以帮助学校改善环境、提高学术水平。学生可以指出在学校组织结构和校园文化方面存在的不足，而这些不足常常被学校管理者和教师所忽略。迈特在一次采访中说到，可以认为"学生是学校社区中最具潜能和价值的成员，他们可帮助学校发起和实施教育改革"。（Savrock，2008）与我们希望培养创新和创业人才的目标相一致，尊重学生话语权可帮助学生建立自信和自尊，可培养学生成为有责任心和创造力的创业者和公民所需的其他关键素质，包括"宽容、与他人和谐相处、既尊重权威又敢于向权威挑战以及公开演讲的能力"（Savrock，2008）。

在新的教育模式下，学生应该成为学校决策层的重要成员，他们有权真正参与到涉及校园环境的决策中，积极塑造校园文化，包括从课程到教学法，从校园设施到教师团队，从学校管理政策到校规校纪。比如，夏山学校的学生无疑在建设学校教育环境中起到了至关重要的作用。他们在会议上致力于制定全社区的规章制度，以此影响社会环境的发展。他们还通过自由选择学习活动来塑造自己的学习体验。再如，在圣地亚哥的高科技高中，学校给予学生面试未来教师的机会以帮助他们自主确定自己的认知环境。

结　论

学习的自由和真正的学生领导力是构建21世纪我们所需的新型教育机制的首要基础原则。夏山学校的案例说明，学习的自由和参与学校管理，使学生习得一些基本能力，有助于他们建立自信，成为有创新意识、热情、有责任心的个人和公民。这些都是创业精神的必要组成元素。

为确保学生有学习的自由，真正成为学校环境中有价值的群体，学校必须做到：

提供广博的学习体验
允许灵活性和例外
实现学习体验的个性化
让学生以决策者身份参与

学习的自由和真正参与学校管理固然是重要的，但对于培养创新人才来说，这还不够。上述环境可以培养出优秀的学生，但是要想培养出优秀的创业人才，我们还必须帮助学生发展创业兴趣和培养创业技能。下一章，我将讨论如何通过向全世界提供真实的产品和服务，来培养学生的创业激情和创业技能的原则和策略。

参考文献

Ablard, K. E. (1997). Parents' conceptions of academic success: Internal and external standards. *The Journal of Secondary Gifted Education*, 8 (2), 57 - 64.

Ablard, K. E., & Parker, W. D. (1997). Parents' achievement goals and perfectionism in their academically talented children. *Journal of Youth and Adolescence*, 26 (651 - 667).

Beckett, C., Maughan, B., Rutter, M., Castle, J., Colvert, E., Groothues, C., et al. (2006). Do the effects of early severe deprivation on cognition persist into early adolescence? Findings from the English and Romanian adoptees study. *Child Development*, 77 (3), 696 - 711.

Briones, T. L., Klintsova, A. Y., & Greenough, W. T. (2004). Stability of synaptic plasticity in the adult rat visual cortex induced by complex environment exposure. *Brain Research*, 108 (1), 130 - 135.

Chugani, H. T., Behen, M. E., Muzik, O., Juhasz, C., Nagy, F., & Chugani, D. C. (2001). Local brain functional activity following early deprivation: A study of postinstitutionalized Romanian orphans. *Neurolmage*, 14 (1290 - 1301).

Community High School. (2012). CR at a glance. Retrieved March 19, 2012, from http://www.aaps.k12.mi.us/community.cr/cr_at_a_glance

Dacey, J. S., & Lennon, K. H. (1998). *Understanding creativity: The interplay of biological. psychological, and social factors.* San Francisco, CA: Jossey-Bass.

Fielding, M. (2004). "New wave" student voice and the renewal of civic society. *London Review of Education*, 2 (3), 197 - 217.

Fielding, M. (2006). Leadership, radical student engagement and the necessity of person-centred education. *International Journal of Leadership in Education*, 9 (4), 299 - 313.

Grenyer, N. (1999). *Summerhill School.* London, England: Ofsted.

Hargreaves, A. (2009). The fourth way of change: Towards an age of inspiration and sustainability. In A. Hargreaves (Ed.), *Change wars* (pp. 11 - 43). Bloomington, IN: Solution Tree.

Hargreaves, A., & Shirley, D. L. (2009). *The fourth way: The inspiring future for educational change.* Thousand Oaks, CA: Corwin.

Hargreaves, D. (2004). *Personalising learning - 2: Student voice and assessment for learning.* London, England: Specialist Schools Trust.

Hebb, D. O. (1947). The effects of early experience on problem solving at maturity. *American Psychologist*, 2 (306 - 307).

Hebb, D. O. (1949). *The organization of behavior: A neuropsychological theory.* New

York, NY: Wiley.

Kaler, S. R., & Freeman, B. J. (1994). Analysis of environmental deprivation: Cognitive and social development in Romanian orphans. *Journal of Child Psychology and Psychiatry*, 35 (4), 769 – 781.

Li, G., & Wang, L. (Eds.). (2008). *Model minority myth revisited: An interdisciplinary approach to demystifying Asian American educational experiences.* Charlotte, NC: IAP.

Loveless, T. (2006). *How well are American students learning?* Washington, DC: Brookings Institute (Brown Center).

Matharu, J. (2008). *Summerhill School inspection report.* London, England: Ofsted.

Mitra, D. L. (2008). *Student voice in school reform: Building youth-adult partnerships that strengthen schools and empower youth.* Albany, NY: State University of New York Press.

Neill, A. S. (1960). *Summerhill: A radical approach to child rearing.* Oxford, UK: Hart Publishing.

Rampon, C., Jiang, C. H., Dong, H., Tang, Y. -P, Lockhart, D. J., Schultz, P. G., et al. (2000). Effects of environmental enrichment on gene expression in the brain. *Proceedings of the National Academy of Sciences*, 97 (23), 12880 – 12884.

Renner, M. J., & Rosenzweig, M. R. (1987). *Enriched and impoverished environments: Effects on brain and behavior.* New York, NY: Springer.

Ridi ng, A. (1999, November 07). Summerhill revisited. *The New York Times.* Retrieved from http://www.nytimes.com/1999/11/07/education/summerhill-revisited.html?pagewanted = all&src = pm

Rosenzweig, M. R., & Bennett, E. L. (1996). Psychobiology of plasticity: Effects of training and experience on brain and behavior. *Behavioural Brain Research*, 78, 57 – 65.

Savrock. J. (2008). Student voice is an integral component of school reform. Retrieved March 18, 2012, from http://www.ed.psu.edu/educ/news/news-items-folder/mitra-student-voice

Shepherd, J. (2007, December 1). So, kids, anyone for double physics? (But no worries if you don't fancy it): Official approval at last for school where almost anything goes. *The Guardian.* Retrieved from http://www.guardian.co.uk/uk/2007/dec/01/ofsted.schools

Sirevaag, A. M. , & Greenough, W. T. (1987). Differential rearing effects on rat visual cortex synapses: Ⅲ. Neuronal and glial nuclei, boutons, dendrites, and capillaries. *Brain Research*, 424 (2), 320 - 332.

Smithers, R. (2000, March 24). Radical boarding school escapes closure threat. *The Guardian*. Retrieved from http: //www. guardian. co. uk/uk/2000/mar/24/schools. news1

Stanford. P. (2008. January 24). Summerhill: Inside England's most controversial private school. *The Independent*. Retrieved from http: //www. independent. co. uk/news/education/schools/ summerhill-inside-englands-most-controversial-private-school-772976. html

Summerhill School. (2004). Summerhill: The early days. Retrieved March 5, 2012, from http: //www. summerhillschool. co. uk/ pages/history. html

Tyack, D. , & Tobin, W. (1994). The "grammar" of schooling: Why has it been so hard to change? *Amerterican Educational Research Journal*, 31 (3), 453 - 479.

Yazzie-Mintz, E. (2010). *Charting the path from engagement to achievement: A report on the* 2009 *High School Survey of Student Engagement*. Bloomington, IN: Center for Evaluation & Education Policy, Center on Education.

付迪西. (2012). 初三男生写60万字穿越小说走红. [2012 - 03 - 14]. http://edu. sina. com. cn/zxx/2012 - 03 - 10/1535330553. shtml

8 作品导向型学习：创作有意义的作品

Product-Oriented Learning: Works That Matter

※ 揪着尾巴拎起猫的人，感受自有不同。

——马克 · 吐温

※ 所有真正的教育都通过经验获得，但这并非意味着所有的经验都具有真正的或同等的教育价值。

——约翰 · 杜威

与拉里·罗森斯托克（Larry Rosenstock）的每次会面都令我期待，这位创建圣地亚哥高科技高中（High Tech High）的校长，是我所见过的最为出色的实干派教育领袖之一。与拉里交谈如同在读一本引人入胜的书，其间充满惊喜、顿悟和挑战。他曾给我讲述过教育史上精彩纷呈的故事，同时，他对教育的未来充满激情与憧憬，也对教育现状提出了深刻的分析。拉里极富个人魅力、精力充沛，慷慨大方。

但让我更为兴奋的是拉里赠予我的礼物。我们每次见面，他都会送给我一本由高科技高中学生自己编写的书。这些书都具有专业价值，由两家自助出版服务机构（blurb① and lulu②）出版和发行。我发现学生创作的书比那些成人专业作家撰写的书有趣得多，例如，高科技高中十年级的学生撰写的《图说经济学》（Wise & Robin，2010），在书中，他们用艺术插图来阐释经济学术语，而且在每个术语的阐释过程中，都配一段运用该术语解释当代经济事件的文字。我从中学到了很多经济学知识，因为这本书通俗易懂。

例如，"温情效应"是一种"非纯粹利他主义"的概念。网络版的《经济学手册》将其解释为"除了由公益资源增加而带来的效用增加外，捐赠这一行为所带来的其他效用增加"（Experimental Economics Center，2006）。但是，高科技高中的学生诺拉·约翰逊（Nora Johnson），却给出了一个更容易理解的解释：

> 人们出于"温情效应"所做的一切，只是为了一个目的：自我感觉良好。即使有其他人是自愿提供帮助或捐助的，这类人也只是想要感受一种温暖与含糊的善意。（Johnson，2010，p. 43）

诺拉还提供了四个实例来进一步阐释这个概念，其中之一是：

---

① http：//www. blurb. com

② http：//www. lulu. com

例证4：杂货店的零钱兑换机旁边经常会有为某些特定组织准备的捐款箱。人们通常会把零钱放进捐款箱里。捐款之后，他们就感受到一种“温情效应”。（Johnson，2010，p. 43）

《美国新闻与世界报道》资深作家托马斯·海登（Thomas Hayden）对高科技高中十一年级学生创作的另一本书《透视圣地亚哥海湾：野外指南》（*Perspectives of San Diego Bay*：*A Field Guide*，The Students of High Tech High，2006）赞不绝口，他说：“本书的科学阐释丝毫不亚于我读过的任何一本同类书籍。此外，诗一般的优美词句以及对自然、科学和这个地区的个性化理解，给读者描绘了一个栩栩如生的圣地亚哥海湾。总而言之，他们不仅捕捉到了一个地区的精髓，还洞察了自然、科学与人类之间的深层联系。”著名灵长类动物学家珍·古道尔（Jane Goodall）在一次由她发表主旨演讲的会议上听到学生们介绍此书，深为感动，遂为该书作序。

学生写的书只是拉里送给我礼物的一部分，更为珍贵的礼物则是通过拉里充满自豪的介绍，让我了解到了这些书的创作过程，从而也就使我自然而然地了解到了高科技高中敢于创新、多才多艺而又辛勤的老师和学生。事实上，自2000年高科技高中建立以来，我就一直关注它的发展，并有机会参观了其中的一个校区，与学生和老师们进行了交流。我不得不承认，拉里绝对有理由感到自豪：一群充满创新意识、催人上进、学识渊博的老师带领着一群快乐、自信而有责任心的学生共同参与到现实世界的项目之中。2008年，记者格雷斯·鲁宾斯坦（Grace Rubenstein）在为“教育乌托邦”网站所写的一篇文章中提到：“这个故事不仅仅反映了高科技高中一个好学生的自信心和能力，它还反映了学校的整个状态。”该故事讲述了一次她偶遇高科技高中的一名学生，而这名学生自告奋勇地帮她制作了音频幻灯片的音轨。

高科技高中的学生不仅创作书籍，他们还制作纪录片、视频游戏、艺术展、海报、音乐、有声小说、拍摄照片、个性面具等你想得到和想不到的任何作品。他们既使用传统的媒介和材料，诸如木材、塑料、文字和文本，又使用当代数字媒体。创作作品是学校的主旋律，不管你走到哪儿，都能看到学生正在制作或者正在准备制作产品，整个学校到处都是学生的作品。“当你一踏进高科技高中，你就感觉自己进了一间工厂。”学校建立之初，鲍勃·皮尔曼（Bob Pearlman）在《教育技术》[①] 上面写道：

> 学校的主要组成部分被称作“科幻宫”，其实就是学生的工作室。十一、十二年级的学生每天至少会花半天时间在这里制作自己设计的产品。艺术品和玻璃墙随处可见，天花板上的电线也整齐盘绕在透明电缆槽及管道里。教室在高科技高中被称为研讨室，放着可移动桌椅和智能白板。在这样的课堂里，老师很少露面，大部分时间是由学生来展示自己的想法和介绍自己的工作。（Pealman，2002，p. 13）

拉里自己非常热衷于制作活动，也一直想为所有学生创办一所真正培养制作者的学校。20 世纪 70 年代，当拉里就读于波士顿大学法学院时，就时常逃课去教那些有心理问题的孩子做木工。毕业以后，他继续选择教授木工课程。此后，他参与制定了一项可将联邦政府职业教育经费用于资助传统经典学术教育的法案。（Murphy，2004）拉里创办的高科技高中就是基于他曾参与的由美国教育部资助的“新型城市高中计划”[②]。该计划挑选了六所城市高中开展“从学习到实践”的策略，

---

① 《教育技术》（*Technos e-zine*）是由美国教学技术机构（Agenay for instructional Technology）发行的电子杂志；旨在实时告知 AIT 的客户、合作伙伴等该机构的活动，并对教育技术的应用提供最新的资讯和评论。http：//www. ait. net/technos/index. php——译者注

② 新型城市高中计划是由美国教育部职业教育与成人教育办公室于 1996 年至 1999 年间发起的，旨在帮助六所市中心贫民区的高中改进自身教育质量。该计划采取“学习 + 实践的方案”，例如，鼓励学生参加实习及其他形式的实践工作来推动学校的变革。该计划的六个设计原则为：个性化学习、与成人世界联结、反思反馈、专案教学法、互动及教师作为设计者。——译者注

并以此作为撬动学校整体变革的杠杆。（The Big Picture Company，1998，p. 5）自2000年以来，拉里已经在高科技高中系统下建立了十多所学校，截至2011年，高科技高中系统已经拥有五所高中、两所初中和两所小学。同时，他还创办了一所教育研究生院，为教师和学校领导提供硕士学位课程。

作为一所为制作者创办的学校，高科技高中与传统学校的教学理念大相径庭。“它摒弃了传统教育模式中很多专制与过时的理念——呆板的课堂设计，僵化的学科分类，孤立的教学环境，单一的以教师为中心的评价模式，”“教育乌托邦”网站记者格雷斯·鲁宾斯坦写道：

> 没有固定教科书的教学模式反而促进了个性化学习的发展，强化了学生与社区的紧密联系。所有高科技高中的访客都能感受到学生积极主动地参与学习。在学校的每个角落、每面墙壁都能看到学生们创作的令人惊叹的作品。很多作品不仅仅是向老师，还向当地企业家展示过。正如同学校名字的含义：科技使得学生创造出许多新项目；老师的日常课程设计也融合了各种学科，以展示这些学科间是如何紧密交织的。（Rubenstein，2008）

高科技高中不同于传统中学，后者只为学生进入大学而做准备。高科技高中从来不刻意训练学生参加考试，也不讲AP课程①；它也不像典型的郊区贵族学校那样去挑选学生，高科技高中是根据地区邮政编号以随机的方式录取学生。事实上，高科技高中一直致力于从所有邻近社区招收学生；不同于城市中的某些精英学校，高科技高中没有设置任何形式的入学考试作为学生的入学门槛；也不同于昂贵的私立学

① AP是Advanced Placement的缩写，一般译为美国大学先修课程、美国大学预修课程。指由美国大学理事会（The College Board）提供的在高中授课的大学课程。美国高中生可以选修这些课程，在完成课业后参加AP考试，得到一定的成绩后可以获得大学学分。AP成绩已成为美国大学重要录取依据。——译者注

校，高科技高中是一所公立学校，学生不用支付任何学杂费。虽然如此，高科技高中的大学升学率却为100%，其中80%的学生进入到四年制本科大学学习。大约35%的学生是家里的第一代大学生。（High Tech High，2012）

高科技高中追求的教育使命是："把各类学生都培养成当代社会所需要的学识渊博、具有创新精神、思维敏捷的成年人和专业人士。"（Rubenstein，2008）它的办学模式体现了培养创业者的新型教育模式的第二块基石：面向社会，创作出真实有用的产品。它也对夏山学校创立的新型教育模式的第一块基石——培养学生自主学习能力与领导力，作了有效的补充。如果说夏山学校以自身为例说明了教育应该做什么，那么高科技高中则阐释了教育应该怎么做。

从做中学

◆ 建造主义与项目学习法

从实践中学习不是什么新概念。约翰·杜威早就强调过实践活动在教育中的重要性。（Dewey，1938/1998）西摩·佩伯特（Seymour Papert）是计算机程序语言Logo的发明者，也是倡导利用科学技术支持学生实践学习的先行者。早在20年前，他在与别人合著的《建造主义》（*Constructionism*）（Harel & Papert，1991）一书中提出了"建造主义"①这一概念来支持从实践中学习的教育理念。对于从"做中学"的教育理念，一个更为大家熟知的提法是基于项目的学习法（Project-based Learning）或基于问题的学习法（Problem-based Learning）。

基于项目或问题的学习法已经被广泛运用在教学中，而且随着近年

---

① 美国麻省理工学院教授西摩·佩伯特提出的建造主义意味着在做的过程中学习。你在做的过程中学到的知识，给你留下的印象更深。与任何人教给你的任何东西相比，它更深植于大脑里。他同时指出建造主义两个重要理论在于：知识是重新构建而非传输的过程；学习者在学习的过程中创造出有意义的产品对于学习本身有更积极的意义。——译者注

来数字技术的快速发展，愈加被频繁运用。相较于传统的教学设计方法，基于项目或问题的学习法有很多明显的优势，比如“加深学生对学习内容的理解；提高学习成绩；激发学生的学习积极性”（Buck Institute for Education，2009）。虽然高科技高中所运用的方法更适合被定义为“基于项目的学习法”，因其具备了这一学习法的所有特征。但是，如果把高科技高中所采用的方式简单地等同于传统学校所采用的仅将项目学习法运用于课堂上的做法，那就大错特错了。高科技高中采用了包括项目学习法在内的很多方式 。项目学习法在高科技高中是在一个大背景下进行，它遵循了“新型城市高中计划”（The Big Picture Company，1998）的四个准则，即个性化、与成人世界的联结、通识培养，以及教师作为设计者①。这些设计理念创建了一个最大限度地发挥了项目学习法优势的环境。换言之，作为普通的教学方法，虽然项目学习法有很多优势，但要想取得高科技高中的成效还远远不够。要想达到本书所讨论的终极目标，即培养全球化的创新型创业人才也差之甚远。

孰优孰劣，孰俊孰丑？

◆ 项目学习法的不同模样

我的两个孩子在上学期间有过很多项目学习法的体验：他们种植过南瓜和百合，制作过海报和 PPT，还制作过陶瓷盘子甚至写书；他们也曾在科技展览会上展示自己制作的树蛙生态系统模型，在家长会上介绍自己在国外的所见所闻。多年来，我的妻子骄傲地把他们拿回家的作品放在冰箱上，或陈列在书架上最显眼的地方，或者小心地存放在盒子里。但坦言说，如果这些不是我们孩子的作品，我们可能不会这

---

① 高科技高中教学理念详细信息请见网站 http：//www. hightechhigh. org/about/design-principles. php。

样做，因为除了情感因素外，这些作品既不精致也没有什么实际用处。这些作品当然远不如高科技高中孩子们的作品那样好。我儿子制作的唯一一件有用的作品是他在读小学三年级时送给他妈妈的生日礼物，他亲手种植的一盆百合花；我女儿制作的有价值的作品是一幅中国画，我们非常引以为豪，至今仍然挂在我的办公室里，但那是她在课外辅导班上画的。

我不确定我的孩子们在这些经验中都学到了什么。我可以确信的是，他们认为这和完成其他的家庭作业没有什么不同——当然除了给我和我的妻子带来更多的麻烦以外。作为称职的父母，为表示对他们的支持，我和妻子常常开车带他们去购买材料或者和同学们一起参加项目策划会；我们在储藏室里翻箱倒柜找出能派上用场的物件；也尽量满足他们在最后关头提出的每一项要求，比如买图画纸和水彩笔。作为崇尚项目学习法和“从做中学”理念的教育工作者，我试图将制作每一件作品当成是孩子们参与学习的一次机会，比如，通过提出问题扩大他们的阅读范围；通过提供反馈意见让他们改进产品；通过质疑激发他们去创新。但在多数情况下，他们都会对我说：“爸爸，我们不需要这样做，老师只要求……”然后，他们完成制作，并介绍和展示他们的作品，之后得到一个老师给的分数。如果得了 A，他们会很高兴，但如果得了 B，他们也不会特别沮丧。

我的孩子们的项目学习法的经历似乎与高科技高中的学生们的体验大有不同。两者都可以称为是项目学习法，因为项目学习法就是这么简单定义的：“项目学习法就是围绕项目开展学习的一种模式。”（Thomas，2000，p. 1）欧特克基金会于2000年对项目学习法进行了综合调研，约翰·托马斯（John Thomas）对该调研结果做了大量深入细致的研究以后，得出以上定义。虽然关于项目学习法的主要特征众说纷纭，却并无一个被广泛认同的模式。项目学习法的特征说法各异，也无一个被普遍认可的模式或理论，这导致项目学习法的研究和发展存在诸多不同。所以，项目学习法的模式各异也就不足为奇了。

项目学习法的不同模式来源于其组成要素的不同种类和数量。约翰·托马斯的一项深入调查研究发现了一系列来源于不同渠道的项目学习法的组成要素：

> 按照项目学习法的教师手册定义：项目都是一些基于富有挑战性问题的复杂任务，让学生自己参与项目设计，自行解决问题，作出决策或者开展相关调查；给学生相对自主的工作机会和充足的时间；最终形成实际的产品或者报告。其他文献资料所涵盖的定义性特征包括：真实的内容、客观的评估、教师是协助者而非指导者、明确的教学目标、合作学习、反思，以及融入成年人技能。除了以上特征，一些特殊形式的项目学习法还具有各自的特性。比如“基于项目的教学设计”就包含了真实（驱动性的）问题的运用，社区的需求，（基于技术的）认知工具的运用等；“探索性学习”（Expeditionary Learning）增加了学校的改进，社区服务以及多学科主题设置等特征。（Thomas，2000，p. 1）

除以上列举的之外，“因不同的教学法，政治态度或道德因素可以对某些元素进行包含或排除，或强化或弱化某些特征，项目学习法在实践中可呈现出不同的形式”（Helle，Tynjala，& Olkinuora，2006，pp. 288－289）。例如：知名的项目学习法研究者、美国巴克教育研究所（一个致力于推广项目学习法的非营利组织）执行所长约翰·梅根特勒（John Mergendoller），就非常强调学生的参与过程，他说：“要让学生参与一系列复杂的任务，包括计划与设计、解决问题、作出决策，创作产品和展示成果等。”（Mergendoller，Markham，Ravitz，& Larmer，2006，p. 288）一个来自芬兰的研究小组根据他们对项目学习法的文献调研，强调“问题、产品以及学生支配权的重要性”（Helle et al.，2006，p. 288）。芬兰图尔库大学教授劳拉·赫勒（Laura Helle）和同事一致认为，“项目教学法最鲜明的特征是以问题为导向，即通过解决问题来推动学习活动”；第二个鲜明的特征是“制作一个具体的产品”；第三个特性是“学习者控制整个学习过程”；此外，情境化以及呈现方式多样化也是其特征。

巴克教育研究所看起来是在强调掌握“学术知识”及“21世纪所需的关键技能”，因此，学生的支配权和产品这两个因素就显得不如定义中论述的那么重要：

> 虽然在一定程度上承认“学生的话语权和选择”，但必须仔细严格地规划项目，采取有效的管理和评估，以帮助学生获取关键的学科知识，尤其是21世纪所需的技能（如协作、沟通及批判性思维），并创造出高质量的实用产品及报告。(Buck Institute for Education，2012)

这一点在巴克教育研究所对“严谨、富有意义，以及高效的项目学习法”基本特征的描述中得到了进一步佐证。第一是，项目学习法必须传授重要的内容。依据巴克教育研究所的描述，“学生学习的目标明确来源于学科核心的标准内容和关键概念”；第二个特征是必须要求学生形成“批判性思维、解决问题的能力、团结协作以及各种形式的有效沟通能力”，或者按流行的说法——“21世纪所需的技能”。“在一定程度上承认学生的话语权及选择”是第六个特征，“公众参与”是第八个也是最后一个特征。

与之形成鲜明对比的是，高科技高中的项目学习法更为看重产品的价值而非学习的内容。2012年，高科技高中与英国未来教育项目组[①]联合出版了名为《注重作品：项目学习法教师指南》(*Work That Matters: The Teachers' Guide to Project-based Learning*) 一书，其中将项目学习法定义为：“由学生设计、计划和执行的长期项目，最终制作出可公开

① 2008年，保罗·哈姆林基金会（Paul Hamlyn Foundation）发起“未来教育计划行动”(Learning Futures Project)，旨在通过加强学生的主动参与度来提高中学阶段的教育质量及学生学习效果。有关该计划的具体信息，请见网站www.learningfutures.org。——译者注

展示的实用作品，诸如实用产品、出版物或者报告。”（Patton & Robin，2012，p. 13）该书还列出了项目成功的三要素：公开展示，多种方案以及分析评鉴，这三者都与制作优秀的作品息息相关。

以上所谈到的项目学习法的诸多差别可表现在以下三个维度上：其一，项目学习法的预期效果与目标。项目学习法既可用于传授特定的知识内容，也可用于制作出色的产品。换言之，项目的范围可从完全由作品来推动到完全由规定的内容或课程来推动。其二，项目学习法的过程可以从完全以教师为主导到以学生为主导。其三，则与环境设置相关。项目环境可以从一个孤立的课堂或者单一的学科设置到跨班级、跨学科的方式来设置。以上三个变量的不同组合，产生了项目学习法的三种不同模式。表 8.1 总结了三种变量间的主要差异，我将它们分别命名为：学习型模式、混合型模式和创业型模式。

表 8.1　项目学习法三种不同模式的特征

	预期效果	主导者	环　境
学习型模式	获取学术知识	教师主导	基本在一个孤立的课堂内进行
混合型模式	受学业要求限制的产品	教师与学生协作	单个或多个班级，抑或是社区
创业型模式	产品	学生主导	学校和社区

◆ 学习型模式

学习型模式是项目学习法的传统模式，其目的在于传授知识与技能。在该模式中，项目学习法只是作为传授规定知识和技能的一个更为有效的方式。所以项目是由规定的知识内容与技能来驱动的，效果是对课堂内容的更好理解和对技巧更加熟练的应用。在这种模式下即使创作出来了作品也只是学习的副产品，无大价值。在这种教学案例中，作品只是作为激励手段，除了对教师、学生以及家长有意义，对实际客户毫无用处。由于这一模式下创作的作品没有实际意义，因此可将该模式与另一种 PBL 教学模式，即以问题为导向的学习法交换使用。学习型模式的有效性是以学生对学习内容或技能的掌握程度来评价的。

学习型模式的目的在于传授规定的知识和技能，因此，教师对于教学内容、项目选择、实施方式，以及项目评估等方面都拥有极大程度的控制权。学生只能从教师列出的选项单中作有限的选择，也就是“一定程度的学生的话语权或选择”。该模式另一个典型的特点是通常只在一个班级内，由一位教师来实施。

学习型模式目前在学校中运用得最为广泛。我的孩子们所体验的项目学习法就属于典型的学习型模式。事实上，到目前为止，所有关于项目学习法的研究都集中在这种模式上。研究者试图回答的核心问题是：在传授知识内容和发展学生的技能方面，项目学习法是否比其他教学方式（比如课堂讲解）更为有效？对这一问题，项目学习法的诸多研究结果已经给出了很好的回答。（Hell et al.，2006；Strobe & Barneveld，2009；Thomas，2000；Walker & Leary，2009）

◆ 混合型模式

混合型模式非常注重作品，诸如书籍、视频、海报、有声小说等，但同时也注重规定知识的传授。在该模式下制作出来的产品必须是高质量的，消费群体也通常是学校以外的真实客户。这就是所谓的“注重作品”。这也许就是为什么高科技高中的教师指南将“可展示性”作为项目成功的第一要素，同时也强调多种方案和分析评鉴的原因（Patton & Robin，2012），它们是确保高质量作品和持续深入学习的重要步骤。

混合型模式不会忽视外部规定的知识与技巧，比如联邦或州制定的学习标准，但它们不是这一模式的出发点。在混合型模式下，知识与技能不可以规定、束缚或者指导项目。高科技高中的一名教师安杰拉·格雷罗（Angela Guerrero）在其所写的一篇题为“项目从何而来”（*Where Do Projects Come From*）的文章中写道：

> “做你们喜欢做的事，用项目来推动课程”——这是我那聪明的教学伙伴罗德·伯恩维杰（Rod Buenviaje）的法宝。每次当我因为无法想出有意义的项目而倍感担忧时，罗德都会在一旁耐心倾听我的诉说，然后向我重复他的法宝。我每次都会点头表示同意，但依旧茫然地凝视窗外。我从来没有完全明白他的意思。但是看到安汀（Antin）的作品展示后，我开始理解了这一法宝的妙义。我在做我喜欢的事情，并对它充满热情。我希望孩子们能领悟它，也希望能向学生传授它。这就变成了以项目来指导课程。（Guerrero，2009）

为了确保知识和技能的传授，混合型模式让教师或者教师团队来控制项目进程。虽然他们会征求学生的意见，但通常还是由教师来决定开展什么项目、创作什么作品以及如何开展项目。在项目设定的范围内，学生会有不同程度的自由，发挥他们的创造性，以及在某些特定的领域发挥其所长。他们也参与对同学的项目评价。

混合型模式的典型特征就是要求多位教师或多个班级的参与，因为项目涉及多个学科，要求不同领域的专业知识。项目实施的环境可以是传统教室，但更多的是传统教室与为某一类型特殊项目而设置的环境，比如美术工作室、数字媒体实验室或实验园，以及校外设施例如博物馆或社区企业等。

项目学习法的混合型模式如今在学校中并不多见，其原因在于它要求改变学校的办学模式。这一模式并不是对传统教学方法进行课堂教学改良，而是对整个学校环境进行改造的一种战略。混合型模式是运用项目学习法作为改变办学模式的杠杆的原因，也是其结果，同时也将职业技术教育与传统学习模式有效结合起来。这些也正是拉里·罗森斯托克一直追逐的目标。混合型模式的目标更多是培养现实世界所需的生存技能，而不在于书本知识的传授。基于此目标，巴克教育研究所提出：

> 如果我们要切实达到21世纪的教育目标，那么项目学习法必然是21世纪教学的核心。这些项目既包含课程也设计课程，区别于那些在传统教育中加入的短期“项目”或活动。项目学习法应是“主菜”而非“甜点”。(Buck Institute for Education，2012)

混合型模式居于传统学术型模式和创业型模式（将在下节论述）的中间，目标既包含项目又包含教学内容。正因如此，在高科技高中和“未来教育计划”(Learning Future）的评估指南中，建议对项目学习法的评估从以下三个方面来考虑：

- 产品是否符合或者超过项目开始时我们所设定的目标？
- 学生是否习得了开展项目所需的技能？
- 学生是否学到了项目所需的课程内容？(Patton & Robin，2012)

◆ 创业型模式

项目学习法的创业型模式在混合型模式的基础上发展而来，同时也做了一点实质性的改变。因为该模式旨在培养创业精神和技能，所以更加强调产品，即最终作品或服务。这些作品或服务不仅需要高质量，还必须吸引学校以外的真正客户。它们必须满足客户的真实需求，使他们愿意为之投入资源（时间、精力或经费）。换言之，基于项目的学习是帮助学生创造出客户愿意消费的真正产品，同时学到生产高质量并能吸引顾客的产品所需的基本技能。

在创业型模式下，学生对项目有更多的控制权。学生自己提出和创设项目。但他们要说服教师同意该项目，如果需要，还得说服其他同学一起参与。他们要作出详细的商业计划，包括项目文件，目标客户群及其需求分析，可行性分析及市场营销策略等。在这种模式下，教师可以作为“风险投资人”，帮助学生确定项目的需求和可行性；可以作为顾问，在需要时为学生提供建议和资源；可以作为激励者，在学生失望时给予他们鼓励；可以作为市场调查的焦点人群，对样品质量提供反馈和批评；还可以作为合作者，为学生提供补充性的专业知识和技能。教师和其他成年人凭借丰富的专业知识和社会资本，可以为学生带来机会，帮助学生确定市场需求，与潜在客户建立联系，并对潜在项目提出建议。但最终，还是要由学生自己决定制造什么产品。在混合型模式中，项目通常以小组为基础，也就是说，一个小组的学生（比如整个班级的学生）共同完成同一个项目，但在创业型模式中，项目可以基于小组来完成，也可以由学生单独发起。

项目学习法创业型模式的环境可以是单个班级，但是往往也需要在学校层面上搭建一个平台和创设一种文化氛围。这主要基于以下原因：第一，为制造出高质量的作品，学生需要课堂及以外的大量时间；第二，学生需要的知识面可能超出某一个教师具有的专业知识，在某些情况下，这些专业知识要从校外获取；第三，创造实用的产品所需的知识和技能，不是单一的学科所能提供的；第四，学生需要与潜在客户之间建立起沟通的平台或地点；第五，有些学生设计制作一个项目或提供服务可能要用超长的时间，因此，需要学校对课时作出特殊的调整。

概而言之，项目学习法创业型模式的目的是发挥个人才能、创造能力及创业精神，更侧重作品而非项目。要想创作一种作品并将其推向市场就必须学习，但所学的知识内容可能并不符合政府许可的标准或者课程设置。此外，创作作品并将其推向市场远比开展一个项目复杂得多。它至少在典型的项目学习法上又增加了两个阶段：第一个是方案设计阶段，即学生创建一个项目或者构思一个作品；第二个是销售和维护阶段，即学生需要花时间来销售和维护他们的产品。因此，我更愿意称这种模式为作品导向型学习，以区别于常规的项目导向型学习。

以作品为导向的学习过程

◆ 注重创作作品

创业活动是指针对现存问题提出解决方案，或创造出产品、服务来满足某种需求。因此，项目学习法创业型模式或者说作品导向型学习的核心是创造和销售产品。这一模式重在对创作作品的关注——关注学生和潜在客户，而不必是规定的标准和课程。这里的“作品”不一定是一件成品，比如，一件艺术品、一本书或一段视频，也可以是一种服务或一个项目，比如：学生可以提供在线或面对面的家教服务，或者是帮助客户提高数学或者写作成绩的服务。

作品导向型学习的过程实质上是对典型的创业活动的模拟，它包含以下几个重要步骤。

◆ 确定客户需求

对机会的敏感是创业的一项基本要素。“对机会的敏感使个体得以发现能满足人类需求的有价值的东西”，2001 年，余赴礼教授（Tony Fu-lai Yu），在《奥地利经济学评论》（*The Review of Austrian Economics*）上发表了一篇题为“创业者的敏感与探索”（*Entrepreneurial Alertness and Discovery*）的文章，他在文章中写道：“创业者的作用在于能够敏感把握尚无人注意到的机会。”（Yu，2001，p. 48）创业机会有两种存在形式：一种是根据以色列经济学家伊斯雷尔·柯兹纳（Israel M. Kirzner）提出的理论，“存在于现状之下但尚未被看到的机会”；另一种是根据经济学家约瑟夫·熊彼特（Joseph Schumpeter）提出的创业理论，“创造新事物来打破现状的机会”（Kirzner，1999）。

因此，在我们尝试去培养创业者时，帮助学生形成寻找机会的习惯和能力是关键。机会通常存在于尚未满足的需求或对现实的不满之中。培养发现机会的习惯，就是培养好奇心，形成非常规思维以及敢于向现状挑战的态度。同时，这也是培养设身处地为他人着想的能力。再者，这么做也有助于学生习惯于把问题看作机会，在遇到困难时，展现责任心，寻找解决办法，而不是一味地抱怨或坐等他人提供答案。

开展作品导向型学习，教师可以先询问学生并让他们列出在学校感到不愉快的事情，对学校不满意的地方，或是他人未被满足的需求。教师还可以提出一系列不同社区令人不满的状况，未解决的问题，或是未被满足的需求。形式可以多变，但归根结底，就是需要为学生提供一个可以找到创业机会的情境。

◆ 创意灵感

在作品导向型学习中，有的学生很快就能提出好的想法，但是多数学生要对需求做深入的研究和调查工作，才能想出能满足这些需求的作品或服务。因此，作品导向型学习的第二个基本要素是要让学生参与到可能的产品或服务的创新和研究的过程中。

灵感来源于诸多方面，学生可以向专家咨询，可以对问题进行深入调研，可以与同学讨论，也可以针对案例做比较研究。为刺激学生灵感，教师可组织头脑风暴讨论会、实地考察、专家讲座等。但教师不应该包办代替学生提出方案。事实上，提出方案是学生的责任。教师仅仅是为推进这一过程服务——创造环境，提供资源以及提出建议。

◆ 优势和资源评估

一旦确定了某种需求，并提出了解决方案，创业者就要评估自己的能力和资源是否能满足这种需求。这实际上就是一个进行优势评估的过程。但这种优势并不代表学生当下就能靠一己之力去完成，而是在他人的帮助下，能够学习去做。另外，这一过程也是判断项目需求或者衡量目标是否超出了学生的能力和资源。

认清自己的劣势和优势是创业成功的关键。如本书之前所述，我们不能期望所有的学生有同样的能力，因此，提供机会让学生学会辨识与提高自身优势，同时懂得如何扬长避短是创业活动中极为重要的环节。我们还应帮助学生认识到，他们不必面面俱到，对自己不擅长的工作可以“外包”给他人，亦即合作伙伴。因此，认识自己优势和劣势的过程也是在认识他人的优势和劣势。

◆ 游说他人

所有创业者都需要说服他人相信自己的作品或服务的价值，无论对方是投资人、合作伙伴，或是潜在的员工。因此，作品导向型学习过程还应该包括要求学生去说服他人相信自己发现的需求是重要的，自己策划的产品是有价值且可行的，以及游说他人愿意“购买”自己的产品。为实现此目标，学生们需要制订出商业计划，进行公开推介，在校内或者校外“兜售”他们的想法。

游说他人很难毕其功于一役，如果学生说服他人一次未成，就需要不断调整他们的想法和计划。高科技高中教师指南中提出的“多种方案和分析评鉴”的建议可以应用于这一阶段和作品的制造阶段。

◆ 制造作品/创新服务

一旦学生提出的方案得到采纳，就会进入实际制作阶段，这与传统项目学习法的项目制作阶段非常相似。在此阶段，学生以个人或者小组的形式按照预期目标进行工作。为提高最终产品或服务的质量，同样需要“提出多种方案和进行分析评鉴”这一过程。还应该请专业人士作为复核人或导师参与，以专业标准要求最终产品和服务的质量。

◆ 推销产品

学生完成作品以后，还需要向目标客户推销自己的作品。学会推销自己的作品，能够帮助学生更好地理解什么是创业者应该具备的东西以及社会的真实需求。推销结果可能一举成功，也可能一败涂地。但不管怎样，这些经历都可以帮助学生锻炼基本创业能力——反思能力、恢复能力、自信力、沟通能力以及坚韧的毅力。

推销过程也是学生学习市场技巧和营销工具的阶段。根据产品的特性和目标客户群，学生需要运用各种媒体和场合来进行市场营销活动。他们可利用像推特（Twitter）和脸谱这样的社交媒体，也可利用张贴海报或者进行面对面的客户访问这样的传统方式。

由于大多数的教师可能并非是销售专家，所以在这一阶段，聘请专业人士或社区内具有销售经验的人士作为导师就非常必要。同时，学生还可以在网上找到有关营销的丰富资源和信息。当然，也不排除学生中就潜伏着销售天才的可能，通过这种锻炼，能进一步提高销售才能，成为专家。

◆ 售后管理与维护

作品导向型学习并不是销售完成就结束了。在某些情况下，学生还要做好产品售后管理和维护工作。如学生生产的是软件产品（如电脑游戏），就需要实时升级；如果是在网上销售产品，就需要管理网上商店并与用户保持沟通。

总结

◆ 学校中的制造者运动

《连线》杂志撰稿人蒂姆·卡莫迪（Tim Armody）将2011年称为“制造者运动爆发年”。美国公共广播公司（PBS）“新闻一小时”节目在2011年播出了一档特别节目——DIY运动能否让美国科学教育走出危机？（PBS News hour，2011）福布斯杂志撰稿人麦丘（T. J. McCue）

写道："那些进行创造、建立、设计、修正、改变、推翻、重建或者进行单纯制作的人正不断涌现并推动着经济的发展。但是制造者运动之风并未吹进校园，学生还只是简单的消费者。

作品导向型学习将制造者运动引入校园并让学生参与运动。在很长的时期内，学生作为被动的消费者和接受者去接受成年人为其预先设计好的一切，包括书本、校园设施、知识、考试和纪律等。学校所配置的一切设施只是为有效地灌输规定知识及培养优秀的被动接受者，而不是培养制造者、创造者和创业者。学校要实施作品导向型学习，就必须对学校进行一系列的变革——校园设施、人员配备、课程设置以及体现"学校规则"的其他元素。高科技高中的经验为那些渴望采取行动去培养制造者、创造者和消费者的学校提供了丰富的学习范例。

目前，已经有一些学校开始采取行动为学生重建教育环境了。在下一章，我将用两所学校作为例子，来讨论创建具有全球视野的学校的第三个要素——全球化校园。

参考文献

The Big Picture Company. (1998). *The new urban high school: A practitioner's guide.* Providence, RI: The Big Picture Company.

Buck Institute for Education. (2009). Does PBL work? Retrieved March 25, 2012, from http://www.bie.org/research/study/does_pbl_work

Buck Institute for Education. (2012). What is PBL? Retrieved March 25, 2012, from http://www.bie.org/about/what_is_pbl/

Carmody, T. (2011, August 6). Big DIY: The year the Maker Movement broke. *Wired.* Retrieved March 20, 2012, from http://www.wired.com/epicenter/2011/08/big-diy/all/1

Dewey, J. (1998). *Education and experience: The 60th anniversary edition.* Bloomington, IN: Kappa Delta Pi. (Original work published 1938)

Experimental Economics Center. (2006). Impure altruism and warm glow. Retrieved April 20, 2012, from Experimental Economics Center, http://www.econport.org/econport/request? page = man_ pg_ experimentalresearch_ impurealtruism

Guerrero, A. (2009, Spring). Where do projects come from? *UnBoxed: A Journal of Adult Learning in Schools.* Retrieved March 20, 2012, from http://www.hightechhigh.org/unboxed/issue3/where _do_ projects_ come_ from/

Harel, I., & Papert, S. (1991). *Constructionism.* New York, NY: Ablex Publishing.

Helle, L., Tynjala, P., & Olkinuora, E. (2006). Project-based learning in post-secondary education—theory, practice and rubber sling shots. *Higher Education*, 51, 287 – 314.

High Tech High. (2012). Results. Retrieved March 20, 2012, from http://www.hightechhigh.org/about/results.php

Johnson, N. (2010). Warm glow preference. In D. Wise & J. Robin (Eds.), *Economics Illustrated* (pp. 42 – 43). San Diego, CA: Blurb.

Kirzner, I. M. (1999). Creativity and/or alertness: A reconsideration of the Schumpeterian entrepreneur. *Review of Austrian Economics*, 11, 5 – 17.

McCue, T. J. (2011). Moving the economy: The future of the Maker Movement. *Forbes.* Retrieved March 28, 2012, from http://www.forbes.com/sites/tjmccue/2011/10/26/moving-the-economy-the-future-of-the-maker-movement/

Mergendoller, J., Markham, T., & Ravitz, J., & Larmer, J. (2006). Pervasive management of project based learning. In C. M. Evertson & C. S. Weinstein (Eds.), *Handbook of classroom management: Research, practice, and contemporary issues* (pp. 583 – 615). Mahwah, NJ: Lawrence Erlbaum Associates.

Murphy, V (2004, October 11). Where everyone can overachieve. *Forbes.* Retrieved March 20. 2012. from http://www.forbes.com/free_ forbes/2004/1011/080.html

Patton, A., & Robin. J. (2012). *Work that matters: The teacher's guide to project-based learning.* London, England: Paul Hamlyn Foundation, Learning Futures.

PBS Newshour (Producer). (2011, June 29). Can DIY movement fix a crisis in U. S. science education? Retrieved from http://www.pbs.org/newshour/bb/science/jan-june11/makerfaire_06 – 29.html

Pearlman. B. (2002). Designing, and making, the new American high school. *TECH-*

NOS, 11 (1), 12 – 19.

Rubenstein, G. (2008. December 3). Real world, San Diego: Hands-on learning at High Tech High. *Edutopia*. Retrieved March 20. 2012, from http: //www. edutopia. org/collaboration-age-technology-high-tech

Strobel, J., & Barneveld, A. V (2009). When is PBL more effective? A meta-synthesis of meta-analyses comparing PBL to conventional classrooms. *Interdisciplinary Journal of Problem-based Learning*, 3 (1), 44 – 58.

The Students of High Tech High. (2006). *Perspectives of San Diego Bay: A field guide*. Providence, RI: Next Generation Press.

Thomas, J. W. (2000). *A Review of research on project-based learning*. San Rafael, CA: Autodesk Foundation.

Walker, A., & Leary, H. (2009). A problem based learning meta analysis: Differences across problem types, implementation types, disciplines, and assessment levels. *Interdisciplinary Journal of Problem-based Learning*, 3 (1), 12 – 43.

Wise, D., & Robin, J. (2010). *Economics illustrated*. San Diego, CA: Blurb.

Yu, T. F. -L. (2001). Entrepreneurial alertness and discovery. *The Review of Austrian Economics*, 14 (1), 47 – 63.

9 无国界校园：全球化创业者和全球化企业

The Globe Is Our Campus: Global Entrepreneurs and Enterprises

※　地球能满足人类的一切所需，但却无法满足人类的贪欲。

——莫罕达斯·甘地（Mahatma Gandhi）

※　世界上没有异国他乡，只有来自异域的旅行者。

——罗伯特·路易斯·斯蒂文森（Robert Louis Stevenson）

2010年2月，我在南非开普敦的一次会议上遇到了来自英国牛津查韦尔中学的三名高中生——查理（Charlie）、山姆（Sam）和维蒂（Verity）。在此次会议上，他们向来自六个国家的教育学者们介绍了在南非开办养鸡场的商业计划，他们准备和南非东开普敦的纪卡托（Gcato）学校合作开办一家养鸡公司。东开普敦是南非最贫困的省，学生分别来自附近三个最穷的村庄。

这项计划起源于2009年7月，维蒂和她的家人到纪卡托学校支教。维蒂的妈妈朱莉·斯图尔特·汤普森（Julie Stuart-Thompson）和查韦尔学校的一位老师后来告诉我："当我和维蒂参观另一所学校时，偶然间发现了一个鸡棚，于是就有了这个灵感。"维蒂学过商业课程，她发现了这个学以致用的机会。回去之后，维蒂邀请了一同学过商业课程的查理和山姆共同参与该项目。他们共同制订了在这所学校养鸡的计划。

根据这一计划，英国的学生主要负责筹集启动资金并充当商业顾问；而南非的学生主要负责成立和经营公司。公司运营的第一步是饲养小鸡，并向当地社区出售鸡蛋，然后慢慢发展成为规模较大的养鸡场。一旦他们的生意逐渐兴旺，达到盈亏平衡后，利润将用作资助非洲学生的学习（添置新设备、购买学习资料等），或者用作下一阶段的资金。（Cherwell School，2012）这个项目有四个发展阶段：

> 阶段一，在鸡棚里饲养小鸡并出售鸡蛋；阶段二，引入新的饲养棚以饲养其他家禽，出售肉制品。这在当地村民中更受欢迎并可获得更大的经济收益；一旦资金充足，就可顺利进入阶段三——购进孵化器来孵化小鸡，从而使得生意得到快速稳定的发展。最后，阶段四则是建立工业化规模的养鸡场，为贫困地区提供长期且持续繁荣的成功商业模式。（Cherwell School，2012）

学生们所作的商业计划陈述非常有说服力，他们还给出了详细的成本-效益分析。他们也很好地回答了观众的质疑，最终我也被他们说服了，决定为这家养鸡场投资，这是我迄今为止第一次也是唯一一次为一家新创办的公司投资。后来，我应学生们的邀请，担任该项目的终身荣誉主席。

两年以后，养鸡场的生意逐渐兴旺起来。2010 年 8 月，Gcato 学校收到第一批小鸡。但是据《养鸡项目新闻简报》（*Chicken Project newsletter*）报道，刚开始购买小鸡时，由于他们很难辨别公鸡母鸡，结果有些买来的小鸡不能生蛋。2011 年，他们又订购了 22 只小鸡。据 2011 年 11 月的养鸡项目新闻简报报道："学校现在已清楚地知道该如何订购小鸡。财务程序也逐渐规范，学习商科和农业的学生也在这项养鸡项目中学到很多知识。"目前，该项目已经扩充到南非的另外两所学校，包括基地在艾利斯的安扎莫合日托中心（Umzamomhle Day Care Center），该中心旨在"培养孩子和青年人自力更生所需的生存技能"（Cherwell School，2012）。中心现有 12 只小鸡，并开始向当地市场销售鸡蛋。获得的利润用于购买饲料以保证项目的持续发展。

近期，该养鸡项目已经发展到喀麦隆，但这次的目的稍有不同——保护环境。丹·鲍恩（Dan Bowen）是查韦尔中学第六学级①（Sixth Form，相当于高三）的一名学生，他在 Siren 环保教育项目"寂静的森林"② 上发表了一篇文章，解释了扩展养鸡项目的原因：

> 喀麦隆过度捕猎野生动物已对该地区的生态系统和生物多样性带来了严重危害。这个问题由两个原因引起：一是捕猎（非法狩猎即偷猎）通常将繁殖速度很慢的大型动物作为捕杀目标，因为大型动物的肉具有更高的价值，因此导致大型动物迅速在丛林中消失；同时，由于该地区过度砍伐，动物们赖以

① 英国中学教育 16 岁以后阶段，学生可选择继续学习或工作。学习有两个方向：学术方向以及职业方向。如果想将来攻读学位课程，通常还要学习两年，中学这最后两年（12 年级至 13 年级），英文称"Sixth Form"，即第六学级，学生最后参加高级普通教育证书（A-level）考试或国际中学文凭（IB）考试。——译者注

② 参见：http：//www. silentforests. net/the-issue. html. ——译者注

生存的森林也快速消失。阻止狩猎是解决该问题的方案之一，但是若想取得长期稳定的效果，需要给人们提供其他解决经济困难的办法，选择切实可行的方案，从源头上解决偷猎问题。(Bowen，2012)

选择之一是建立小型家庭式“养鸡站”，或是将学校的养鸡场引入到各个家庭之中。目前，该项目已经在喀麦隆开办了10所小型家庭式养鸡站。“在该地区建立小型家庭养鸡站将会给当地食用和出售野生动物的人们提供一个新的选择。”(Bowen，2012)

该公司目前已度过创业的初始阶段，三位创办者也从查韦尔学校毕业了，但现在已有20多名同学参与到该项目中来。2011年，“养鸡计划”在“勇夺黄金”① 竞赛中赢得了5000美元奖金（约合3000英镑）。该竞赛主要用于鼓励和支持学生的创新计划。同时，该项目还吸引了更多组织和个人的加入，其中包括另一所来自牛津的学校——美国的牛津。

牛津社区学校位于美国密歇根州奥克兰郡北部的一个小镇，是一个服务于整个牛津社区的公立学校群。该地区正经历着从农村社区到市郊社区的快速转变过程。若非因为养鸡计划的开展，英国牛津查韦尔学校的学生可能永远不知道世界上还有另外一个牛津，因为美国的牛津镇远不如英国牛津大学那样闻名于世，也没有任何理由被世人所熟知。然而，牛津社区学校总监威廉·斯基林（William Skilling）博士，在听了南非养鸡计划报告之后，为牛津社区学校和查韦尔学校建立了联系。今天，牛津社区学校已经成为养鸡计划的合作伙伴，并为查韦尔学校的学生所熟知。

多亏有这位富有远见、具有全球化意识的领导，威廉·斯基林博士

---

① “勇夺黄金”（Reaching for Gold）是为鼓励年轻人进行创新的一项比赛，每个成功的组别都将获得专业指导及高科技支持以帮助年轻人将创意变为现实。同时，他们还将在评委面前展示其作品，前三名将获得奖金。参见：http：//www. reachingforgold. co. uk/。——译者注

使得牛津社区学校不仅在英国为大家所熟知，在中国也非常出名。2008 年，我与他曾有过一次谈话，那时他刚被任命为牛津社区学校总监。斯基林博士一直致力于为他的 4600 多名学生构建新的教育体验。我们谈到如何培养学生适应瞬息万变的全球化世界，他回去之后立刻着手进行工作。2009 年，牛津社区学校的提案“教育重建计划”① 获得了密歇根州政府的认可，该项目旨在激励创新教育模式。斯基林博士后来告诉我：“牛津社区学校一直致力于培养学生如何在全球化的世界中生存和工作，这是对我们创新的肯定。”

目前，牛津社区学校用中文和西班牙文为所有小学生开设双语课程。学区内的 7 所学校都在申请 IB 课程②认证。据《教育周报》报道：“2011 年，牛津社区学校在中国沈阳创建了一所国际学校——东北育才牛津国际高中，这不仅使牛津社区学校的学生，还包括所有的美国中学生，得到在中国学校学习 3 年的机会，同时，牛津社区学校还在美国建立了牛津国际寄宿学校，以吸引外国学生来牛津学习。目前，已有 20 多名来自中国的学生在牛津社区学校付费学习。牛津社区学校也陆续派出 50 多名教师到中国，并同许多中国学校建立了姊妹学校关系。除此以外，牛津社区学校还建立了“密歇根牛津学区虚拟学校”，为来自其他国家、希望接受美式教育的学生提供牛津社区学校的在线课程。

南非学校的养鸡项目和美国牛津社区学校的全球化尝试体现了新型教育模式的第三个支点：将学生作为全球化创业者；把学校变成全球化企业。在以上两个案例中，他们都把校园延伸到了围墙之外，正如

---

① 美国密歇根州教育委员的一项重要任务是重新思考该州基础教育（K－12）阶段的教育模式，以培养学生具备 21 世纪竞争力。参见：http：//michigan. gov/mde。——译者注

② IB 课程全称为国际预科证书课程（International Baccalaureate Diploma Programme），是为高中十一和十二年级学生设置的两年制大学预科课程。IB 课程不以世界上任何一个国家的课程体系为基础而自成体系，广泛吸收了当代许多发达国家主流课程体系的优点，涵盖了其主要的核心内容。它为学生进入大学学习并取得国际学士学位作准备。学生获得这个证书后就取得了直接进入大多数国家大学学习的资格，也可能获得最多为一年的学分进入美国大学。参见：http：//www. ibo. org/。——译者注

牛津社区学校的口号所说：全球皆为校园。他们正在探索和学习这个全球化的世界，并将其知识、人才及资源“出口”到需要的地方。

全球化带来工作和创业机会

如本书第二章所述，全球化已经改变了工作和创业的前景，它既带来了竞争和挑战，也带来了机遇。总而言之，随着当今世界科技的高速发展，全球经济一体化和政治变革，国家之间的物理距离和社会壁垒大大减少，这为创业家和创新型生产者提供了许多新的机遇和挑战。

◆ 满足本地需求的国际化市场

从理论上讲，今天，任何一种产品或服务都有可能赢得具有 70 亿潜在客户的全球市场。实际上，很多产品，从苹果手机到可口可乐，都在全球范围内销售。虽然市场全球化，但需求却是本土化的，当然有一小部分产品可满足全球客户的不同需求。由于文化差异、经济差异、政治差异和地理位置差异等原因，世界上不同地区的客户都有不同的需求。因此，在此地区颇具商业价值且需求量很大的产品，在彼地区可能并不能满足客户需求。例如，全球定位系统装置在发达国家已成为市民生活不可或缺的产品，但我实在难以想象，它对于居住在中国农村、不会开车的农民有何用处。相反，随着包装制品的消费逐年增加，他们现在急需的是处理垃圾的设备。事实上，虽然某些产品很诱人，但它们在某些地区可能消费不起。比如，智能手机是紧俏商品，但是除非它的价格降到 10 美金以内，否则大部分发展中国家的客户是买不起的。最后，即使是全球需求的产品也需要进行本土化处理以满足当地人的需求。例如，全球食品连锁店麦当劳和肯德基，也需要根据不同地区客户的饮食习惯来调整食品的口味。

为了更好地开发全球化市场，创业者们必须了解当地的需求。他们必须清晰地知晓当地人需要什么、买得起什么。负责任的创业者还要知道所提供的产品和服务对当地人的影响，从而保证他们不被剥削。南非的养鸡项目就是一个很好的例子，它有效地发掘了当地人民的需求，并找到能够满足这些需求的方法。

◆ 全球投资者

在全球化的世界，有潜力的创业者还有机会接触到全球的投资者。我们惊喜地看到，英国牛津学生的养鸡项目得到了远在万里的美国密歇根州牛津社区的资金支持。通过“大众筹资”平台和机制，没有巨额财富的普通人也能为自己看好的项目投资。而同样令人兴奋的是，我们现在可以看到来自全世界各地数以千计素不相识的人们，为一部电影或一首音乐共同投资，比如电影《宇航员》就是这样一个案例。随着欠发达国家的人民聚集了更多财富，他们也会成为以往未开发领域的潜在投资者。

然而，创业者面临的挑战是要具备说服他人进行投资的能力。要得到潜在投资，也就是说，要说服人们掏腰包不是一件容易的事儿，要说服来自不同文化背景的人一起投资就更加困难。这不仅要求具备切实可行的方案和创新型的产品，更重要的是，创业者需具有跨文化意识，介绍项目时要有文化敏感度，才能吸引到来自全世界不同地区的投资者。也就是说，创业者对他人要有深层的理解，包括他们的需求、他们的经营方式和交流方式等。

◆ 全球化的创意和解决方案

新产品的创意、对现有问题创新性的解决方案，以及创新型商业模式存在于世界各地。“众包”[1] 已经成为一种从大众中征集创意、产品建议和解决方案的流行做法。每个人，无论他身在何处，都可以为一家公司出谋划策。加拿大黄金公司就得益于世界各地近千人提供的线

---

[1] “众包”（crowsourcing），也称“大众资源”，见本书第二章的相关讨论。——译者注

索而挖掘到了更多的黄金，虽然这些人都不是这家公司的员工，像这样的案例并不稀奇。2012 年 3 月，美国麻省理工学院的 Zero Robotics、美国国防部高级研究计划局（通常被称为 DARPA，也是互联网的发明机构）和美国国家航空航天局共同宣布，他们将通过“众包”的方式来为模拟自动对接与卫星维护程序提供有效的编码计算方法（编程方法）。（Zero Robotics，2012）这项工作非常重要，具体为“让活跃的卫星（Tender）准确捕捉正在旋转，但呈相对静止状态的太空物体（POD），并与之同步运转”（Zero Robotics，2012）。任何人都可参加此项目，但特别欢迎来自高中和高校的团队参与。

但“众包”并非是在全球范围内获得创意和解决方案的唯一方式，尤其是进入国外市场。建立社会关系网络即朋友圈，也是非常有效的方法。牛津社区学校的全球化尝试得以实现，在很大程度上得益于社区学校总监斯基林博士拥有广泛的社会关系网，他的朋友提供了创意和独特的见解。

要将分散在世界各地的潜在创意、方案和人才聚集起来，并使其发挥实际效用需要创业者具备与他们取得联系并说服他们的能力。除此以外，还要求创业者能在全球范围内有效地管理这些创意和人才。同时，发展和经营广泛的社交关系，将志同道合的人聚合起来会给这些能力“加分”。

◆ 全球合作伙伴

虽然“众包”可提供短期帮助，比如，一次性的创意及解决方案等，但创业者还需要通过“众包”的方式在全球范围内寻找长期的合作伙伴。这些伙伴将长期合作，而非一锤子买卖，他们要能弥补彼此所欠缺的知识和技能。例如，养鸡项目在喀麦隆开展时，组织者发现了当地的一名护林员唐乙·尔拜（Tanyi Ebai），他熟知当地的文化习俗而且乐意合作。同样，牛津社区学校也在中国找到了东北育才学校作为合作伙伴。

寻找国际合作伙伴并与之一起工作是一项极具挑战的任务，理解并糅合文化差异，平衡不同的期望值以及融通不同的经营方式，都是建立成功的国际合作关系所必需的。同时，保持国际合作关系须具备多语言能力及跨文化意识，相互尊重和理解。还有，国际合作是“joint-venture”，即风险共担，所以必须深刻理解对方的立场和需求。

总而言之，要想发现全球化带来的潜在创业机会，需要具备全球化创业能力。也就是说，要具备发现机会、确定需求、安全投资、寻找创意及建立跨国合作关系的远见、态度、知识与技能。学校若有意培养全球化的创业者，就需要为学生创造机会来发展这些能力，那么学校就要成为全球化的“企业”。

全球化创业能力的组成要素

全球化能力是当今世界的热门话题。但对全球化能力的定义，还是个“有争议领域”，目前还未有被普遍认可的组成全球化能力的知识和技能体系。（Hunter，White，& Godbey，2006）例如，一家全球性的商业咨询公司瑞士咨询集团（Swiss Consulting Group），将全球化能力定义为“个人或团体，无论到哪个国家都能尊重并适应文化差异，从而完成工作的能力”（Swiss Consulting Group，2002，p. 4）。哈佛大学教育学教授弗尔南多·莱默斯（Fernando Reimers）于2008年给出了一个相似的定义。根据莱默斯的定义，全球化能力是指：“帮助人们理解他们所生存的扁平世界的知识和技能；能超越信仰整体理解全球化事物及事件，创造各种机会解决问题的技巧。全球化能力还是一种处世态度和道德取向，使不同地域的人类同胞能够和平共处、相互尊重、互有成果。”

比尔·亨特（Bill Hunter）和他的同事报告了他们运用德尔菲法对大学代表、跨国公司人力资源主管、联合国官员、跨文化培训师以及国外政府官员的实际调查研究结果。该研究发现，上述人群都认为：

“全球化能力就是拥有开放的头脑，积极了解不同的文化规则和他人的想法，用好这些知识与不同国家、不同种族的人们进行有效的互动、交流与合作。”（Hunter，2006，p. 277）

美国威斯康星大学的研究者提出：“大学应该为学生提供行之有效的知识、技能以及态度，以应对当今日益相互依赖的世界。”他们将全球化能力定义为：“跨越语言和文化的疆界进行有效沟通的能力；不仅仅以自己的视角来发现和理解世界；理解并欣赏社会和文化的多元性；学生必须领悟到经济全球化背景下国家之间的相互依存，懂得如何在多元文化环境下工作。”（University of Wisconsin-Global Competence Task Force，2008，p. 3）

哈佛大学教授霍华德·加德纳虽没有用到“全球化能力”这一词汇，但是他提出，大学前的教育就应该让学生“理解全球化体系”，“其他国家的传统文化知识”，“对自己的文化传统的了解和尊重”，形成“多文化或混合的文化身份”，“容纳和欣赏种族、语言、国家、文化间的差异”。（Gardner，2004）

定义的多种多样是由于不同目的对能力的要求不尽相同，但是仍然存在一些基本的共识。例如，对普通人的能力要求与对外交家的可能不同，同理可证，数学家在数学能力上肯定高于一般人。那么很自然，对全球化创业者所需的能力的要求与对普通市民的要求肯定不同。这些能力应该包括帮助他/她进行创业活动的基本要素。除了学者们提出的诸多素质，诸如“开放的头脑，全球化的意识，跨文化交际能力”外，全球化的创业者还应具备以下几种基本的能力。

◆ 视全球化问题为商机

人类一直面临着巨大的挑战，如环境恶化、气候极端变化、自然灾害以及不同国家、种族、宗教团体间大大小小的冲突；饥饿与贫穷、能源缺乏、健康问题、人口老龄化、移民及失业等，不胜枚举。这些全球化问题又随着全球化的发展而日益加剧。我们可以抱怨，也可以指责造成问题的人，但我们也可以试着将它们看作机会，正等待着创新人才和创业者带来解决办法。全球化的商业创新者、社会创新者和政策创新者，需要用全球化视野审视这些问题，把它们作为创造新产品、提供新服务的大量机会。养鸡项目的创始人看到了贫穷，便付诸行动去改善当地的贫困状况。

◆ 了解不同群体的相对优势和劣势

不同的群体有不同的优势，不同的个人也各具优势。同理，他们也各有劣势。优秀的创业者知道如何避免在他人的优势领域竞争。他们会建立全球人才和资源的供应链，努力开发产品和服务来帮助某个群体取优补劣。比如，牛津社区学校的全球化战略就是通过“输出”美式教育来提高中国学生的英语水平，“引进”中国教师教中文，来提高美国学生的全球竞争力。

◆ 建立全球化的朋友圈

关系网是构成创新人才 DNA 的五个要素之一（其他四个要素为协作、质疑、观察和尝试）。这些要素导致了“破坏性的创新”。此论出自商业学教授杰夫·戴尔（Jeff Dyer），哈尔·格雷格森（Hal Gregersen）和克莱顿·克里斯坦森（Clayton Christensen）在 2011 年合著的《创新者的 DNA》（*The Innovator's DNA*）。（Dyer, Gregeren, & Christensen, 2011）克里斯坦森也是广为人知的著作《破坏性的课堂：破坏性创新如何改变学习者的学习方式》（*Disrupting Class: How Disruptive Innovation Will Change the Way the World Learns*）的作者之一。他们都发现“当创新者投入时间与精力，在人际网络向有不同文化传统的人寻求和征求创意时，会得到完全不同的看法”（Dyer et al., 2011, p. 13）。来自不同文化背景的人会带来不同的视角，或激发新的创意或迫使你重新思索，尤其是要将创意运用于全球化环境时。来自不同国家的人际网还能带来不同资源、本土内部人士的观点和对不同文化间的细微差别。

◆ 培养高水平的文化智商

随着商业更加全球化和跨文化发展，许多跨国公司和商学院对文化智商（Cultural Intelligence，简称 CQ）的概念兴趣大增。新加坡南洋商学院的宋安（Soon Ang）和密歇根州立大学的林·范·戴恩（Linn Van Dyne）两位管理学教授在他们2008 年的合著《文化智商手册》（*Handbook of Cultural Intelligence*）中，对文化智商作了广泛深入的研究（Ang & Dyne，2008b），他们将文化智商定义为“在不同文化环境中，一个人高效工作和管理的能力”（Ang & Dyne，2008a，p. 3）。研究表明，文化智商与商务人士、跨国工作团队和全球化企业管理者的活动紧密相关。（Ang & Dyne，2008a）当全球化创业者在寻找创意、筹集资金以及和来自不同文化背景的伙伴进行合作时，不可避免地需要“在不同文化环境下高效工作和进行管理的能力”。根据宋安和戴恩的定义，文化智商包含四个组成要素：元认知①文化智商（进行跨文化交流时，具有主动的多元文化意识）；认同文化智商（了解不同文化环境的习俗、行为规范及传统）；动机文化智商（在跨文化环境中，有心思和精力主动学习和恰当应用的能力）；行为文化智商（有能力与来自不同文化背景的人进行语言或非语言交流时表现恰当）。

培养全球化创业能力

◆ 把学校当作全球化企业

我已在第八章论述了培养全球化创业能力的有效方法：即全球化背

---

① 元认知研究的开创者弗拉维尔（Flavell）将元认知表述为“个人关于自己的认知过程及结果或其他相关事情的知识”，以及“为完成某一具体目标或任务，依据认知对象对认知过程进行主动的监测以及连续的调节和协调”。或“反映或调节认知活动的任一方面的知识或认知活动”。参见：http：//baike. baidu. com/view/191915. htm。——译者注

景下的作品导向型学习法。从这一目的考虑，我们可以将学校想象成为一个全球化的企业。作为全球化企业，学校将为国际市场生产产品，并且能够利用全世界范围内的专业知识和资源。学习围绕着产品和服务来进行。学生通过参与全球化企业的活动，加入到创业活动中，以帮助他们提高全球化能力。

我第一次讨论“将学校作为全球化企业”的观点，是在我上次出版的《迎头赶上，还是领跑全球——全球化时代的美国教育》（*Catching Up or Leading the Way*: *American Education in the Age of Globalization*）一书中。（Zhao，2009）这是在全球化时代下赋予学校一种新的概念。这一观点将帮助学校超越现有的成果、资源及市场的物理束缚进行思考。为将学生培养成为全球化的创业者，我将进一步阐释这一观点并给出更多细节方面的建议。

◆ 为他人创造产品、提供服务

当我还在中国学习和教英语时，就意识到英语学习材料的贫乏。事实上直到今天，大多数外语课堂仍然缺乏生动有趣和真正的学习资料。官方教材通常都刻板无趣，并且面向所有的学生。而大多数外语教师和学生都迫切希望得到实用的、富有个性而生动有趣的学习材料。与此同时，英语国家的学生们通常被要求撰写大量的论文或者作文，但这些文章除了老师以外，再没人去读。那么，我们让英语为母语的学生为中国学生、英语学习者或美国的新移民编写英语学习材料岂不是更好？同样，中国的学生也可为正在学习中文的美国学生编写中文学习材料。学生甚至可以定制学习资料，以便于对某一特殊领域感兴趣的学生可以要求其他国家的学生为其量身设计学习材料。运用今天的信息技术，学生们可以很容易地在全球范围内创作和传输他们的产品和服务。

各个年龄段的学生都可制作此类产品，他们可运用各种媒体来完成自己的作品——有声故事、图片杂志、动画、视频或者只是简单地将旧式图书制作成有声资料。产品形式可多种多样，包括小说、非小说、新闻报道、日记、互动游戏或是移动设备运用程序。

有共同兴趣的学生，互相之间可以提供指导和教学服务，比如，位于澳大利亚悉尼的一所学校就可以向在美国或者日本学习澳洲知识的学生介绍悉尼港。对于正在学习中国历史的英国学生而言，中国学生无疑是教授中国历史文化的好老师。牛津社区学校网上虚拟学校就时常让学生在自己的课程中担任其他国家学生的学习指导者。

这样的产品或服务不只局限于满足某一个国家的学校或者学生的需求，他们也可以服务于大众。比如，随着中国游客参加境外旅游的人数逐年增多，让目的地国家的学生定制信息手册或提供导游服务不失为一个绝佳的主意。

这种产品或服务还可以共同承担。例如，某小学的一个班级想策划一个介绍全世界重大节日的项目，项目的最后成果可以是一本电子图书，介绍不同国家的人们如何根据当地的文化习俗来庆祝自己的重大节日。因此，可以邀请不同国家的学生来为图书作画、摄影和撰写插图说明，最后将它们整合成为一个具有多种语言的多媒体产品，通过这个产品来介绍不同国家的节日文化。

产品和服务的创意可来源于学生与潜在客户的真实互动，创意是双向的。学生提出产品或服务的创意，并通过潜在客户来检验其实用性。同时，潜在客户也能向学生表明他们的需求或对创意提出建议。为加强此活动，学校需要与潜在客户建立合作关系。

◆ 构建全球化的伙伴关系

合作伙伴不仅是潜在客户，还是合作者和资源。换言之，合作伙伴既是消费者也是供应方。他们或许是学生创作的书籍的读者，也可能是学生教授课程的学习者，同时他们也能向学生提出建议和反馈。更为重要的是，他们能为学生制作书籍或是提供课程，还能组织学生海外游学，为学生提供实习机会。在校学生也可独自与合作单位的某个

（些）成员进行项目合作，教师也可以和学生开展这样的合作。全球化的合作伙伴也为来自不同国家的学生提供了发展友谊的平台，让学生学会与来自不同文化和地区的人一同工作。总体而言，合作伙伴为学生提供全方位的服务与支持，且不应该仅限于教育机构。从某种意义上说，合作伙伴可作为校园的延伸或是在其他国家的分校区。

虽然姐妹校是全球化合作关系的熟知模式，但合作伙伴不应该仅限于其他国家的某一所学校。它们可以是任何一家机构或者公司，学校恰好能满足这家机构的需求，或者这家机构恰好具备能帮助学校达到目标的资源。建立有效而持久的国际合作关系的关键在于互惠互利、相互理解。学会互惠互利和促进相互理解本身就为发展全球化能力提供了良好的契机。

很多学校和教师已着手于在全球范围内建立合作关系。牛津学区就是在学校层面搭建全球化合作关系的范例。由美国西木学校（Westwood School）的教师维基·戴维斯和中国北京国际学校教师朱莉·林赛（Julie Lindsay）共同设立的“无墙教室”项目（The Flat Classroom Project）也已经成为全球学校参与的项目。在“无墙教室项目”网站上，有这样的表述：本项目的主要目标之一是“推平或降低教室的墙壁，将以前由一个班级单独、孤立的授课形式转变成由两个或者更多班级共同虚拟参与的一个大教室”（Davis & Lindsay，2012a）。该项目已经吸引了全球数以千计的教师参与，它目前还提供培训课程和会议论坛。该项目在托马斯·弗里德曼撰写的风靡全球的《世界是平的》一书中也特别提及。（Friedman，2007）现在这两名教师正著书帮助其他教师建立“无墙教室”。

◆ 提供海外学习及实践经历

发展全球化能力，尤其是文化智商的一个有效方法是，作为一个外国人去体验，即在自己的文化和语言都不占主流地位的环境下工作和生活。比如，短期而频繁的出国旅行对发展文化智商有着积极的作用。

（Ang & Dyne，2008b）如有可能，学校应该开发项目，让学生真正体验做外国人的亲身感受。

海外留学项目、在另一个国家服务学习①或参加海外实习等都为学生提供了这样的体验。或者遵循“作品导向型学习”的指引，学生可在国外进行一次“作品之旅”，类似在国外的“图书之旅”，在这个过程中，学生学会展示和推销自己的作品或他们自己。灵伍德学校的经验曾给我很深的印象，我也曾专门写过他们的经历。澳大利亚墨尔本的灵伍德学校组织高年级学生环游世界，他们在全球的合作学校表演音乐、歌曲、舞蹈、戏剧、木偶、设计并与观众进行互动。学生们不仅进行表演，他们还住在当地的寄宿家庭里，在合作学校上常规课程。这是个一学期的项目，学生们一般会访问六至七个国家。

◆ 怎样教外语及教哪种外语

熟练运用外语进行交流是未来全球化创业者的优势之一。谷歌翻译器能提供一些机械性的翻译，但是它无法体会人类交流和不同文化的细微差别，这就是人类语言和计算机语言之间的不同所在。对一所全球化企业式的学校而言，向所有学生提供外语教学是件轻而易举的事情，因为它有遍布世界的合作伙伴，也能创造性地利用技术带来的便利。

熟练掌握一门外语是个漫长的过程，需要付出极大的努力。一个人通常要花费数千小时的时间学习才能熟练掌握一门外语，这还取决于学习者母语和目标语言的差异。但现在很多学校只在高中阶段教授外语，学生学习外语的时间只有 2～3 年，而学校每天最多只上 1 小时的外语课——很多国家一学年大约有 200 多天，因此学生学习外语的时间

---

① 服务学习有别于课外活动形式的义工服务。服务学习与学术课程紧密结合，它将社区服务与学术课程相结合，注重反思和公民责任感。服务学习是一种体验式学习，学生通过参加组织周全的活动来满足社区的需要。它为学生提供关怀他人的机会，将学生的学习扩展到社区。——译者注

在400至600小时之间，而这远远达不到熟练掌握一门外语的学习时间的要求。除此以外，外语通常被作为一门学科来教授，因此学校大多专注于语言学知识而不是语言的实际交流能力。

为使学生熟练掌握外语并以此发展学生的文化智商，学校应尽早开设外语课程并改变外语教学方法。在低年级开设双语浸入式教学被认为是一种有效的外语教学法。双语浸入式教学法通过教授母语和目标语言两种语言形式的学科教学内容，为学生提供丰富的语言学习资源，同时也为学生提供体验不同文化的机会。正如约翰·杜威所说，不同的文化是由不同的语言载体来表现的，通过语言来进行深层文化学习，使学生能够面对并掌握不同的思维方式、价值体系，以及其他文化的思维习惯。（Saito，2003）这对发展学生高水平的文化智商非常必要，因为这就是文化的本质。

对英语为母语的国家而言，学校面临的最常见问题就是“选择教何种外语”，因为他们有很多种语言可选择。相反，对于英语不是母语的国家而言，选择就相对简单得多——英语。选择学习何种外语基于很多因素，但最为重要的两个因素是教育价值和实用价值。学习外语的首要也是最重要的考虑因素是其教育价值，它被认为是学生全面发展的重要组成部分。在选择教何种外语时，我们应首先考虑该语言能提供多少教育价值。虽然学习任何一门外语都是宝贵的经历，但是在帮助学生发展全球化能力方面，某种语言会比其他语言带来更多的价值。

影响教育价值的因素在于文化和语言学上的差异。从历史上看，人类语言是沿着不同的路径发展和传播的，因此，某些语言之间比其他类语言具有相似性。比如：英语和西班牙语就比英语和汉语更加相似，因此可以说，英语和西班牙语之间的语言学差异比英语和汉语之间的差异更小。语言是在不同的文化环境中运用的，而文化之间也存在着差异，有些文化之间具有更大的相似性。

语言学和文化的差异对外语学习的教育价值有重大影响，其差异越大，学习该门外语的挑战也越大，要求投入的认知努力和资源也更多。

更多努力和资源提供了更为严谨也更具教育价值的学习经历。按照这个逻辑，选择教与本国语言差异越大的外语，就越有意义。

语言的实用价值取决于对这门语言未来可用性的评估。但我们没有一个神奇的公式来对此作出准确预测，因为世界形势千变万化，世界热点也常常从一个国家快速转移到另一个国家。

但是我们仍然可以从以下三个方面对一门语言的可用性作出适度预测：第一，以该种语言为母语的人口数量——说该种语言的人越多，我们在未来遇见他们的可能性就越大；第二，以该种语言为母语的国家和经济发展的重要性——该国家本身及其经济发展越重要，那么就越有可能在未来的国际商务及政治交涉中使用该语言；第三，与目标语言国和该国文化在地理、政治及历史方面的紧密性——由于移民、经济交易、旅游或者历史渊源的关系，目标语言国与本国的联系越紧密，用到这门语言的机会也就越多。

学校可利用以上两种标准，即语言的教育价值和实用价值来帮助判断应该教哪种语言。当然，还可根据自身实际情况参考其他因素，比如：当地社区的大部分移民所讲的语言，学校可使用何种学习资源（包括教师及学习资料），学校目前已经教授了哪些语言，等等。总体来说，阿拉伯语、汉语、日语、俄语及斯瓦希里语都是不错的选择。

全球化时代下的学校

◆ 结论

世界是平的。（Friedman，2007）创业者需要具备全球化能力以争取在这个扁平的世界中取得成功。为培养具备全球化能力的创业者，学校应将自己转变为全球化的企业，并为全球化市场提供产品，有效利用全球资源，把校园扩展到现有物理范围以外的地方。

参考文献

Ang, S. , & Dyne, L. V. (2008a). Conceptualization of cultural intelligence: Definitions, distinctiveness, and nomological network. In S. Ang & L. V Dyne (Eds.), *Handbook of Cultural intelligence. Theory, measurement, and applications* (pp. 3 – 15). Armonk, NY: M. E. Sharpe.

Ang, S. , & Dyne, L. V. (Eds.). (2008b). *Handbook of cultural intelligence: Theory, measurement, and applications.* Armonk, NY: M. E. Sharpe.

Ash. K. (2012, February 1). U. S. , Chinese schools build virtual ed. partnerships. *Education Week.* Retrieved March 25, 2012, from http://www. edweek. org/ew/articles/2012/02/01/19el-china exchange. h31. html? qs = oxford

Bowen, D. (2012). Cherwell School's chicken project in Cameroon. *Silent Forest.* Retrieved March 20, 2012, from http://www. silent forests. net/images/files/thechickenproject. pdf

Cherwell School (Ed.). (2011). *The chicken project.* Oxford, UK: Author.

Cherwell School. (2012). The chicken project. Retrieved March 20, 2012, from http://www. cherwell. oxon. sch. uk/content/index. php? page = 168

Davis, V. , & Lindsay, J. (2012b). About. *The Flat Classroom Project.* Retrieved March 29, 2012, from http://www. flatclassroom project. org/About

Davis, V. , & Lindsay, J. (2012b). Flattening classrooms, engaging minds: *Move to global collaboration one step at a time.* New York, NY: Pearson.

Dyer, J. , Gregersen, H. , & Christensen, C. M. (2011). *The innovator's DNA: Mastering the five skills of disruptive innovators.* Boston, MA: Harvard Business Review Press.

Friedman, T. L. (2007). *The world is flat: A brief history of the twenty-first century.* New York, NY: Farrar, Straus and Giroux.

Gardner, H. (2004). How education changes: Considerations of history, science, and values. In M. M. Suarez-Orozco & D. B. Qin-Hillard (Eds.), *Globalization: Culture and education in the new millennium* (pp. 235 – 258). Berkeley: University of California Press and The Ross Institute.

Hunter, B. , White, G. P. , & Godbey, G. C. (2006). What does it mean to be globally competent? *Journal of Studies in International Education*, 10 (3), 267 – 285.

Reimers. F. M. (2008. October 3). Preparing students for the flat world. Retrieved October 15, 2008, from http://www.edweek.org/

Saito, N. (2003). Education for global understanding: Learning from Dewey's visit to Japan. *Teachers College Record*, 105 (9), 1758 – 1773.

Swiss Consulting Group. (2002). *Global Competency Report 2002*. New York, NY: Swiss Consulting Group.

University of Wisconsin-Global Competence Task Force. (2008). *Global Competence Task Force report*. Madison: University of Wisconsin.

Zero Robotics. (2012, March 6). Autonomous space capture challenge opens algorithmic crowdsourcing to general public. *Top Coder*. Retrieved March 29, 2012, from http://www.topcoder.com/blog/2012/03/autonomous-space-capture-challenge-opens-algorithmic-crowdsourcing-to-general-public/

Zhao, Y. (2009). *Catching up or leading the way: American education in the age of globalization*. Alexandria, VA: ASCD.

10 打造世界一流的教育：基本原则与参照指标

Create a World-Class Education: Principles and Indicators

※ 当一门学科彻底过时，我们就把它变成一门必修课。

——彼得 · 德鲁克(Peter Drucker)

※ 不要用你所学的知识去束缚孩子，因为他生在不同的时代。

——拉宾德拉纳特 · 泰戈尔(Rabindranath Tagore)

2012年4月，距离在本书第一章所论述的美国《各州共同核心课程标准》庆祝颁布不到两年的时间，美国教育部部长阿恩·邓肯对于“共同核心标准”已有自相矛盾之词。2012年2月，在美国南卡罗来纳州的一次阻止“共同核心标准”实施的立法提案中，邓肯还信心十足地表达了他对“共同核心标准”的坚定信念：

> 阻止实施“共同核心标准”，对学生、家长和教师都是无益的。我希望南卡罗来纳州的立法者们能听到教师的心声，他们支持南卡罗来纳州停止降低学业标准的行为，并提高衡量成功的标准。我还希望立法者们能继续支持州政府的决议，使每个学生都能在当今知识经济时代作好上大学和就业的准备。(Duncan，2012)

但不到一个月，他似乎又改变了立场。2012年3月7日，当犹他州立法机构通过了一项决议，要求州教育厅重新考虑接受“共同核心标准”(Cortez，2012)时，邓肯给犹他州教育厅长拉里·沙姆韦(Larry K. Shumway)写了一封信。他“完全和无保留地同意”，犹他州教育厅有权改变、增加或删减“共同核心标准”；并称犹他州有绝对权力“掌控公共教育课程的所有学习标准”。他在信中还提出，犹他州有绝对的评估权力，也有权随时从“共同评估团队”中退出。邓肯在信的末尾还写道：“各州对于设定学习标准有唯一的决定权”，感谢沙姆韦给予“加深双方理解”的机会。(Ziegler，2012)

邓肯是否改变了对“共同核心标准”的立场不得而知，但可以确定的是，这项政策一开始实施就面临越来越多的挑战。争论采纳及实施“共同核心标准”背后的最主要原因是合法性及经济成本 。保守党权威人士乔治·威尔(George Will)对联邦政府教育部向各个州及学校推行“共同核心标准”的合法性表示质疑，担忧“政府的权力越强大，法律的作用也就越小”。“最极端的情况是，国家对课程标准的控制实则是对人们的思想控制。”威尔还引用了民主党总统吉米·卡特(Jimmy Carter）任职时期的卫生、教育及公共福利部部长约瑟夫·卡利法诺（Joseph Califano）说过的这句话（Will, 2012），来警示大家要对“共同核心标准”的潜在影响引起重视。波士顿的先锋研究院[1]给实施“共同核心标准”标出了160亿美元令人望而却步的价格。（Accountability, 2012）

虽然关于“共同核心标准”的合法性和成本代价的争论还在继续，但结果已经显现。“即使可以倾注所有的金钱和努力来实施‘共同核心标准’，——且不说几个采用‘共同核心标准’的州所掀起的激烈争论——但有关研究预测，它对学生学习的影响也只是聊胜于无。”（Loveless, 2012, p. 3）这一研究结论来自于布鲁金斯学会的《2012布朗中心美国教育报告》（*The* 2012 *Brown Center Report on American Education*）。该报告的作者，汤姆·洛夫莱斯（Tom Loveless），也是布鲁金斯学会的高级研究员，提出：

> 不要让接踵而来的激烈辩论愚弄了你。经验证明“共同核心标准”对美国学生的学习成绩没有多少影响。国家必须另寻出路来提高学校的质量。（Loveless, 2012, p. 14）

而“其他出路”正是像夏山学校、高科技高中、查韦尔中学和牛津学区那样的学校，而非那些“学生们取得出色考试成绩”的所谓优质教育系统。我理想中的未来学校将出现于现在的这些所谓“另类”学校，而非主流的教育体系。能培养今天的孩子面向“未来”而非“过去”的，是那些具有勇气和远见卓识的教育领导者的作为。他们或被看成具有特殊天赋，或被认为疯狂怪异，又或者二者兼而有之——总之，在一些人看来，这类人的作为不能，也不应该被普通学校或者普通的教育工作者复制。

但正如本书到目前为止所论述的观点，要想培养孩子们去迎接未来

① 先锋研究院是独立的、无党派的，通过私人、基金会或者商业机构筹资的一家组织，它旨在通过公民提议、公共政策研究等方式提高马萨诸塞州人们的生活质量，为保持组织的独立性，它不接受任何来自政府的资金援助。参见：http：//pioneerinstitute. org/。——译者注

的挑战，我们必须改革现有的以就业为导向的教育体制，建立新的教育范式。有点讽刺意味的是，这种新范式已经被创造出来了。在本章中，我将进一步说明这种新范式在其他地方也能复制。除此之外，我将总结归纳夏山学校、高科技高中、查韦尔中学和牛津社区学校展现的办学原则，为建立我们真正需要的学校提供基本框架。

三位一体的教育模式：培养创新型全球化创业者

前面三章讨论了新型教育模式的三个原则。这三个原则紧密联系形成了新型教育模式的核心。新的教育模式旨在培养具有全球化能力和创新能力的创业者。每个原则都提供了学校采取行动和实施发展策略的方向。

◆ 夏山学校和办学自主权：学什么

当教育改革家们还在忙于争论如何才能让孩子更具全球竞争力，怎样才能为上大学和就业做好准备时，夏山及与其有相似想法的学校已用事实表明：尊重和支持孩子们的热情和兴趣，能塑造出有能力、有责任心、有激情、有生产力和快乐的公民。（Posner，2009）赋予孩子们应有的选择学习内容的自主权，而不是强迫他们学习他人认为有用的知识，这对全球化时代培养创新型创业人才至关重要。

独特性及多样化人才。在居住着超过 70 亿人口的拥挤的地球上，我们所有人不可能都具有相同的才能，也不可能为同一种工作去竞争。同样，在人类需求多样化的世界上，一套衡量才能的标准不可能满足所有的需求。此外，在一个飞速发展不断变化的时代，为未来还没有出现的工作预先确定一套技能和人才标准绝不是一个好的赌注。而更为重要的是，在人们的兴趣爱好、成长背景、生活条件及能力都呈现多样化的世界里，把多样性减少为有限的几种技能，是伦理上的错误和经济上的灾难。赋予并支持学生追求个性化的学习，却能够发展学生的独特性及多样化才能。

从合格到优秀。在农业经济和大规模生产的工业经济时代，需要众多具备相同技能的劳动者。这些技能是常规化、标准化和基础化的。然而，科技的发展和经济的全球化逐渐淘汰了传统的、过时的工作方式，经济形态也越来越多地被知识经济和创新经济所驱动。（Florida，2002；Goldin & Katz，2008）我们需要具有不同才干和技能的人才——但远不是标准化和基础性的普通人才。他们必须优秀，仅合格是不够的，但优秀不会出自标准化。畅销书作家丹尼尔·科伊尔（Daniel Coyle）在他撰写的《天才密码》（*The Talent Code：Greatness Isn't Born. It's Grown. Here's How*）一书中提到，"优秀源于深度实践，就是在师傅的指导下进行成千上万次的实践。深度实践绝不轻松，它需要付出精力、激情和全身心地投入。一句话，它需要动因"（Coyle，2009，p. 93）。然而动因起于个人的内在，难以向外寻求。因此，只有当学生拥有学习的自主权，他们才能有足够的动因驱动成为优秀的人才。

自信、好奇和创新。世界需要创造者：创造更多工作机会、创造更好的产品、创造更明智的政策、创造更有效的商业模式，创造更有意义的服务。创造者是充满好奇心的人，总有探究和想象；创造者是自信的人，敢于思索和行动，突破条条框框；创造者，也是创新者，常有新奇想法和解决方案。创造者不是规划出来的，不能被预先设计，也不能被标准化；他们必须被赋予自由，并且具备怀疑、探索和实践的勇气。他们一定不是依据他人的品评，或标准的规则，或外界的评价所评断——他们需要自主权！

◆ 高科技高中和作品导向型学习法：怎么学

当改革者们还在迫使学校要求学生掌握获得高分的技巧，以便顺利毕业并进入大学学习时，高科技高中已经鼓励他们的学生通过创作书籍、视频和艺术作品等，学习需要的知识，为进入大学或职业生涯作好准备；当改革者们正费尽心机地建立所谓的“紧迫学校”[1]（Fine，2011），逐步向学生和教师灌输达标和考试的紧迫感时，高科技高中已建立了一个良好的环境，学生拥有属于自己的学校，在这里可以快乐地专注于创作作品。高科技高中作为运用项目导向型学习法的优秀范例，通过制造真实有用的作品和服务，使学生获得深层次的学习经历。我将高科技高中所采用的方法重新定义为作品导向型学习法，因为传统项目导向型学习的定义太过笼统和宽泛。

作品导向型学习将学习者的角色由接受者和消费者转为了创造者和提供者。同时也改变了教师和学生之间的关系，教师不再是知识的唯一来源或学科权威，而是作为一个激励者、评论者、促进者和组织者。学生成为学习的主人，承担起全部责任去寻求保证创作高质量作品所需的指导、知识、技能和支持。这些变革推动了创新型人才的培养。

问题即机遇。创业者寻求解决而不是逃避问题。他们提出问题，而不是对已经存在的问题寻找现成的答案；他们敢于向现状挑战并坚信自己能做得更好。作品导向型学习要求学习者将问题视为行动的机会，并鼓励他们去找出解决方案，从而促使学习者寻取必要的知识、技能及资源找到解决方案。

关注他人需求。作品导向型学习也迫使学习者关注他人。为了制造有意义并实用的产品和服务，学习者首先必须了解不同人在不同情况下的需求。这将帮助学习者培养出理解他人的意识，学会探知他人情况和需求的必备技巧。对他人需求的敏锐把握有利于学生发现潜在的机会，这也是成功创业者的基本素质之一。

优势与劣势。我们无法做得面面俱到，因此，知道自己的优势和自己需要什么样的优势对成功至关重要。成功的创业者知道自己的优势和不足，他们专于自己所长，而将自己的弱势领域“外包”给他人。

---

① 参见：Sarah M. Fine 的《学校的紧迫性及人本因素的丢失》http：//www. ednewscolorado. org/2011/10/26/27253-school-urgency-and-the-loss-of-the-human-dimension。——译者注

作品导向型学习为学习者提供了发现兴趣与才能的机会，进而确定在哪些方面力所能及，哪些方面寻求他人的帮助。

锲而不舍和自律的创造。创业活动并非一帆风顺，要以坚定的毅力行进于低谷与高坡。毫无自律的创造和一时的激情难出真正有意义的作品和成功的企业。好的创意只有在锲而不舍和坚持不懈的努力下才有好的结果。作品导向型学习通过探讨多种方案和同伴督察的方式，培养学生面对失败时既能承受挫折而又百折不挠，让学生认识到团队纪律和献身精神的重要性。

◆ 查韦尔中学、牛津社区学校与全球化企业：哪里学

在当今全球教育改革中，一件颇具讽刺意味的事情是：改革者们试图通过赞许和采纳国际考试标准和实践的方式来培养学生具备全球竞争力，而事实上，这样做恰恰关闭了学校通往外部世界的大门，因为学校只要求学生专注于核心课程和提高在国际测试中的成绩。所幸的是，我们还有英国的查韦尔中学和美国的牛津社区学校这样的学校，他们大胆实践创建全球化校园；他们采取的行动，不是培养学生与他人竞争，而是帮助自己的学生发展在与他人互助合作中受益的能力。

全球化视野。全球化的世界，人类生活的各个方面都相互联系。创业者——无论是在商业、政策或社会领域——都需要把自己的工作视为全球经济和政治联结中的一部分。他们需要知道他们的工作正影响着其他地区的人，同时也正被其他地区的人所影响。而与其他地区的人进行合作，或生活在其他地方能最有效地发展全球化视野。

全球化合作伙伴。全球化的时代，创新者和创业者需要向朋友们寻求创意、不同看法、当地文化知识和众多资源，全球范围内的朋友和合作关系网络是一笔巨大的财富。然而，朋友和合作伙伴不可能从天而降，他们成为朋友或合作伙伴是因为在各种可能的场合有过交集，发现能互利互惠，并建立起相互尊重和理解。因此，超越学校的地理界线，拓展校园和学习环境是建立全球化合作关系的关键。

全球化能力。全球化创业者将无可避免地与其他国家的人或组织打交道。要想在全球化环境下有效率，就要具备全球化能力，理想化的状态是说一门流利的外语，具有高水平的文化智商。学校若想培养全球化的创业者就必须为学生提供学习外语和提高文化智商的机会。

世界级学校

◆ 参考指标

新型教育模式下，世界级的学校应该呈现这样一幅画面：自主学习者组成的学习社区，在全球化校园里创造出实用作品。目前，世界各地的一些学校已经以各种方式实践了新型教育模式的三个原则，我们有丰富的案例可以借鉴，有丰富的资源可以利用，不必一切从头开始。

夏山学校或许是“开放式学校”或“民主式教育”最为典型的一个案例，学生可以最大限度地参与学校管理并有充分的学习自由。有其他很多学校不同程度地践行着相同的教学理念。据国际民主式教育网站（*International Democratic Education Network*）显示，全世界有30多个国家，超过200个地区在实践这一教育模式[①]，有超过4万名学生在这类学校注册学习（International Democratic Education Network，2012）。关于这类学校和他们的成果也屡见著述。除了尼尔关于夏山学校的描述以外，美国萨德伯里山谷学校的创始人之一，丹尼尔·格林伯格，也撰写了一系列书籍[②]，介绍该校办学经验，其中包括《追逐快乐：萨德伯里山谷学校校友的快乐生活》（*The Pursuit of Happiness*：*The Lives of Sudbury Valley Alumni*）。（Greenberg，Sadofsky，& Lempka，2005）最近，里克·波斯纳（Rick Posner）在《激情生活，学校的期望》（*Lives*

① 民主学校的完整列表及信息请具体见网站 http：//www. idenetwork. org/democratic-schools. htm。

② 萨德伯里山谷学校拥有自己的出版印刷社来出版有关学校的读物。感兴趣的读者可参阅网站 http：//sudburypress. com/。

of Passion, School of Hope）一书中介绍了位于美国科罗拉多州莱克伍德的杰弗逊县开放式学校（Jefferson County Open School），这是一所践行民主教学理念的美国公立学校。（Posner，2009）

高科技高中作品导向型学习模式也已被广泛传播。例如，位于美国佐治亚州西北农村地区的惠特菲尔德县学校（Whitfield County Schools），从2009年起开始实行高科技高中的教学模式。“今天，教师和学生的日常教学生活都有极大改变。”“教育乌托邦”（Edutopia）的作者格雷斯·鲁宾斯坦（Grace Rubenstein）观察到，“学生仍然会参加一些考试，但他们更多的是投身于跨学科的项目中：从编写、创作一部基于科学知识的神秘谋杀戏剧到表演日本茶道，或者建立一个校外课堂等”。（Rubenstein，2011）在英国，类似的学校被称作“工作室学校”（Studio School）①，方兴未艾。2010年，英国只有两所工作室学校，到2012年已增至18所。英国的工作室学校与美国的高科技高中十分相似。根据英国教育部发布的新闻，工作室学校具备以下特征：

- 所有的学科均通过项目来教授，项目通常由学生和雇主一起设计；
- 每天的学习时间更长，超出了学校规定的学期时间——让学生真正体会到“工作日”的概念，并让学生知道真实商业环境中保持良好出勤和守时的重要性；
- 除学习以外，学生一周需进行四小时的工作实习，他们通常会与学校合作的雇主一起工作；
- 每个学生都有一名“私人教练”，他们在工作中扮演业务经理的角色，以便给学生提供支持。（Department for Education，2011）

还有很多介绍高科技高中和工作室学校的书籍，包括复制小贴士

① 更多工作室学校信息，参见：http：//www.studioschoolstrust.org/welcome。

（Rubenstein，2011），课程模式（The Studio Schools Trust①，2010）以及教师操作指南（Patton & Robin，2012）等。

查韦尔中学和牛津社区学校并不是开拓全球化学习环境的唯一两类学校。2008年亚洲协会制作了一部非常优秀的资源指南——《走向全球：为全球化的世界培养人才》（*Going Global：Preparing Our Students for an Interconnected World*），该指南提供了大量学校开展全球化学习的案例，并就如何拓宽学生的学习空间向学校提供了实践策略和行动建议（Asia Society，2008）。在澳大利亚，亚洲教育基金会就如何让学生参与到全球化学习，向教师和学校提供了丰富的信息和资源②。在英国，多个组织，包括英国文化委员会也提倡和支持建立全球化伙伴学校。

以上给出了可借鉴的优秀资源，我就不再赘述具体的建议。然而，我更想从这些范例和资源中提取一些参考指标，以便学校能够在全球化时代为培养合格公民作好准备。这些指标既可用于指导此类学校的发展，也可作为衡量真正的全球化教育的指标体系。

◆ 听学生的心声：管理与环境

在世界级的学校，学生应该有权利和机会参与学校的管理以及构建学校的物理、社会和认知环境。为了确定在学校运行中学生能否表达自己的心声，我们可以提出如下问题：

- 学生在多大程度上参与了学校规章制度的制定？
- 学生在多大程度上参与了招聘和评估教职员工？

① 工作室学校基金会由青年基金会和EDGE基金会共同建立，旨在为工作室学校提供建议及课程支持，它与英国教育部及各大公司都有良好的合作关系以期最大程度上支持工作室学校的发展。最为重要的是它将监督工作室学校的办学质量。参见：http：//www.studioschoolstrust.org/welcome。——译者注

② 有关亚洲教育基金会的更多信息，参见：http：//www.asiaeducation.edu.au/default.asp。

- 学生在多大程度上参与决定学校提供的课程和其他学习机会？
- 学生在多大程度上参与决定学校的设施、图书馆藏书、技术及其他相关项目？

◆ 允学生的选择：广博而灵活的课程设置

在世界级的学校，学生应该有一定程度的自由去发展自己的兴趣。因此，学校必须提供广博而灵活的课程设置，使学生能够跟随自己的兴趣与热情去探索、经历和实践。为确定学生的自由选择度，我们可以提出以下问题：

- 学校提供了多少不同类型的课程、项目及活动？
- 学生能在多大程度上构建自己的课程和项目？
- 学生能在多大程度上利用外部资源来学习，这些外部资源既可来自当地社区也可以通过网络获取？
- 学校能在多大程度上提供资源，比如小额资助，来支持学生的自主创新活动，比如俱乐部或者项目团队？
- 学生能在多大程度上规避外部强加的那些冠冕堂皇的标准和评估？

◆ 给学生的支持：个性化与个人指导

世界级的学校能给予学生情感、社交和认知方面的充分支持，帮助学生获得个性化的学习经历。督导和建议是个性化学习的重要元素，它帮助、指导、鼓励和促进学生的学习。为确定学校对学生的支持度，我们可以提出下列问题：

- 是否每个学生都有一个成人顾问或导师？
- 学生能在多大程度上自由选择导师，是否有权调换导师？

- 当学生需要时，有多少机会能有成年人来与学生进行交流或一起工作？
- 学生能获得多少与校外顾问工作的机会？

◆ 做真实的作品：对个人有意义或对他人有用

作品导向型学习与传统学习有着天壤之别。学生作品的真实可用性是作品导向型学习的关键标示。作品的真实性是看最终产品或服务在多大程度上为了实际用途、解决了实际问题、满足了他人的真实需求或是对个人有意义。如果一个作品最终只是为了检验学生对某种知识或技能的掌握程度，那就不是真正的作品。以下问题可帮助我们判断作品导向型学习是否是学校最主要的教学方法：

- 是否有学生开发、展示和销售产品或提供服务的基础架构？
- 是否有相关管理学生的作品的政策，比如，是否制定了保护学生作品知识产权方面的相关政策？
- 学生创作了哪些产品和服务？
- 学生的产品或服务有什么样的用途？
- 学生在多大程度上参与了作品导向型学习，或者作品导向型学习活动占学生活动的比例是多少？

◆ 持续的和训导的过程：多方案反复研判

只有当学生埋身于持续和受训导的产品制作和销售过程中时，他们才能培养出创新型创业者所应该具备的技能、精神和理解力，高质量的产品也来自于这一过程。因此，作品导向型学习应参照专业应用标准，听取专业反馈，反复改进。为了检验作品导向型学习是否具有持续和受训导的过程，我们可以提出如下问题：

- 是否建立了对提案和作品进行评审的流程？
- 是否建立了对作品进行改进的流程？
- 是否建立了聘请校外专家参与提案和作品评审的机制？
- 是否建立了针对提案或作品评审的标准？

◆ 发挥自身优势：独特性和地域性

虽然全球化的学校要有全球化视野，但也要注重地方优势，即当地学生、教师、学校及社区的优势。换句话说，应该立足自身优势。我们可以参照以下因素来判断学校利用自身优势的程度：

- 学校是否具有能够表现当地社区资源的独有特征？
- 学校是否具有能够反映自己教职员工优势的独有特征？
- 学校是否为学生和教职员工建立了一个探索和展现自身优势的机制？
- 学校是否在其他任何方面具有独到之处？

◆ 全球化趋向：国际合作伙伴和机遇

在全球化时代，世界级学校必须以全球化为定向，作为全球化企业来运作。为学生寻找国际合作伙伴和机会、使他们参与国际活动是学校全球化定向的重要指标。以下问题可作为评估学校全球化定向的指导：

- 学校有多少国际合作伙伴？
- 学生参与国际化活动的频度如何？
- 学生的项目/作品在多大程度上是面向全球的，或者说能在多大程度上满足其他国家人们的需求？

- 学校在多大程度上运用了国际化资源？
- 学校在多大程度上为其他国家提供了资源？
- 学校是否为师生建立了频繁参与国际化互动的渠道？

◆ 全球化能力：外国语言和文化

世界级教育还要帮助学生发展全球化能力，即与不同文化背景的人进行沟通的能力。外语的熟练程度与文化智商的高低是被普遍认可的衡量全球化能力的指标。因此，学校培养学生全球化能力的程度可以用以下问题作为参照：

- 学校开设多少门外语课程？
- 学生能否有机会学习到不是由学校教师提供的外语课程？
- 学生有什么机会可参与到跨文化交流中？
- 学生有什么机会在不熟悉的环境中生活和学习？

基础知识缺失了吗？

上述这些实行新型教育模式的学校，在某些人看来可能是杂乱无章和无学习效果可言。学生追随自己兴趣和热情的自主权利似乎无益于学习基础课程，而作品导向型学习看起来一片混乱，学生失去了系统学习规定知识的机会。由此，教育标准化的支持者们会立刻反对这种新型教育模式，认为它忽略了基础教育——语文和算数的重要性。但事实远非如此，理由如下：

首先，如果这些基础是真正的“基础”，也就是说，是当今社会所必需的，那么学生在制作受欢迎的作品时也不可避免地会用到。学生必须能读会写和做算术进而学会相关的知识与技能，去制作、销售产品和说服人们相信他们的工作是有价值的。

其次，学生有兴趣并投身其中时，他们能学到更多、学得更好。采取新型教育模式的学校会引导学生主动获取基础知识，而非进行强制灌输。追求兴趣和喜好与通过制作真正的作品，他们学到阅读、写作和算数技巧。

再次，大量事实证明，像夏山学校、萨德伯里山谷学校和杰斐逊县开放学校那样的民主式学校，毕业生在基础学科方面都非常优秀，而且所学更博（Matharu，2008；Posner，2009）。高科技高中的学生运用基础知识和技能制作出了杰出的作品，毕业生进入大学的比例也非常高（High Tech High，2012）。

世界一流的教育

◆ 建议

显而易见，我们需要全球化的、具有创新意识的创业人才。虽然勇敢的先行者们已经开拓出了一条道路，但是路上仍然布满荆棘。想要顺利到达那里的学校，需要一起行动清除道路上的障碍，并充分利用新的机会。

◆ 障碍

在通往全球化教育理想的道路上，每个学生都会面临观念上、制度上和实践中的一些障碍必须清除。清除这些障碍并非易事，但也不是不可能。最主要的三大障碍是：对教育成功的传统定义、现存的教育官僚体制和教育工作者的转变。

教育成功的传统定义。在传统和现行的主流教育模式中，教育成功与否主要由外界进行定义，衡量教育成功与否则是看学生或者学校完成既定教学任务的程度，通常是指学生对规定的知识和技能掌握的程度。换句话说，教育成功取决于一个人能否“玩好这场游戏”或者是

“赢得这场比赛”，因而，设置了诸多标准、评估体系、比赛名次和排行榜。这种思维定式根深蒂固，并存续了相当长的时间。如前所述，虽然这种模式很难培养出我们所需要的人才，但它仍然难以被改变。如要改变这种旧的教育模式，我们需要在本地教育体制内，甚至在全世界范围内，停止强制实行共同标准、统一评价的方式，以及对学生、教师、学校进行排名。

现存的教育官僚体制。几乎每一个社会都存在一个庞大的教育官僚体制，假定用来确保所有的孩子得到高质量的教育。尽管这些教育官僚体制在开始时的各种基本组成要素都是合理的，但它们常常异化为更多关注自身的利益和自我衍生，而不是孩子们的利益。虽然还有很多政治因素和经济利益维护这一官僚体制的运行，但它已成为教育和教育革新的主要障碍。《无律师生活：重建美国人的责任感》（*Life Without Lawyers*：*Restoring Responsibility in America*）一书的作者、律师菲利普·霍华德（Philip Howard），前不久在《大西洋月刊》（*The Atlantic*）上写道：“美国学校的组织缺陷就在过于组织化了。”如果说在很多方面都被认为是世界上组织最松散的美国学校，仍旧太过组织化了，那么我们可想而知，其他地方的学校会是什么样子。创建了非营利组织“共同利益”（Common Good）的霍华德也认为：“官僚体制无法提供好的教育，我们必须给教育者成为自己的自由。”他建议“打破现有的教育体制——从上到下，联邦的、各州的、各个地区的，也包括教育工会。我们必须开始，重建一个开放式的框架，人们能从中找到以自己的方式工作的激情”（Howard，2012）。在此，我不再展开论述，但是要践行新的教育体制，就必须改变现行的官僚教育体制，鼓励创新，允许教育者按照自己的方式教学，而不是把他们也变为教育的官僚。

教育工作者的转变。《福布斯》杂志里一篇介绍高科技高中的文章写到，当记者维多利亚·墨菲（Victoria Murphy）问到“我们将来会有多少所高科技高中”时，他得到的回答是“那得看有多少个拉里·罗森斯托克？”（Murphy，2004）。这个答案强调了要创建和领导一所伟大的学校，一个伟大的教育领导者至关重要。但在我们的教育体制中，缺乏像拉里·罗森斯托克这样的教育家。高科技高中已经建立起自己的研究所，培养教师和教育领导者，使他们胜任新型教育模式下的学校的教学和管理工作。而真正的障碍是现行主流教育模式并不鼓励像拉里·罗森斯托克这样具有远见卓识、有勇气、敢创新的创业型教育领导者，相反，它奖励的是那些循规蹈矩、遵从标准的教育者。更有甚者，教师和教学管理者的培训项目越来越多地侧重于提高考试成绩的管理技能；推行更多的标准化考试和要求顺从，进一步将创新型和创业型教育者推出门外。为了培养更多的革新型和创业型的教育者，我们必须首先停止基于顺从的考核学校的方法，不能只专注于标准化的教师培训，也不能用它来传授琐屑的教学方法和课堂管理技巧。反而，我们必须把教师当作学校这个社区的领导者，而不是简单地将其看作在教室里传授知识和管理学生的角色。总而言之，要想培养出具有创业能力的学生，教育者本身需要有一些创业精神。

◆ 机　遇

教育同样也面临着技术进步和全球化所带来的巨大机遇。然而由于过多地关注标准、评估、全球竞争及问责制，使我们没有机会和资源重新构思和重新构架我们的教育。换言之，我们总是忙于修缮马车想登上月球，而不是投入时间和资源来发明火箭。结果是，很多教育系统一直追求提高全球竞争力，却关闭学校通往外部世界的大门，专注于提高学生的学业成绩，就是考分。

技术。今天的教育错失了近年来技术进步带来的诸多机遇。当技术给我们的社会在诸多方面——从经济到政治，从娱乐到商业，从社会生活到工作生活——带来积极的影响时，教育领域却是另外一回事，往好的方面说，这些技术都被忽视了；从最坏的方面说，这些技术被滥用了。比如，不是利用先进的技术创造出令人振奋的教育机会，而是花费大量的金钱建立数据系统来测试和追踪学生对规定课程的掌握程度，以及为学校和教师进行排名；不是利用先进的技术去支持学生的创新，而是运用这些技术来将“练习致死”（drill and kill）这种机械的学习方式乔装打扮成有吸引力的学习方法；不是利用先进的技术将教师从常规的教学任务中解脱出来，而是利用这些技术迫使教师记录和报告学生的考试成绩；不是利用先进的技术去帮助学校和教师实现技术在教育中的潜在价值，而是通过低质量的网络课程来从教育中谋取利益。先进的技术在很多方面对于新型教育模式的支持都有不可估量的潜力。第一，数字技术作为创新工具，能够更便捷也更低成本地创造多媒体产品、书籍、艺术品及各种类型的产品和服务；第二，数字技术作为交流工具，扩大了校园空间，使学生向校外专家学习和获取校外资源成为可能；第三，数字技术作为销售平台，使学生们将他们的产品介绍给全世界的用户成为可能；第四，数字技术作为合作工具，能够使学生在任何时间、任何地点与世界各地的伙伴进行合作。

全球化。像技术一样，全球化也为改善教育带来了巨大的机遇。但遗憾的是，全球化也被教育忽略或误读。而最具破坏性的是将全球竞争力错误地解读为在国际评估中的分数测评，导致许多国家的教育系统的改革误入歧途。这种误读至少对巩固旧的教育模式和全球同质化的学习负有一定的责任。（Zhao，2010）新型教育模式可以利用全球化带给教育的多种机会。第一，全球化使学校更容易与其他国家的学校建立伙伴关系；第二，全球化使不同文化背景的人交流更加容易；第三，全球化为本土知识和技能创造了新的价值，因为，在此社区由于过剩而失去的价值，可能在彼社区以稀为贵。因此，学生能够轻易地为他们的产品和技能找到需求之地；第四，全球化使寻求其他国家的专家支持更加容易。

Oba 项目①。为更好地利用先进技术和全球化带来的机遇，我在美国俄勒冈大学建立了一个项目，该项目被称作 Oba，是一个在线学习平

① 更多有关 Oba 项目的信息请见网站 http：//www. obaworld. net。

台和网络社区。作为在线教育平台，Oba 项目提供了全面的功能，包括在线课程管理、社交网络、文件管理、视频编辑和储存以及虚拟课堂和会议场所等。Oba 同时还是学校和学生的全球化会员制社区。Oba 平台能够使学校向自己的学生，或是全球其他学校的学生开发或者发布在线课程或提供教育服务。因此，Oba 社区内的学校可以向全世界的学生销售课程。任何教师或者教育工作者也可在线上向全球学生销售课程或是提供教育服务。Oba 还可以使来自不同学校的教师和学生在全球范围内进行合作，更为重要的是，Oba 能够使学生向全球的学校和学生开发并销售自己的产品。

教育的终点

我用已故著名文化评论家尼尔·波兹曼（Neil Postman）的书——《教育的终点：重新定义学校的价值》（*The End of Education*：*Redefining the Value of School*）来作为本书的结语。为了阐释撰写该书的目的，波兹曼写道：

> 我写本书的目的是希望对有关“学校教育问题”的框定带来些许转变——哪怕是一丁点的转变——从教育的方式到教育的“终点”。当然，“终点”在此至少有两层重要含义：“最终目的”和“最终结束”。这两者皆适用于未来的学校，只看是否认真辨识了最终目的。本书模棱两可的书名，意在表白没有一个崇高的光荣的目的，学校教育必将走向终点，而这个过程越快越好。有了这样的目的，学校教育将成为教育中枢，在那里年轻人或许能发现继续进行自我教育的理由。（Postman，1996，p. xi）

波兹曼一定是对今天的教育竞技场所发生的一切颇感失望。当今教育的焦点仍然停留在学校教育的各种手段上：包括课程标准、教师教学效果、更好的评估方法、特许学校[①]、基于技术的教学设计，以及其他影响学生成绩的诸多因素，而不管这些成绩是否对学生有意义。政治家、商人，乃至一定程度的公众和教育者们都在致力于创建更好的学校，而不是为孩子提供更好的教育。一位曾在哈佛教育研究生院学习和工作过的教师也是博士生，慨叹人本因素的缺失发生在有些被大家公认的成功的学校：

> 过去两年，我访问了很多不同类型的公立学校，其中大多数学校都采取了强硬措施来开展“任务导向”、“力争上游”等工作。在这些学校，我看到了“成绩饥渴症”，其中也包括我为之工作了四年的学校。那里所谓的紧迫性和严重性等教育修辞是笼罩在我们头上的阴影。一方面，它看似为我们教学实践指了条明路，让我们专注和奋进；另一方面，它遮蔽了我们的视线，让我们在“确保达标和缩小成绩差距”之路上越走越绝望。它是如此轻易地丢弃了教育中最重要的人本因素：尊重，尊严和好奇心，而这些恰恰才是优质教育的根基所在。(Fine，2011)

本书阐释的正是教育要以人为本，要把孩子当人看，要支持，而不是支配他们的热情、他们的好奇心和他们的天分才能。学校若能做到如此，我们的孩子就将成为全球化的、创新型的创造者！波士顿大学教育学教授，也是《第四条道路：教育革新带来令人振奋的未来》(*The Fourth Way*：*The Inspiring Future for Educational Change*）一书的合著者安迪·哈格里维斯在一次会议上，听完我关于以上观点的演讲后

① 特许学校是一种介于私立和公立学校之间的学校，它经由州政府立法通过，特别允许教师、家长、教育专业团体或其他非营利机构经营学校，但教育经费仍由政府负担。特许学校不受例行教育行政规定约束，但它必须达到双方约定的教育成效，否则会面临关闭。随着《不让一个孩子掉队法案》的实施，该类学校有增长趋势。参见：http：//www.publicschoolreview.com/articles/3。——译者注

说：“赵勇试图在过去和未来之间找到链接。而未来需要的是强化我们与生俱来的品质：回归人本。”（Hargreaves & Shirley，2009）他说得完全正确！

参考文献

AccountabilityWorks.（2012）. *National cost of aligning states and localities to the Common Core Standards: A Pioneer Institute and American Principles Project white paper*. Boston, MA: Pioneer Institute.

Asia Society（2008）. *Going global: Preparing our students for an interconnected world.* New York, NY: Asia Society.

Cortez, M.（2012, March 7）. Legislature questions common core standards. *Deseret News*. Retrieved April 1, 2012, from http://www.deseretnews.com/article/865551701/Senate-asks-Board-of-Education-to-reconsider-common-core-standards.html

Coyle, D.（2009）. *The talent code: Creatness isn't born. It's grown. Here's how.* New York, NY: Bantam Books.

Department for Education.（2011, December 14）. New Studio Schools to bridge gap between schools and the world of work. Retrieved April 5, 2012, from http://www.education.gov.uk/ inthenews/inthenews/a00200863/new-studio-schools-to-bridge-gap-between-schools-and-the-world-of-work

Duncan, A.（2012, February 23）. Statement by U. S. Secretary of Education Arne Duncan on a legislative proposal in South Carolina to block implementation of the Common Core academic standards. *U. S. Department of Education*. Retrieved April 1, 2012, from http://www.ed.gov/news/press-releases/statement-us-secretary-education-arne-duncan-1

Fine, S. M.（2011, Octoloer 26）. School "urgency" and the loss of the human dimension. *Education News Colorado*. Retrieved April 5, 2012, from http://www.ednews-colorado.org/2011/10/26/27253-school-urgency-and-the-loss-of-the-human-dimension

Florida, R. (2002). *The rise of the creative class and how it's transforming work, leisure, community & everyday life*. New York, NY: Basic Books.

Goldin, C., & Katz, L. F. (2008). *The race between education and technology*. Cambridge, MA: Harvard University Press.

Greenberg, D., Sadofsky, M., & Lempka, J. (2005). *The pursuit of happiness: The lives of Sudbury Valley alumni*. Framingham, MA: Sudbury School Press.

Hargreaves, A., & Shirley, D. L. (2009). *The fourth way: The inspiring future for educational change*. Thousand Oaks, CA: Corwin.

High Tech High. (2012). Results. Retrieved March 20, 2012, from http://www. hightechhigh. org/about/results. php

Howard, P. K. (2012, April 2). To fix America's education bureaucracy, we need to destroy it. *The Atlantic*. Retrieved April 6, 2012, from http://www. theatlantic. com/national/archive/2012/04/ to-fix-americas-education-bureaucracy-we-need-to-destroy-it/255173/#bio

International Democratic Education Network. (2012). International democratic schools. *International Democratic Education Network*. Retrieved April 5, 2012, from http://www. idenetwork. org/ democratic-schools. htm

Loveless, T. (2012). *The 2012 Brown Center report on American education: How well are American students learning?* Washington, DC: Brookings Institute.

Matharu, J. (2008). *Summerhill School inspection report*. London, England: Ofsted.

Murphy, V (2004, October 11). Where everyone can overachieve. Forbes Retrieved March 20, 2012, from http://www. forbes. com/ free_ forbes/2004/1011/080. html

Patton, A., & Robin, J. (2012). *Work that matters: The teacher's guide to project-based learning*. London, England: Paul Hamlyn Foundation, Learning Futures.

Posner, R. (2009). *Lives of passion, school of hope*. Boulder. CO: Sentient Publications.

Postman, N. (1996). *The end of education: Redefining the value of school*. New York, NY: Vintage Books.

Rubenstein, G. (2011). Replicating success: Project-based learning. Edutopia. Retrieved April 1, 2012, from http://www. edutopia. org/stw-replicating-pbl

The Studio Schools Trust. (2010) Rooting learning in the real world: An introduction to Key Stage 4 projects. *The Studio Schools Trust*. Retrieved April 1, 2012, from http：//studioschoolstrust. org/ sites/default/files/Studio %20School%20Curriculum%20 Introduction. pdf

Will，G. F. （2012，March 9）. Those pesky things called laws. *The Washington Post.* Retrieved April 1，2012，from http：//www. washingtonpost. com/opinions/obamas-disregard-for-those-pesky-things-called-laws/2012/03/08/gIQAHIA6lR-story. html

Zhao，Y. （2010）. Preparing globally competent teachers：A new imperative for teacher education. *Journal of Teacher Education*，61 （5），422 –431.

Ziegler，E. （2012，March 7）. U. S. Secretary of Education Arne Duncan：Utah has "complete control" of standards. Retrieved April 1，2012，from http：//utahpubliceducation. org/2012/03/07/u-s-secretary-of-education-arne-duncan-utah-has-complete-control-of-standards/#. T3xNnr9SS25

出 版 人 所广一
策划编辑 谭文明
责任编辑 谭文明
版式设计 孙欢欢
责任校对 贾静芳
责任印制 叶小峰

图书在版编目（CIP）数据

就业？创业？从美国教改的迷失看世界教育的趋势／（美）赵勇著；周珊珊，王艺璇译，王安琳校. —北京：教育科学出版社，2014. 1（2015.4重印）

书名原文：World Class Learners：Educating Creative and Entrepreneurial Students

ISBN 978 -7 -5041 -7920 -3

Ⅰ. ①就… Ⅱ. ①赵… ②周… ③王… Ⅲ. ①教育改革—研究—美国②教育—发展—趋势—世界 Ⅳ. ①G571. 21 ②G511

中国版本图书馆 CIP 数据核字（2013）第 243077 号
北京市版权局著作权合同登记章 图字：01 -2013 -4492 号

就业？创业？从美国教改的迷失看世界教育的趋势
JIUYE？CHUANGYE？CONG MEIGUO JIAOGAI DE MISHI KAN SHIJIE JIAOYU DE QUSHI

出版发行	教育科学出版社		
社　　址	北京·朝阳区安慧北里安园甲 9 号	市场部电话	010 -64989009
邮　　编	100101	编辑部电话	010 -64981277
传　　真	010 -64891796	网　　址	http://www.esph.com.cn
经　　销	各地新华书店		
制　　作	北京金奥都图文制作中心		
印　　刷	保定市中画美凯印刷有限公司		
开　　本	169 毫米×239 毫米　16 开	版　　次	2014 年 1 月第 1 版
印　　张	17. 25	印　　次	2015 年 4 月第 4 次印刷
字　　数	215 千	定　　价	39. 80 元

Original English Title：
World Class Learners：Educating Creative and Entrepreneurial Students
By Yong Zhao
ISBN：9781452203980

北京市版权局著作权合同登记章 图字：01－2013－4492 号